T

Für Karla

Jörg Bischoff

Thaddäus Troll

Eine schwäbische Seele

Umschlagvorderseite: Auf der »Erika« hat Thaddäus Troll alle Manuskripte im Konzept getippt. Nach vielen handschriftlichen Änderungen und Ergänzungen übernahm die Sekretärin die Reinschrift.

Umschlagrückseite: »Schade, dass es keine Pille gegen Einfälle gibt. Ich würde sie nehmen.«

Seite 1: Als leidenschaftlicher Raucher bestellte Thaddäus Troll seine Zigarren bei der angesehenen Stuttgarter Zigarrenfabrik Karl Mailänder.

Gedruckt mit freundlicher Unterstützung von
Dr. Horst Michael Alt, Ludwigsburg;
Susanne, Isabel und Dr. Manuela Bayer, Berlin;
Heinz Dürr, Berlin;
Förderverein Schwäbischer Dialekt, Tübingen;
Professor Dr. Eberhard Jäckel, Stuttgart;
Wiedeking Stiftung, Stuttgart.

1. Auflage 2013

© Copyright 2013 by Silberburg-Verlag GmbH,
Schönbuchstraße 48, D-72074 Tübingen.
Alle Rechte vorbehalten.
Der Abdruck des Gedichts auf Seite 263 erfolgt mit freundlicher
Genehmigung von Frau Michaela Lentz, Vence (Frankreich).
Die Bibliografie auf den Seiten 276-292 wurde
von Titus Häussermann zusammengestellt.
Umschlaggestaltung und Layout: Björn Locke, Nürtingen.
Druck: Gulde-Druck, Tübingen.
Printed in Germany.

ISBN 978-3-8425-1268-9

Besuchen Sie uns im Internet und entdecken Sie
die Vielfalt unseres Verlagsprogramms:
www.silberburg.de

Inhalt

Thaddäus Troll – ein biographischer Abriss	Vordere Umschlagklappe	Thaddäus Troll – Gesammeltes	225
Ein Buch über Thaddäus Troll	7	Thaddäus Troll, der Koch	245
Thaddäus Troll im Schattental	15	Thaddäus Troll und seine Freunde	261
Als Thaddäus Troll noch Hans Bayer war	29	Bibliografie	276
Hans Bayer im Krieg	55	Bildnachweis	292
Thaddäus Troll, der humorvolle Feuilletonist	73	Register: Personen	293
Thaddäus Troll, der schwäbische Schriftsteller	133	Register: Institutionen	296
Thaddäus Troll, der kritische Mundartdichter	161	Register: Orte und andere geographische Begriffe	299
Thaddäus Troll, der Funktionär	171	Register: Im Text erwähnte Veröffentlichungen von Thaddäus Troll	301
Thaddäus Troll und die Meinungsfreiheit	199		
Thaddäus Troll und seine Wahlkampfhilfe	209		

Dankbar für Ihre stille oder tätige Mithilfe als Stofflieferant, ohne die dieser neue Anzüge nicht so geworden wäre, wie es ..., grüßt Sie ganz herzlich

Matthäus Prell

... im Dezember 1978

Ein Buch über Thaddäus Troll

Als sich Dr. Hans Bayer alias Thaddäus Troll am 5. Juli 1980 das Leben nahm, waren nach nur 66 Jahren alle Katastrophen der westdeutschen Geschichte des 20. Jahrhunderts Teil dieses Lebens geworden.

Geboren ist Hans Bayer im Frühjahr 1914, als die düsteren Gewitterwolken des Ersten Weltkriegs bereits am Horizont dräuten; er ging zur Schule, als die Inflation ihren Höhepunkt erreichte und auf den Straßen der Kampf zwischen Nationalsozialisten und Kommunisten tobte. Er begegnete in der Schule zwei Sorten von Lehrern – solchen, für die der Krieg das Höchste aller Dinge war und solchen, die ihm beispielsweise zur Abschreckung Alfred Rosenbergs »Mythus des 20. Jahrhunderts« zum Lesen gaben. Mit 18 Jahren wurde er Mitglied einer schlagenden Verbindung; in Tübingen, München und Leipzig studierte er bei Professoren, von denen ein Teil dem Führerkult nicht abhold war. Er zog als Kriegsberichterstatter volle sechs Jahre in den Zweiten Weltkrieg, diente hauptsächlich in Polen und Russland – eine Zeit, die ihm später schwere Gewissensbisse verursachen sollte.

Troll am Schreibtisch in seinem Landhaus in Hinterrohrbach bei Backnang, 1969.

Rechte Seite: Von links im Uhrzeigersinn: Eva-Suzanne, Hans, Manuela, Isabel, Susanne Bayer, Hinterrohrbach, ca. 1965.

Nach dem Krieg suchte er im humoristischen Schreiben einen Ausweg aus dem Trauma seiner Vergangenheit, durchlebte die Zeit des Wiederaufbaus und der Adenauerschen Starre, bis er im Wandel zur sozialliberalen Koalition den Aufbruch und die Anregung zum Mitmachen verspürte. Er geriet in die Auseinandersetzung um die Rebellion der studentischen Jugend und die Attentate der »Rote Armee Fraktion« (RAF). Erst mit »Deutschland deine Schwaben« gelang ihm der Durchbruch auf dem Buchmarkt, verbunden mit dem Schwenk von einer urliberalen, jeglicher Bürokratie abholden Einstellung hin zur leidenschaftlichen Unterstützung der SPD Gustav Heinemanns und Willy Brandts.

Erstaunlich ist, dass Thaddäus Troll beim Publikum als »schwäbischer Schriftsteller« bekannt ist, obwohl dies nur die letzten 14 Jahre seines Schaffens betrifft und er sich selbst nicht so gesehen hat. Und dennoch ist die Phase nach »Deutschland deine Schwaben« gekennzeichnet

Ein Buch über Thaddäus Troll

Ein Buch über Thaddäus Troll

Troll als Festredner bei der Eröffnungsfeier der Hypo-Bank im Stadtteil Schwenningen der Stadt Villingen-Schwenningen, 25. Februar 1975.

von einer neuen, durchaus kritischen Form der Mundartdichtung und der Beschäftigung mit seinen Landsleuten, die beim Publikum eine Wiederkehr des regionalen Bewusstseins einläuteten. Den Zusammenbruch des Sowjetsystems und die Wiedergeburt Europas hat Troll nicht mehr erlebt, weil er neun Jahre zuvor seinen schweren Depressionen erlegen war.

Man geht wohl nicht zu weit, wenn man im Einklang mit der modernen Psychologie die depressiven Phasen dieses Lebens auch als Folge der traumatischen Kriegserlebnisse interpretiert. Denn Troll war Melancholiker, Humorist und Kritiker in einem. Zumindest darf man sein schriftstellerisches Leitmotiv, wonach sich die Wahrheit am besten in humorvollen Feuilletons ausdrücken lässt, auch als Teil einer Verdrängung seiner Wehrmachtserfahrung interpretieren. Ähnliches war bei anderen Kriegsteilnehmern und Spaßmachern wie den Fernseh-Showmastern Peter Frankenfeld oder Hans-Joachim Kulenkampff zu beobachten.

Troll war eine Figur der Fünfziger- bis Siebzigerjahre; sein Werk steht für die deutsche humorvolle Literatur, ja für den Humor dieser Zeit. Sein politisches Engagement für den bürgerlichen Aufbruch in der Zeit nach 1968 führte ihn aus der Enge der Ära Adenauer heraus und er nahm dafür harte Beschimpfungen in Kauf. Troll exponierte sich an der Seite von Günter Grass und Eberhard Jäckel in den SPD-Wählerinitiativen, was von Kollegen als Abschied von seiner liberalen Grundeinstellung gewertet wurde. Er beteiligte sich mit seinen schwäbischen Aufklärungsbüchern am Wandel der damaligen Gesellschaft und wetterte, je näher er seinem Tod kam, umso heftiger gegen »Provinzialismus, Tartuffismus, Denunziantentum, Intoleranz und Geistfeindlichkeit«, wie er 1977 der Schriftstellerkollegin Luise Rinser schrieb, nachdem sie von einer Gemeinderatsmehrheit als Vortragende abgelehnt worden war. Doch dazu war erst die Auseinandersetzung mit seiner politisch wachsam gewordenen Tochter Isabel erforderlich, die 1969 in ihrem Jugendzimmer »die Fotos des Wagenlenkers von Delphi und des Poseidon von Kap Sunion durch Karl Marx und Friedrich Engels« ersetzt und den Vater mit dessen Vergangenheit als Mitläufer im »Dritten Reich« konfrontiert hatte: »Ich hatte Angst«, musste er zur Begründung bekennen.

Das vorliegende Buch versucht, dieses Leben nachzuzeichnen, in seinen Irrungen und Wirrungen, aber auch in der klaren Orientierung der 70er Jahre bis hin zu seinen depressiven Stimmungen, die – wohl nie richtig

Autogramm, Dezember 1978.

Die Bibliothek der baden-württembergischen Landesvertretung in Berlin ehrt den Schriftsteller mit einer kleinen »Thaddäus-Troll-Gedächtnisbibliothek«.

behandelt – diesem Leben ein Ende setzen. Troll hat sich gegenüber der von Jean Améry 1972 entfachten Diskussion über den Suizid als freie Entscheidung des Menschen anfangs ablehnend verhalten, indem er seiner Sekretärin erklärte: »Das könnte ich nie!« Und doch hat er sich am Ende so entschieden, während er in Behandlung bei seinem Lieblingsarzt Professor Dr. Joachim Schröder war. Aber es war wohl keine freie Entscheidung, wie manche Bewunderer urteilten, sondern fatales Ergebnis seiner depressiven Erkrankung, verbunden mit Alterserscheinungen, die dem Liebhaber des Lebens und seiner Genüsse, der Frauen allzumal, immer mehr zusetzten.

Der Autor dieses Buches hat Thaddäus Troll persönlich nie kennen gelernt. Er war deshalb auf Quellenstudium und Interviews mit Familienangehörigen und Freunden angewiesen. Ein besonderer Dank gebührt dabei Eleonore Lindenberg, Trolls Sekretärin und Vertrauten seit 1966, der liebevollen Verwalterin des Troll-Archivs, die mir aufopfernd mit Rat und Tat zur Seite stand und einfühlsame Einblicke in das Schaffen und Leben Thaddäus Trolls ermöglichte.

Ein Buch über Thaddäus Troll

Immerhin hat er Tausende Essays, Feuilletons, Glossen, Kritiken, Kolumnen, Sketche, Hör- und Fernsehspiele, Theaterstücke und mehr als 70 Bücher veröffentlicht, die zu überschauen ohne einfühlsame Hilfe kaum möglich ist. Danken möchte ich auch der Familie, seiner Ehefrau Susanne Bayer, geb. Ulrici, und den beiden Töchtern Dr. med. Manuela Bayer (Berlin) und Dr. phil. Eva-Suzanne Bayer (Würzburg), die mir mit ehrlichen Einschätzungen ihres Ehemanns und Vaters weiterhalfen, außerdem Hans Bayers Nichte Gisela Herrmann. Dankbar bin ich auch Professor Dr. Eberhard Jäckel, Trolls Freund vom Stuttgarter »Tisch der Dreizehn«, der mir die Tür zu diesem kulturell anspruchsvollen Stammtisch geöffnet hat, der von Thaddäus Troll mitgegründet worden ist. Schließlich haben mir auch die Mitarbeiter der Zeitungsarchive der »Stuttgarter Zeitung« und der »Stuttgarter Nachrichten« sowie der »Eßlinger Zeitung«, die Mitarbeiter im Archiv der sozialen Demokratie der Friedrich-Ebert-Stiftung (AdsD) in Bonn-Bad Godesberg und nicht zuletzt des Deutschen Literaturarchivs in Marbach am Neckar, in dem ein großer Teil des Nachlasses verwahrt ist, sehr weitergeholfen.

Jörg Bischoff

Thaddäus Troll
im Schattental

Es war Donnerstag, der 9. Juli 1980, ein kühler Sommertag in einem von der Sonne kaum verwöhnten Jahr. In der Aussegnungshalle auf dem Steigfriedhof in Stuttgart-Bad Cannstatt versammelte sich um 13 Uhr eine illustre Menge. Von wegen »kleiner Kreis«, wie es sich der Verstorbene gewünscht hatte: Schriftsteller wie Margarete Hannsmann, Martin Walser, Walter Jens, Dieter Lattmann, Politiker wie Erhard Eppler, Peter Conradi, der Kulturbeamte Hannes Rettich, der Bildhauer Otto Herbert Hajek oder der Stuttgarter Oberbürgermeister Manfred Rommel – rund hundert Leute nahmen Abschied von Dr. Hans Bayer alias Thaddäus Troll, der sich am Sonntag zuvor, dem 5. Juli, in seiner Stadtwohnung in der Stuttgarter Traubergstraße 15 das Leben genommen hatte.

Alle Art pompöser Trauerfeierlichkeit hatte Thaddäus Troll abgelehnt. Sein langjähriger Freund und Ratgeber, der katholische Pfarrer Hans Paul – genannt Jean Paul – aus Bayers zweitem Wohnort Oppenweiler zitierte kurz aus dem zehn Jahre zuvor von Troll selbst verfassten und veröffentlichten Nachruf, der an die Trauergäste verteilt wurde. Es gab keine Reden, keine Ansprachen, nur ein

Vaterunser des katholischen Geistlichen für den verstorbenen Protestanten. Anschließend ging man in den Cannstatter »Filderhof«, wo Trollinger ausgeschenkt und Maultaschensuppe gereicht wurde. Das entsprach zwar nicht dem hinterlassenen Wunsch des Verstorbenen, sondern sollte die Legende vom »schwäbischen Schriftsteller« über seinen Tod hinaus fortleben lassen. Jedenfalls wollte Thaddäus Troll kein »Dahingeschiedener«, sondern zum letzten Mal ein fröhlicher Wirt sein, wie sein Freund, der Tübinger Rhetorik-Professor und Literat Walter Jens, später schrieb.

Eine Zukunft mit verdüsterter Seele, verminderter Sprachlust und des Leibes Gebresten fürchtend, verlasse ich freiwillig und gelassen in Liebe zu meinen Angehörigen, ihnen und meinen Freunden dankbar, diese Welt mit der Bitte, in kleinem Kreis beigesetzt zu werden. Besser als mit Blumen und Nachreden wäre meiner mit einer Spende an Amnesty International gedacht.

5. Juli 1980
Thaddäus Troll

Das waren die letzten Worte, die er hinterließ, verbunden mit dem Wunsch, auf dem Steigfriedhof in Cannstatt und mit dem geistlichen Beistand von Pfarrer Paul, genannt Jean Paul, beerdigt zu werden. Auch sein Grabmal hatte er sich vorgestellt: »Grabstein liegende Platte, Thaddäus Troll 1914–1980«. Ferner verwies er auf seinen selbstverfassten Nachruf und auf »Abschiedsbriefe, -gründe und Sprechband in meiner mittleren Schreibtischschublade«.

So endete mit 66 Jahren das Leben eines Schriftstellers, der das Publikum 35 Jahre lang mit klugen Theaterkritiken, spritzigen Feuilletons, Essays, satirischen Glossen, Hör- und Fernsehspielen und Theaterstücken bedacht hatte und seit 1967 mit dem Bestseller »Deutschland deine Schwaben« – übrigens nicht ohne eigenes Zögern – zum Inbegriff eines schwäbischen Literaten geworden war. Was die Welt bis dahin nicht ahnte: Thaddäus Troll

Troll (links) bei einer Veranstaltung mit dem Landtagsabgeordneten Jo Schröder, seinem Freund und Arzt, Stuttgart-Stammheim, 9. März 1976.

war in den letzten Jahren seines Schaffens von schweren Depressionen heimgesucht.

»Jedes Jahr einmal«, so erinnert sich seine Sekretärin und Freundin Eleonore Lindenberg, habe er sich bei seinem Freund, dem SPD-Landtagsabgeordneten und Chef des Stuttgarter Bürgerhospitals, Professor Jo Schröder, »aus dem Schattental« holen lassen. Diese Hölderlinsche Formulierung gebrauchte Thaddäus Troll in einem Brief, mit dem er Schröder seine Dankbarkeit bekundet und ihm selbst auch einen Arzt wünscht, »wie ich einen habe«. Troll teilte mit dem elf Jahre jüngeren Schröder auch die Erinnerung ans Cannstatter Gymnasium, das beide besucht hatten.

Auch Anfang Juli 1980 befand sich Thaddäus Troll in stationärer Behandlung in seiner »Matratzengruft« im Bürgerhospital. Für das Wochenende hatte er sich Urlaub geben lassen; am Montag sollte er wieder einrücken. Aber sein Ende hatte er sorgfältig geplant. Schon am Samstag

Trolls Grab auf dem Stuttgarter Steigfriedhof.

hatte er Eleonore Lindenberg gegenüber geklagt, er sei verzweifelt und sehe kein Licht am Ende des Tunnels. Ob dies die Folge einer neuartigen Behandlung durch einen Psychiatrie-Kollegen des Internisten Schröder war oder nicht, mag dahingestellt bleiben. Jedenfalls ließ Troll seine Sekretärin zum Besuch ihrer Eltern nach Ellwangen fahren, rief sie aber gleichwohl dort an und verabredete sich mit ihr in Stuttgart für den Sonntag. Unruhig geworden, wandte sich Frau Lindenberg an Schröder, der nun Alarm schlug.

Der Arzt wusste, weshalb. Eine Woche vorher hatte Troll nämlich sein bevorstehendes Ende schriftlich angekündigt: »Die Flucht ergriffen vor den Schatten der Vergangenheit«, hieß es da, »vor dem Betrübnis der Gegenwart, vor der Erkenntnis des Irrtums, wähnend mehr zu nehmen als zu geben. Angesichts des geistigen Verfalls, der Gewissheit kundig, dass er geistig verkrüppelt. Flucht aus den eigenen Unzuträglichkeiten, Vorwegnahme eines schleichenden Endes durch einen freiwilligen ...«

Dieses wirr formulierte Schriftstück hatte der Arzt offenbar in seiner Tragweite nicht erkannt oder nicht ernstgenommen. Jedenfalls hielt er es zurück. Einen Tag zuvor, so erinnert sich Trolls Tochter aus erster Ehe, Eva-Suzanne, hat sie mit ihrem Vater noch telefoniert und über eine bereits gebuchte Reise in die Antarktis gesprochen. »Ich fahre jetzt weit weg«, sagte er, »zu den Eisbären.« Und weiter: »Ich hab' wahnsinnige Angst.«

Lange schon hatte Tochter Manuela, eine Ärztin, ihren Vater dringend aufgefordert, nicht auf den Internisten Schröder zu bauen, sondern sich einem Psychiater anzuvertrauen. Aber Troll wies sie schroff zurück: »Ich lasse

Im Haus Traubergstraße 15 in Stuttgart-Ost hat die Familie Bayer ab 1954 gelebt.

mir meinen Freund Jo nicht nehmen!« In seinen hinterlassenen Tonbandaufzeichnungen erwähnt er, dass er einmal versuchsweise Medikamente gegen seine Depressionen eingenommen habe. Aber die Nebenwirkungen seien viel zu schlimm gewesen, als dass er sich damit hätte abfinden können. Gewiss, die kognitive Verhaltenstherapie als heute erfolgreichste Strategie bei der Behandlung von Depressionen war damals noch nicht Standard unter Psychiatern. Die Frage ist ohnehin, ob sich Thaddäus Troll darauf eingelassen hätte. Denn diese Therapie erforscht in zum Teil wochenlangen Gesprächen Einstellungen, Gedanken, Bewertungen und Überzeugungen, macht sie beim Patienten bewusst, überprüft sie, korrigiert irrationale Einstellungen und überträgt die gewonnenen Korrekturen in den Alltag. Eine solche Persönlichkeitsveränderung hätte Troll wohl kaum mit sich machen lassen.

So fuhr Sekretärin Lindenberg am Sonntagmorgen nach Stuttgart zurück und fand in der Stadtwohnung in der Traubergstraße 15 ihren Chef und Freund: auf dem

Bett in andächtiger Haltung liegend, in einen dunklen Anzug gekleidet, tot. Eine Flasche französischer Rotwein (den Medien zufolge musste es Trollinger sein), halb leergetrunken, stand daneben. Der kurze Abschiedsbrief lag auf dem Schreibtisch. Es fand sich ein Glas, in dem die Kriminalpolizei Reste von Schlaftabletten entdeckte. Auch das Diktiergerät mit auf langen Waldspaziergängen besprochenen Bändern fand sich, auf denen er seinen Zustand beschrieb und über Selbstmord gemeinsam mit einer Frau nach dem Vorbild des Dichters Heinrich von Kleist (1777–1811) sinnierte. Sie wurden später von Eleonore Lindenberg abgeschrieben und den Nachkommen zur Verfügung gestellt.

Der frühe Tod hat Fachwelt wie Freunde aufhorchen lassen: Günter Grass bekannte, die Öffentlichkeit habe in Thaddäus Troll nur den Satiriker, den Spottvogel vermutet. »Die Leute haben nie den Melancholiker und den Depressiven gesehen, der er war«. Walter Jens, der ihn noch im Frühjahr zuvor beim PEN-Kongress in Bulgarien gesehen hatte, meinte, Troll habe zunehmend Zweifel an sich und seiner Literatur bekommen und sei wohl auch mit dem Alter nicht zurechtgekommen. Das bestätigen auch seine Nachkommen. Tochter Eva-Suzanne meint sogar, er habe vor seiner nachlassenden Attraktivität gegenüber Frauen kapituliert.

Das Nachrichtenmagazin »Der Spiegel«, für das Hans Bayer Ende der 40er Jahre Stuttgarter Kulturkorrespondent gewesen war, berichtete im April 1982 über eine epidemiologische Arbeit der Tübinger Nervenfachärzte Johannes Gestrich und Hans-Werner Schied. Demnach könnte Thaddäus Troll auch Opfer einer typisch schwäbischen Krankheit geworden sein, der vor ihm schon etliche andere Schwaben erlegen waren.

Die beiden Mediziner verglichen unter ihren schwermütigen Patienten Württemberger mit Menschen anderer Herkunft und stellten erstaunliche Unterschiede fest: Depressive Patienten schwäbischer Abstammung waren zu 60 Prozent an der endogenen Variante erkrankt, andere

Freund Eberhard Jäckel 2013 bei einer Rede im Stuttgarter Rathaus.

nur zu 40 Prozent. Diese tritt unversehens auf, rührt von inneren Ursachen her und ist vor allem in der ererbten Konstitution begründet. Damit einher gehen bestimmte Charaktereigenschaften wie »beständige Neigung zu trüber Betonung der Lebenserfahrung«, zum Grübeln und zu Selbstquälerei sowie »zwanghafte Züge und Pedanterie«. Und weiter sagen die Tübinger Spezialisten über ihre Landsleute: »Schwerer als ihre Nachbarn können sie sich heiterem Lebensgenuss hingeben und neigen eher zu einer dialektischen Lebensauffassung.«

Solche Eigenschaften hatte Thaddäus Troll bei den Schwaben schon immer festgestellt, bei Hölderlin oder Georg Wilhelm Friedrich Hegel etwa, dessen dialektisches Denksystem dem »schizophrenen Stamm der Schwaben« ganz besonders entspreche, aber auch bei den Schwaben als solchen, deren Tugenden »leicht zum Laster pervertieren«, beispielsweise »Ordnungsliebe zur Pedanterie, Meditation zur Kontaktarmut, Religiosität zur Weltflucht«.

Solche Neigungen hat Thaddäus Troll für sich entschieden abgelehnt, doch waren sie bei ihm durchaus anzutreffen. Er hielt nachgerade pedantisch Ordnung in seinem schriftstellerischen Alltag, schrieb ständig in

In einer Auflage von 500 nummerierten und signierten Exemplaren ist 1973 Trolls ebenso deftiges wie melancholisches Buch »Wie man ein böß alt Weib wird, ohne seine Tugend zu verlieren« erschienen.

sein Notizbuch und führte eine umfangreiche Kartei, in der er Abdrucke seiner Glossen peinlich genau mit Zeitungsadresse, Datum und Honorarbeträgen zwischen 0,50 und 150 D-Mark festhielt. Seine Sekretärin Eleonore Lindenberg erinnert sich, dass er »großzügig bei großen Ausgaben, aber kleinlich bei Beträgen unter einer D-Mark« war. So achtete er sehr sorgfältig darauf, dass Kohlepapier mehrfach verwendet wurde, und konnte einzelne Briefe mit der Aufforderung nachwiegen, am Porto zu sparen. Auch Briefmarken löste er ab, wenn sie nicht gestempelt waren.

Von Kontaktarmut allerdings konnte nicht die Rede sein. Im Gegenteil: Thaddäus Troll pflegte herzliche Beziehungen mit Freunden vom »Tisch der Dreizehn« in Stuttgart wie dem Historiker Eberhard Jäckel, im Rotary-Club Ludwigsburg-Backnang, der Stuttgarter Theaterszene oder zu Schriftstellerkollegen wie Walter Jens. Auch in seinem selbst verfassten Nachruf setzte er den Freundeskreis an die erste Stelle dessen, wozu er es an Wertvollem in seinem Leben gebracht habe. Und in seiner religiösen Einstellung, die sich auf ein politisch-praktisches Christentum der Gerechtigkeit und des Alltags konzentrierte, war von Weltflucht schon gar nichts zu spüren. Im Gegenteil: Gegenüber seinem Lektor Hermann J. Barth, der auch ein Freund der Familie war, deutete er einmal an, dass er innerlich eher dem Katholizismus zuneige als seiner eigenen Konfession, eine Einstellung, welche Tochter Manuela jedoch keineswegs gelten lassen will.

Organisch war Hans Bayer ohnedies gesund. Zwar hatte Jo Schröder 1973 die üblichen »Gebresten« eines Weinliebhabers und Freundes des guten Essens festgestellt: leichter Diabetes, labiler Bluthochdruck (bei seelischer Belastung) und erhöhte Cholesterinwerte im Blut. Aber, schrieb Troll an seinen Freund, den Landarzt Gerhard Vescovi (»Hippokrates im Heckengäu«), »mit den kleinen Molesten muss man eben leben, solang sie die Lebensqualität nicht mindern, und das tun sie zur Zeit nicht«.

»Letztlich war er ein Hypochonder!« Das sagt seine Sekretärin Eleonore Lindenberg. In den 50er Jahren zeichnete er einmal in einem Schaubild seine Gewichtsveränderungen penibel tageweise auf, wie sie sich nach Tagungen oder Lesungen entwickelten. Jo Schröder schätzte ihn offenbar gleichfalls so ein. Ihm gegenüber äußerte Troll einmal die Sorge, »wie schlimm es mir erst ginge, wenn mein Buch [»Preisend mit viel schönen Reden«] kein Erfolg wäre und die Wahl [die Bundestagswahl 1972] nicht gewonnen sei«. Darauf »hätte ich mich wahrscheinlich nicht getraut, krank zu werden«, so Troll, der dabei die Meinung seines Arztes zitierte.

Seinen Nachruf hatte Thaddäus Troll 1970 auf Anregung des Schriftstellers Karl Heinz Kramberg in einem Buch mit dem Titel »Vorletzte Worte« im Verlag Bärmeier & Nikel veröffentlicht. Zuvor schon hatte der Österreichische Rundfunk in einer Sendefolge »Nachrufe zu Lebzeiten« durchgespielt.

Literarische Vorbilder wie François Villon oder Bertrand Russel mögen Thaddäus Troll angeregt haben, sich zu beteiligen. »Leichenfeiern sind üblich. Wir tun den Toten Gewalt an. Gegen diese Gewalt sich zu wenden, hat nur ein Mittel, wer sich der Sprache bedient. Das sind die Lebenden. Darum dieses Buch«, begründete Kramberg sein Projekt. Und so stellte sich Thaddäus Troll an die Seite von Autoren wie Peter O. Chotjewitz, Werner Finck,

Rechte Seite:
Gedenktafel am
Haus Trauberg-
straße 15.

Albrecht Goes, Peter Härtling, Uwe Johnson, Wolfdietrich Schnurre, Johannes Mario Simmel oder Günter Kunert, die allesamt sich selbst bestatteten, freilich auf unterschiedliche Weise: mal gebrochen, mal schelmisch, mal beiläufig, mal literarisch verbrämt oder im Stil des Als-ob. Mag sein, dass Troll auch eitel genug war, sich in eine so prominente Reihe zu stellen. Er ging sogar so weit, seinen eigenen Nachruf im Saarländischen Rundfunk auf Band zu sprechen.

Darin nahm er zehn Jahre vor seinem Freitod die Zeremonie schon vorweg. »Gestern wurde Thaddäus Troll auf dem Steigfriedhof beerdigt«, beginnt er im Prolog, um sich dann in seiner legendären süffisanten Weise von den üblichen Trauerfeiern zu distanzieren: »Mein vor ein paar Tagen beendetes Leben lang hatte ich eine Aversion gegen Zeremonien der Beisetzung. Die routinierte Pompe funèbre; die Betretenheit der Trauergäste; der bemühte Trost des Priesters; die larmoyante Schönfärberei der Nachrufer; der rasche Transit des Krematoriums; die gewerbsmäßige Heuchelei der Sargträger; die jämmerlichen Bläser, die hinter Grabsteinen getarnt ihren Zank unterbrachen, um ›So nimm denn meine Hände‹ zu tuten; der Motor der Pflicht, der die meisten Anwesenden in schlecht sitzende, eingemottete Trauerkleidung gezwängt und zum Friedhof getrieben hatte; das alles waren Anlässe, mich mit der kalauernden Begründung ›Der kommt ja auch nicht zu der meinigen‹ vor Beisetzungen zu drücken.«

Und er wird gleich ironisch: »Um die heutige Beerdigung komme ich beim besten Willen nicht herum.« Dafür aber erspare er den Trauergästen die elende Beschönigung eines Nachrufs, den »Friedhof funebraler Sprachklischees«, indem »ich mir selbst nachrufe, hiermit von der ersten Person des Präsens in die dritte Person des Imperfekts transzendiere und damit schon einen Aufhänger habe: Perfekt war er nie – eher imperfekt.«

Und dann geht er über zu Selbstanklagen, die aber so ernst nun auch wieder nicht gemeint waren: »Er schrieb für Geld und nahm sowohl das, was er schrieb, wie sich

THADDÄUS TROLL
Eigentlich Dr. Hans Bayer
Schriftsteller, Mitbegründer des
Verbandes deutscher Schriftsteller
Geboren 18. März 1914 in Bad Cannstatt
Gestorben 5. Juli 1980 in Stuttgart
Beigesetzt auf dem Steigfriedhof
Im Erdgeschoß dieses Hauses wohnte von 1954
bis zu seinem Tode der Verfasser von
„Deutschland deine Schwaben".

Gestiftet von der
LBS Württemberg
1989

Thaddäus Trolls Beisetzung auf dem Steigfriedhof im Juli 1980.

selbst nicht allzu wichtig. Versnobt pflegte er zu schwindeln, er sei nur Schriftsteller geworden, weil seine Gaben zum Koch nicht gereicht hätten. Tatsächlich erschöpfte sich sein Ehrgeiz in der Küche.« Ein misslungenes Gericht habe ihn mehr verdrossen als ein misslungener Text. Das mochte man glauben oder auch nicht.

Dieser Nachruf führte übrigens zu peinlichen Missverständnissen. Die Zeitschrift »Baden-Württemberg« druckte ihn ohne Kommentar ab, was bei Frau Bayer eine Welle von Beileidstelegrammen auslöste. Die Gemeinde Rietenau bei Backnang, die heute zu Aspach gehört und die in unmittelbarer Nachbarschaft zu Oppenweiler-Hinterrohrbach liegt, wo sich die Familie Bayer ein Landhaus gebaut hatte, wollte sogar eine »Thaddäus-Troll-Straße« benennen, nahm aber zunächst davon Abstand, als sie nach näheren Recherchen feststellen musste, dass sich Thaddäus Troll noch bester Gesundheit erfreute. Das änderte sich 1972, als sich die Gemeinden Allmersbach am Weinberg, Groß- und Kleinaspach sowie Rietenau zur Gemeinde Aspach zusammenschlossen. Da etliche Straßennamen nun doppelt vorkamen, wurde die ehemalige Rietenauer Hauptstraße in Thaddäus-Troll-Straße umbenannt.

Zwischenzeitlich gibt es eine Thaddäus-Troll-Straße auch in Öpfingen (Alb-Donau-Kreis), einen Thaddäus-Troll-Weg in Auenwald (Rems-Murr-Kreis), Gärtringen (Kreis Böblingen), Gerstetten (Kreis Heidenheim), Trossingen (Kreis Tuttlingen), Wangen im Allgäu (Kreis Ravensburg) und sogar in Bayerisch-Schwaben, nämlich in Senden (Kreis Neu-Ulm). Stuttgart-Bad Cannstatt ehrt den Dichter mit dem Thaddäus-Troll-Platz, den eine Bronzeplastik des »Entaklemmers« von Elke Krämer ziert.

Als Thaddäus Troll noch Hans Bayer war

Geboren wurde Hans Bayer als Älterer zweier Buben am 18. März 1914 in der Marktstraße 9–11 in Stuttgart-Bad Cannstatt, das zwar schon seit 1905 mit Stuttgart vereinigt war, aber erst seit 1933 »Bad« hieß. Cannstatt, wie die alten Cannstatter heute noch sagen, geht auf ein römisches Kastell zurück und war schon Verkehrszentrum, als Stuttgart noch ein Sumpfgebiet war. Bis 1905 war es eine respektable Oberamtsstadt mit etwa 25 000 Einwohnern und einer fortschrittlichen Industrie. Hier fuhr Gottlieb Daimler mit dem ersten Motorrad und der ersten motorisierten Straßenbahn vom Wilhelmsplatz zum Kursaal. Auch die erste württembergische Eisenbahn verkehrte zwischen Cannstatt und Untertürkheim.

Cannstatt hat das stärkste Mineralwasservorkommen Westeuropas; ein weltstädtisches Flair ging durch die Stadt vor allem durch den Kurbetrieb, der im 18. und 19. Jahrhundert aufblühte. Honoré de Balzac gehörte zu den prominenten Kurgästen. Kein Wunder, dass die Cannstatter besonders stolz auf ihren heutigen Stadtteil sind. Bei der Vereinigung mit Stuttgart bewahrte er sich einige Sonderrechte, wie ein eigenes Standesamt. Man ist in

Die alte Cannstatter Wilhelmsbrücke vor dem Abbruch, April 1929. Im Hintergrund sieht man das Ensemble, an dem sich heute der Thaddäus-Troll-Platz befindet. Aufnahme von Hans Bayer.

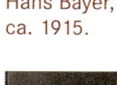

Hans Bayer, ca. 1915.

Cannstatt geboren, nicht in Stuttgart. Deshalb stand auch in Hans Bayers Geburtsurkunde als Geburtsort »Cannstatt«.

Hans Bayers Geburtshaus wurde 1973 abgerissen und durch ein Kaufhaus ersetzt. »Das hat mir recht zu schaffen gemacht«, schreibt der Literat 59-jährig in einem Brief an Cläre Bauer-Fromme, die ehemalige Frau des enttäuscht nach Kanada ausgewanderten Schriftstellers Walter Bauer, »denn man spürt, je älter man wird, seine Wurzeln, die jetzt wie abgehackt sind.«

Den Vater Paul Bayer (gestorben 1961) schildert Hans in seinen Notizen als rechtschaffen, bedächtig und sparsam. Er hat ihn sehr geachtet. Paul Bayer war selbständiger Seifensieder. Dieses Handwerk war im Aussterben begriffen, nachdem gegen Ende des 19. Jahrhunderts die industriell hergestellten Waschmittel die Haushalte erobert hatten. Gesotten wurde nach uralten Rezepten aus Öl, Fetten und Soda vor allem Kernseife.

Produziert wurde aber auch eine spezielle Seife nach den Vorgaben eines benachbarten Arztes, die für die Kinder des Seifensieders, Hans und Erich, den Nachteil hatte, dass sie die Masse vier Stunden lang ununterbrochen rühren mussten. Derweil konnte Hans Bayer immerhin intensiv Radio hören. Und obwohl es sparsam zuging, so gab es im Hause Bayer doch schon das geschäftlich notwendige Telefon.

Diese einfache Herkunft als Sohn eines Seifensieders hat Hans Bayer anfangs belastet. Sei es, dass ein militaristischer Gymnasiallehrer ihm einprägte, als Sohn eines Handwerkers werde er die »edle und aristokratische Sache« des Krieges nie begreifen; sei es, dass seine zweite Frau Susanne, die Tochter eines Chefarztes aus Sommerfeld bei Berlin, ihm immer wieder lächelnd vorhielt: »Das ist Cannstatt!«, wenn er zu schwäbeln begann. Gleichwohl war Thaddäus Troll stolz auf seinen Geburtsort und auf das Elternhaus in der Marktstraße 9–11. Als Troll 1967 mit dem Erfolg von »Deutschland deine Schwaben« berühmt geworden war, als er 1969 an der Seite von Prominenten wie Günter Grass in die SPD-Wählerinitiative eingestiegen war, konnte er über seine Herkunft und Jugend unbefangen plaudern, Interviews geben, die etwa mit »Wir Cannstatter« überschrieben waren, und konnte jener typisch schwäbische Schriftsteller werden, als der er sich der Nachwelt eingeprägt hat.

Die Mutter Elsa Bayer, am 17. Oktober 1891 als Elsa Buck geboren, stammte aus einer pietistischen Bauernfamilie in Oberkochen bei Aalen. Thaddäus Troll hat behauptet, seine Vorfahren seien auch Glaubensflüchtlinge aus dem Salzburger Land gewesen. Ob dies zutrifft oder

Kassenzettel der Seifensiederei Wilhelm Bayer. In der Marktstraße 11 befand sich der Laden, in der Voltastraße 5 im Cannstatter Industriegebiet links vom Neckar der Seifenherstellungsbetrieb.

nur seiner Zuneigung zu Verfolgten im alten Württemberg geschuldet war, lässt sich nicht mehr herausfinden. Einen schriftlichen Beleg dafür hatte er nicht. Hans schildert die Mutter selbst aber als ganz und gar unpietistisch, als temperamentvoll und »schön«. Sie hatte bei den Bayers »das Heft in der Hand«, war eine fortschrittliche Frau, gehörte zu den Cannstatterinnen, die sich in den 20er Jahren einen modernen Pagenschnitt schneiden ließen, was für damalige Verhältnisse im Stuttgarter Vorort nachgerade einer feministischen Revolution gleichkam. Noch in hohem Alter ließ sie sich die Haare färben. Von ihr hat Hans Bayer vermutlich auch die Lust am Genießen, am stilvollen Essen und Trinken abbekommen.

Auf die Mutter ist wohl auch zurückzuführen, dass die Bayers ein Abonnement fürs Stuttgarter Schauspiel hatten, ein Umstand, der beim jungen Hans früh die Theaterleidenschaft weckte. Denn immer wieder kam es vor, dass die Eltern keine Zeit hatten oder keine Neigung verspürten, insbesondere moderne Inszenierungen wie »Kolonne Hund« des kommunistischen Schriftstellers Friedrich Wolf (1888–1953) anzusehen. Wolf war jüdischer schreibender

Bayer's Borax-Kernseifenspäne verwendete man »für alle Wäsche, Wolle und Seide«. Verpackung der 1500-Gramm-Tüte.

Als Thaddäus Troll noch Hans Bayer war

Im Haus Marktstraße 11 nahm der Laden das Erdgeschoss ein, oben wohnte die Familie. Aufnahme um 1969.

Arzt in Hechingen und Stuttgart und floh nach der Machtergreifung der Nazis auf Umwegen nach Moskau. Er war der Vater des späteren DDR-Spionagechefs Markus Wolf und von dessen Bruder Konrad, einem erfolgreichen Filmregisseur. Das Drama »Kolonne Hund«, das 1926 in Stuttgart auf dem Spielplan stand, schildert den Alltag in einer kommunistischen Mustersiedlung auf einem Moorhof bei Worpswede. Es wurde das tief beeindruckende Stück im Leben des jungen Hans. Er sah es mit zwölf Jahren.

Im Stuttgarter Theater begann auch seine Leidenschaft zum Schreiben: Ein Leserbrief von ihm, in dem er sich über Karten spielende Jugendliche in den »heiligen Hallen« des Theaters beschwerte, wurde tatsächlich abgedruckt. Das hat ihn so begeistert, dass er von nun an Journalist werden wollte.

Mutter Elsa Bayer war es wohl auch, die den um zehn Jahre älteren Gatten zur Tanzstunde ausführte oder mit ihm beim Volksfest oder bei anderen Cannstatter Festen

Trolls Mutter, Elsa Bayer geb. Buck.

Rechts: Trolls Vater, Paul Bayer (mit Schnurrbart).

zubrachte. Gewiss war es auch die Pflicht des Seifenhändlers Paul Bayer, »auf Kundschaft zu trinken«, obendrein dürfte aber die lebenslustige Ehefrau ihr Teil beigetragen haben. Hans erwähnt einmal, dass er morgens früh aufgestanden sei, um zur Schule zu gehen. Da seien Mutter und Vater gerade von einem Faschingsball nach Hause gekommen.

Es verwundert, dass Troll in den 60er Jahren einer Leserin schrieb, er habe kein enges Verhältnis zu seiner Mutter. Seine Sekretärin und letzte Freundin Eleonore Lindenberg, die seit 1966 bei ihm arbeitete, berichtet, dass er immer wieder sehr verstört vom Besuch seiner Mutter zurückkam. Einen Grund dafür vermutet Trolls Tochter Eva-Suzanne, selbst Journalistin (und überdies Kunsthistorikerin und Reiseorganisatorin), in der Einstellung der Mutter gegen Hans als Journalist. Sie habe mehr auf den sechs Jahre jüngeren Bruder Erich gesetzt, der das Seifengeschäft übernommen hatte und »der halt schafft«, während die Mutter hinter der Schreiberei keine Arbeit vermutete.

Die Kinder Manuela und Isabel allerdings, die eine Ärztin, die andere ebenfalls Journalistin, sehen es anders. Sie seien bei den Besuchen regelmäßig dabei gewesen und könnten Frau Lindenbergs Eindruck nicht teilen. Möglicherweise spielte auch das gespannte Verhältnis von Elsa Bayer zu ihrer sehr preußischen Schwiegertochter Susanne eine Rolle. Jedenfalls vererbte Elsa Bayer, die nach ihrem Sohn Hans starb, ihr Vermögen an die Kinder – für Susanne gab es nichts. Aus Sicht der Schwiegermutter war Susanne nun einmal die falsche Schwiegertochter; sie sei in Hans Bayers erste Ehe »eingebrochen«, weil sie schwanger wurde.

Man war es nicht, aber man fühlte sich in Cannstatt als »Patrizier«, wie Hans Bayer später schrieb. Der Vater wählte als Handwerker nationalliberal und hielt drei Zeitungen, deren Lektüre auch für den zwölfjährigen Hans schon zur Leidenschaft wurde: Neben der »Cannstatter Zeitung« und dem liberalen »Stuttgarter Neuen Tagblatt« las man auch den ebenfalls liberalen »Schwäbischen Merkur«. Natürlich war die »Schwäbische Tagwacht«, die SPD-Zeitung, im Haus eines Selbständigen nicht anzutreffen. Auch in den »roten Vierteln« des Ortes durfte und wollte sich der kleine Hans nicht herumtreiben. Man verkehrte unter denen, die vom gleichen Stand waren. In seinen Jugenderinnerungen verkneift sich Hans Bayer später jedoch nicht den Hinweis, dass immerhin der Inhaber eines Cannstatter Spielwaren- und eines Weißwarengeschäfts Mitglied der SPD gewesen sei.

Hans Bayer mit Spiegel, Dezember 1929.

Als Thaddäus Troll noch Hans Bayer war

Mit ihrem pietistischen Bild »Der breite und der schmale Weg« wollte Charlotte Reihlen zeigen, dass nur Frömmigkeit, Fleiß und Bescheidenheit zum Paradies führen.

Pauline Buck, Trolls Großmutter mütterlicherseits, deren Mann 1920 starb und den sie als Witwe um 35 Jahre überlebte, war stark pietistisch angehaucht und ging regelmäßig »in d'Stond«. Das waren ergänzende Erbauungsandachten christlicher Gemeinschaften und Sekten wie etwa der auf den Bauernsohn Michael Hahn (1758–1819) zurückgehenden »Hahn'schen Gemeinschaft«, deren Mitglieder sich als besonders eifrige Gläubige fühlten. Anders als bei Luther herrschten im pietistischen Württemberg die Kirchenkonvente, die als Sittengerichte streng darüber wachten, dass die Menschen ein sündenfreies Leben voll »guter Werke« führten. Dies ist eine besondere Eigenschaft des schwäbischen Pietismus, der, ausgehend vom Pietistenvater Johann Albrecht Bengel (1687–1752), von der sicheren Erwartung der Wiederkunft des Heilands ausging und bis dahin von seinen Seelen ein absolut tätiges, sündenfreies und freudloses Leben erwartete.

Seine Eltern waren allenfalls »laue Christen«, meint Hans Bayer, doch glaubt er, die Eigenschaft, »hin und wieder den Pietismus in mir zu spüren«, habe er von seiner Großmutter mitbekommen. Tatsächlich musste der kleine Hans manchmal mit in die »Stund«, die ein religiös verbissener Inhaber einer Eisenwarenhandlung hielt, den man den »Blechheiland« nannte. Dort erlebte Hans einen gestrengen Herrgott, der nur darauf wartete, dass seine Schäflein sündig wurden und er dann »dreinschlagen« konnte. Ähnlich später auch der Pfarrer im Konfirmationsunterricht, der den jungen Leuten androhte, ihre Glieder müssten »verdorren«, wenn sie sich nicht an ein sündenfreies Leben hielten. Wenn man es sich gut gehen ließ, war das aus Sicht der Pietisten »arge Hoffahrt«. Und »arge Sünd«, wenn einem das Viertele schmeckte oder ein Mädchen gefiel. Beides hat Hans Bayer später ausführlich genossen. Von »verdorren« konnte keine Rede sein. So konnte er später analysieren, sein Grimm gegen die Pietisten sei die Auflehnung gegen den »Pietisten in mir«.

Hans Bayer im Alter von 14 Jahren, Januar 1929.

In seinem von ihm gebauten Haus in Oppenweiler, Teilort Hinterrohrbach, (heute Rems-Murr-Kreis) hing neben der Toilette auch das altbekannte Plakat »Der breite und der schmale Weg«, das von der Stuttgarter Diakonissin und Pietistin Charlotte Reihlen (1805–1868) in den

Als Thaddäus Troll noch Hans Bayer war

60er Jahren des 19. Jahrhunderts entworfen wurde und von der Stuttgarter Evangelischen Gesellschaft in viele schwäbische Haushalte verbreitet wurde. Es zeigt zwei Arten von Lebenswegen: Der breite Weg, den viele gehen, führt durch ein großes Eingangstor zu Theater, Maskenball und »Spielhölle«; die Menschen frönen dem Lotto- und Kartenspiel, sie trinken, tanzen, fluchen, musizieren, ja töten einander und fahren gewissermaßen mit der Eisenbahn direkt in die Verdammnis, während der schmale Weg steil und verschlungen durch Sonntagsschule, an Kinderrettungsanstalt und Diakonissenhaus vorbei durch Gläubigkeit und Fleiß ins Paradies leitet. Thaddäus Troll hat dies nicht übernommen. Er hat natürlich eher den breiten Weg gewählt.

Verzeichnis der Konfirmanden:

A. Söhne.

Wilfried Schuh
Hermanh Schauffele
Friedrich Wörner
Hans Rall
Hermann Mayer
Friedrich Schüle
Ernst Denner
Karl Kiener
Alfred Strauß
Erwin Schüle
Kurt Wittlinger
Kurt Wellinger
Walter Kloß
Willi Hirzel
August Stolz
Walter Kientsch
Max Pfeiffer
Erwin Silberhorn
Walter Geist
Edgar Hägele
Albert Rüdt
Robert Deininger
Karl Köstlin
Hans Schiffmann
Kurt Paulus
Walter Schwarz

Hermann Full
Helmut Hartmann
Hermann Trost
Robert Schwarzmann
Werner John
Georg Lenz
Wilhelm Römmele
Richard Grieb
Reinhold Häberle
Erwin Ulrich
Wilhelm Freitag
Hans Henßler
Otto Buchhorn
Otto Biedermann
Albert Krautter
Gustav Bayer
Hans Bayer
Reinhold Pflanzer
Robert Schramm
Hans Eckert
Hugo Krämer
Kurt Sohler
Otto Drechsel
Erwin Bläser
Erhard Jäger

B. Geschwisterpaare:

Friedrich Harter }
Maria Harter }
Wilhelm Deuschle }
Johanna Deuschle }

Friedrich Joos }
Martha Joos }

C. Töchter:

Erika Müller
Margarete Lachenmayer
Frida Lachenmayer
Erika Scherne
Lina Scherne
Freyja Vollacher
Gertrud Traub
Martha Partes
Margarete Müller
Elise Binder
Anna Binder
Marta Dürr
Emilie Schneider
Frida Hessenauer
Lina Balbach
Julie Luz
Irmtraut Schöffler
Sophie Wollmershäuser
Charlotte Kimmerle
Gertrud Münzenmayer

Elsa Regensburger
Rosa Dürr
Frida Helber
Hedwig Schillinger
Erna Kälberer
Gudrun Stauch
Lina Bientzle
Hilde Knörzer
Elise Dieterle
Hedwig Wiedmayer
Berta Lachenmaier
Emilie König
Liselotte Lentes
Lotte Leuze
Elise Haag
Erna Munz
Anneliese Braun
Marianne Wagner
Frida Heermann
Hildegard Reulen

Zusammen 97 Konfirmanden.

Buchdruckerei Cannstatter Zeitung

Seine Konfirmation fiel auf den 18. März 1928, den Tag seines 14. Geburtstags. 1978 nimmt sich Troll während einer Lesereise in Konstanz überraschend viel Zeit, um anlässlich der 50. Wiederkehr dieses Tages einen langen Brief an seine Mitkonfirmanden zu richten, was auch auf die große Liebe zu seiner Geburtsstadt schließen lässt. Darin legt der 64-Jährige sein Verhältnis zum Christentum und zur Kirche offen. Zwar hat er die Konfirmation mit Suppe, Nierenbraten, Spätzle, Kartoffelsalat und Eis als »arg äußerlich, streng und strapaziös« in Erinnerung. Die »innere Konfirmation« aber, das Einssein mit dem Glauben, »sie kam erst später, als uns nämlich der Unglaube und Aberglaube der 30er Jahre am Wickel hatte«. Der Konfirmationsspruch, »der mich mahnte, Gottes Wort

Programmzettel zu Hans Bayers Konfirmation in der Cannstatter Stadtkirche am 18. März 1928. Bayers Name findet sich bei den »Söhnen« an der 43. Stelle.

zu hören und zu bewahren«, habe ihm erst später, im Krieg, viel bedeutet. Und er bekennt sich zur Bergpredigt mit ihrer Aufforderung zur Barmherzigkeit, zur Leidensbereitschaft mit dem Mitmenschen, auch wenn dieser gefehlt hat. Er habe dem Neuen Testament entnommen, dass Jesus nicht nur Gottes Sohn, sondern auch »ein großer, ein bedeutender, ein weltverändernder Mensch gewesen ist: ... einer, dem Materialismus, Unterdrückung und Besitzgier ein Greuel waren«.

Am Schluss seines Briefes rechnet er wieder einmal mit dem Pietismus ab: Er wünscht »Euch und mir, dass wir imstande sind, den Nächsten nicht auf die Freuden des Paradieses zu verweisen, sondern ihm ein Stückchen davon auf dieser Welt zu geben durch Barmherzigkeit, Nächstenliebe, Zärtlichkeit, Teilnahme im Unglück und Teilgabe im Glück, Brüderlichkeit und Toleranz«. Das ist das sozial-religiöse, praktische Christentum aus der Bergpredigt oder das Bekenntnis etwa des Bad Boller Erweckungspfarrers und SPD-Landtagsabgeordneten Christoph Friedrich Blumhardt (1842–1919), zu dem sich Hans Bayer unausgesprochen hingezogen fühlt. Blumhardt stellte sich der sozialen Frage, den Nöten der Arbeiter von Jesus her, bekannte sich als Jünger Jesu zum Sozialismus und nannte den Ersten Weltkrieg die »Vorzeichen des Reiches Gottes«.

An diesen Weltkrieg, bei dessen Ende er vier Jahre alt war, kann sich Hans Bayer kaum erinnern. Zwar beobachtete er hin und wieder die kaiserlichen Soldaten, wie sie in ihren bunten Uniformen durchs Städtle zogen,

Hans Bayers erste Fotoaufnahme zeigt seinen Bruder Erich im Alter von acht Jahren, Januar 1929.

aber die Farbigkeit ist auch das Einzige, was aus dieser Zeit hängen geblieben ist. Allerdings sieht er noch den Vater in Uniform vor sich, auf den er deshalb besonders stolz gewesen ist. Hunger leiden musste die Familie auch im berüchtigten »Steckrübenwinter« 1916/17 wohl nicht, obwohl Bayer das Gegenteil behauptet. Denn Seife war eine begehrte »Währung«, mit der man Lebensmittel eintauschen konnte. Erst später, zu seinem 50. Geburtstag, nennt er den Ersten Weltkrieg in schriftstellerischer Ausschmückung den »Milchbruder, besser den Magermilchbruder, der sich einem Kuckuck gleich rascher entwickelte, der schneller groß wurde als wir, der uns die Schokolade wegfraß und uns die Graupensuppe ließ«.

Der Vater bestand nicht darauf, dass der älteste Sohn sein Handwerk erlernen und das Geschäft übernehmen sollte. Das habe schon der Großvater und Gründer der Seifensiederei, Wilhelm Heinrich Bayer (geboren am 10. Dezember 1853 in Cannstatt), von ihm verlangt, weshalb er diesen Druck nicht auf seinen Sohn weitergeben wolle, zitiert Hans seinen Vater. Auch Wilhelms Frau, also Hans Bayers Großmutter väterlicherseits, war eine waschechte Cannstatterin: Marie Bayer, geb. Grau, hat am 23. November 1855 das Licht der Welt, genauer: der Cannstatter Altstadt erblickt.

Das Geschäft übernahm nach dem Tod des Vaters 1961 der um sechs Jahre jüngere Bruder Erich und führte es als »Firma Paul Bayer KG, Marktstraße 11«, kurz »Seifen-Bayer«, noch bis Ende der 60er Jahre weiter. Die Mutter verkaufte später die Grundstücke an einen Kaufhauskonzern und sorgte weiter für Erich, der im Zweiten Weltkrieg schwer verwundet worden war. Erich lebte danach »von den Erträgnissen der väterlichen Grundstücke«, wie der Bruder mit gewisser Distanz schrieb.

Hans dagegen, obwohl der Ältere von beiden und von Geburt her eigentlich für die Nachfolge vorgesehen, sollte auf die Cannstatter Oberrealschule gehen, die schon Großvater und Vater Bayer besucht hatten. Allerdings hielt er es dort nur drei Jahre aus. Er traf auf Lehrer, die

Das humanistische Gymnasium in Cannstatt, das seit 1937 »Johannes-Kepler-Gymnasium« heißt, wurde 1912 vom Stuttgarter Architekturbüro Eisenlohr & Pfennig als unterer Abschluss des Kurparks errichtet.

er rundweg als »geisteskrank« einschätzte. Der eine prügelte die Schüler, was das Zeug hielt, der andere bekannte, dass er an Schweißfüßen leide, und zog sich deshalb regelmäßig die Socken aus, um sie im Fensterkreuz zum Lüften aufzuhängen. Den Dritten nannten sie »Götterkind«, weil er behauptete, nur einer sei größer als er, den aber habe man gekreuzigt.

Nach drei Jahren wechselte Hans Bayer auf das humanistische Gymnasium. Es war in einem wenige Jahre zuvor errichteten, furchterregenden neo-barocken Bau gegenüber vom Kurpark untergebracht. Alles in den Räumen atmete nach-wilhelminische Pädagogik. Doch in dieser Schule, in deren Altbau schon Hermann Hesse 1892/93 mit dem Versuch sich zu bilden gescheitert war, erhielt der Bub Hans Bayer wichtige Prägungen.

Da gab es einen Lehrer, der Hauptmann der Reserve war und der Harzburger Front angehörte, jener rechtsradikalen Vereinigung zwischen Alldeutschem Verband und NSDAP, die sich gegen das letzte demokratische Kabinett Brüning organisierte. Bei Schulausflügen teilte er die Klasse stets in Vorhut, Gros und Nachhut ein. Für ihn war der Krieg der Vater aller Dinge. Er hat Hans Bayer als »catalinarische Existenz« bezeichnet, nach jener Verschwörung im alten Rom, die der Senator Catilina im Jahr 63 v. Chr. ohne Erfolg angezettelt hatte.

Sein Physiklehrer war der von Schwäbisch Hall 1929 nach Cannstatt versetzte Christian Mergenthaler (1884–1980), ab 1924 der erste Stuttgarter Landtagsabgeordnete der NSDAP und bis 1945 der württembergische Ministerpräsident, Kultminister und innerparteiliche Widersacher des NS-Gauleiters Wilhelm Murr. Hans Bayer scheut sich nicht, ihn, abgesehen von dessen politischer Einstellung, einen »hervorragenden Physiklehrer« zu nennen.

Hauptsächlich aber wurde Hans von einem im Ersten Weltkrieg verwundeten einarmigen Deutschlehrer namens Wolf beeinflusst, der ihm, weil er so gut in diesem Fach war, empfahl, Hitlers »Mein Kampf« und Alfred Rosenbergs »Mythus des 20. Jahrhunderts« zu lesen. Die Aussagen Hitlers und der »völlig verquaste Stil« Rosenbergs hätten ihn abgestoßen und immun gemacht gegen das völkische Denken, sagt Bayer von dieser Lektüre.

Dieser Studienrat, der im Weltkrieg seinen linken Arm verloren hatte, hat ihn besonders beeindruckt. Er machte die Schüler mit Bertolt Brecht und Kurt Tucholsky bekannt, zwei Schriftstellern, die zu Bayers literarischen Vorbildern werden sollten. »Er weckte in uns die soziale Gesinnung und war deshalb bei den Eltern als Kommunist verschrien«, schreibt Troll 1964, als er begründet, warum er seine alte Schule ungern wieder besuche. Aber dieser Lehrer habe ihnen auch beigebracht, dass die bedeutendsten Staatsmänner nicht die seien, die Kriege gewonnen, sondern jene, die sie

Bertolt Brecht (oben) und Kurt Tucholsky in den 20er Jahren.

verhindert hätten. Ihm sei es auch mehr darauf angekommen, den Charakter seiner Schüler zu bilden, als darauf, ihnen Wissen einzudrillen. Dieser Lehrer habe ihm und seinen Mitschülern das geistige Rüstzeug mitgegeben, »das uns die zwölf Jahre der Bedrückung und Demütigung überstehen ließ«.

»Ich war ein lässiger Schüler«, meinte Hans Bayer später, ja, er bekannte: »Ich war stinkfaul.« Und immer wieder stand unter seinen Klassenarbeiten die Bemerkung: »Fast zuviel Phantasie, zu wenig Ratio.«

Bis zum Abitur paukte Hans Bayer Latein und sagte später süffisant, dies sei »neben Hochdeutsch« die zweite Fremdsprache, die er beherrsche. Außerhalb der Schule gab er sich nach eigenen Worten als »Salonbolschewik«. Er legte vorübergehend die Windjacke der Jugendbewegung an und das Koppelschloss mit der Prägung »Furchtlos und treu«, trug schwarz-weiß-rote Kokarden, die in der Weimarer Republik antidemokratisch eingesetzten Farben des Kaiserreichs, forderte aber auch die militante Wiedergewinnung Südtirols und engagierte sich in allerlei anderen Jugendsünden.

Hans Bayer, September 1931.

Weil der zierliche Bub körperlich nicht besonders fit war, weil er sich mehr den geistigen »Athenern« und weniger den sportlichen »Spartanern« zugehörig fühlte, wurde er oft von Mitschülern verdroschen. »Die Kindheit war für mich eine Zeit der Angst«, bekannte er später. Auch über seine pubertären Probleme habe er mit niemandem reden können, weder mit den Eltern noch mit den Lehrern und schon gar nicht mit dem Pfarrer. »Man war allein gelassen mit allen amourösen Dingen.« Ein graphologischer Gutachter wird 15 Jahre später auf eine »wahrscheinlich heftige Pubertätsentwicklung«

Hans Bayer berichtete für die Cannstatter Zeitung als »rasender Reporter« vom Flugtag in Böblingen, September 1932. Sein Foto hat er beschriftet: »Die Europakunstflugmeisterin Liesl Bach wird der Presse vorgestellt.«

schließen, »deren Ausläufer sich jetzt noch [im Jahr 1947] bemerkbar machen«.

»In Cannstatt ist ebenso wenig los wie bei Euch«, schrieb Hans Bayer im August 1932 nach seinem Abitur – damals noch Maturum genannt – an seine Jugendfreundin Elfriede Hartmann. »Heute habe ich wirklich keinen Stoff zum Schreiben, man verödet und verblödet in Cannstatt vollkommen und aller Geist geht zum Teufel.«

Schließlich hat ihm der Vater für zwei Monate eine Stelle als »Chefredaktionspraktikant« bei der »Cannstatter Zeitung« verschafft. Obwohl der Beruf des Journalisten

Als Thaddäus Troll noch Hans Bayer war

Dogenpalast, Venedig, Studienreise der Universität Leipzig. Hans Bayer links liegend.

für den Vater »wie Seiltänzer oder Feuerfresser« war, ging er nach dem Abitur mit Hans zum Verleger Letsche und erklärte: »Mein Name ist Bayer. Ich annonciere bei Ihnen jeden Samstag für 42 Mark. Wann kann mein Sohn bei Ihnen als Volontär anfangen?«

Zwei Monate lang schrieb der angehende Journalist Kritiken über Filme zum Beispiel mit Willy Fritsch und Lilian Harvey, wobei er beim Streifen »Liebeswalzer« darauf achten musste, dass er einen heißen und stürmischen Kuss auf der Leinwand seinem pietistisch geprägten Cannstatter Publikum als nachgerade platonisches Verhältnis schilderte.

Schon zum Wintersemester 1932/33 schrieb sich Hans Bayer in Tübingen als Student der Literatur- und Kunstgeschichte ein. Vorübergehend hatte er wegen der politischen Lage umsatteln und Medizin studieren wollen. Doch der Vater beruhigte ihn: »Nichts wird so heiß gegessen, wie es gekocht wird.«

Als im Februar 1933 der Weingärtner und Kommunist Hermann Medinger zusammen mit drei anderen während einer Hitler-Rede in der Stuttgarter Stadthalle das Übertragungskabel des Rundfunks durchhackte, da waren für Hans Bayer und seine Kommilitonen »Helden« geboren.

In München setzte Hans Bayer sein Studium mit Theater- und Zeitungswissenschaft und in Halle und Leipzig mit Kunstgeschichte fort, wobei er bekannte, dass ihm vor allem der Leipziger Kunstgeschichtler und Giotto-, Tizian- und Dürer-Kenner Theodor Hetzer (1890–1946) wertvolle Einsichten und Anregungen vermittelt habe. Hetzer hat die deutsche Kunst nicht gegen die italienische ausgespielt, wie dies in der Nazi-Zeit an der Tagesordnung war, sondern in der Verbindung der beiden den weiteren Weg der Kunstgeschichte gesehen.

Fastnachtsscherz oder Studentenjob? Hans Bayer verkauft in Hotelpagenuniform Waldorf-Astoria-Zigaretten.

In Leipzig hörte Bayer auch bei dem Spezialisten für Goethe und Hegel, dem 1963 in der DDR gestorbenen Germanisten Hermann August Korff. Über den Münchner Literaturwissenschaftler Artur Kutscher und erst recht über den antisemitisch eingestellten Kunstgeschichtler Wilhelm Pinder als seine Lehrer schweigt er sich allerdings aus, zumal beide, Kutscher weniger, mit dem NS-Regime paktiert hatten.

In Leipzig lernte er seine spätere erste Frau Elfriede Berger kennen, die Tochter eines früh verstorbenen Offiziers und einer Lehrerin. Die junge Frau wohnte bei derselben Zimmerwirtin wie er. Ob sie eifersüchtig auf »Magy« war (»Mäschi« gesprochen), den Scotch-Terrier der Zimmerwirtin, ist nicht überliefert. Troll liebte nämlich Hunde inständig – eine Leidenschaft, die ihn sein

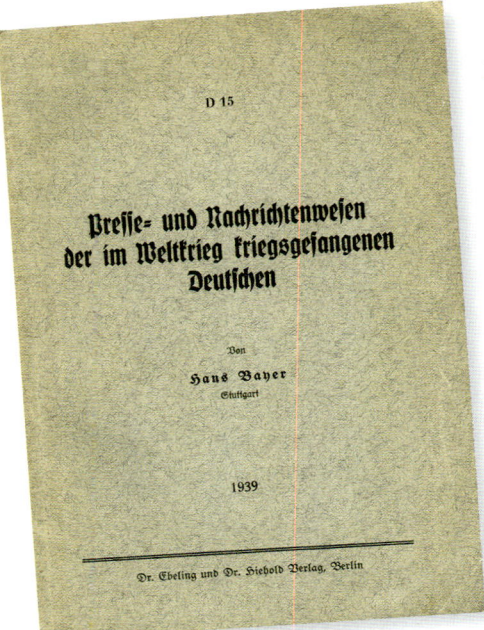

In seiner Dissertation beschäftigte sich Hans Bayer mit dem »Presse- und Nachrichtenwesen der im Weltkrieg kriegsgefangenen Deutschen«.

Leben lang nicht verließ, obwohl er in den engen Stadtwohnungen keine Hunde halten konnte.

Hans Bayer beschließt 1939 sein Studium in Leipzig mit der Promotion zum Dr. phil. mit einer Arbeit über das »Presse- und Nachrichtenwesen der im Weltkrieg kriegsgefangenen Deutschen« und der Bewertung »gut«.

Nicht unerwähnt bleiben darf, dass Hans Bayer in Tübingen sofort in die schlagende Verbindung der »Turnerschaft Palatia« eintrat, die sich nach der Gastwirtschaft »Zur Pfalz« in der Neckarhalde 40 benannt hatte. Er war auch gleich Feuer und Flamme und focht insgesamt elf Mensuren. Dabei blieben einige Schmisse erhalten, die er später am liebsten verborgen hätte. Obwohl Bayer sich mal eine Sehne verletzt hat und den Arm gebunden tragen muss, »ist mir jetzt alles egal, ich will einfach am Samstag fechten«, schreibt er stürmisch an seine Jugendfreundin Elfriede Hartmann, »und wenn mein Gegner mir den Kopf abschlägt!«

Obwohl sich das Verbot der studentischen Verbindungen durch die Nazis und deren Umwandlung in »Wohnkameradschaften« mit gemeinsamem Wecken, Frühsport, Flaggenappell und politischen Schulungsabenden schon am Horizont abzeichnet, genießt Hans die studentischen Vergnügungen bis zum Exzess. Erst nach dem Krieg beginnt er, sich teilweise von seinem Verbindungsleben zu distanzieren, jedenfalls die Mensuren abzulehnen. Bei den Stiftungsfesten im Tübinger »Pfälzerhaus« (Schwabstraße 16) aber ist er manchmal noch dabei.

Seiner Freundin teilt er im November 1932 seinen Tagesablauf ausführlich mit: »Wie Du weißt war ich ja in

Hans Bayer im Wichs mit Korbschläger als Waffe.

letzter Zeit eine Woche auf dem Feldberg, am letzten Abend war dort eine ganz große Kneipe, Zechen war offiziell, am anderen Abend waren wir in Tüb[ingen] und feierten mit vielen Schnäpsen und Eiercognac einen Geburtstag, am nächsten Abend war Tanzabend, ich hatte eine sehr nette Dame, die ich um ½ 1 h nach Hause begleitete, dann gingen wir alle (nur die Herren natürlich!) wieder aufs Haus und tranken bis fünf Uhr morgens Bowle, von der noch vom Tag her sehr viel übrig geblieben war.«

Und so geht die Schilderung fort: »Letzten Samstag vor 8 Tagen verbrachten wir einen sehr gemütlichen Abend mit der Turnerschaft Eberhardina, am Sonntag besuchten mich meine Eltern und Verwandten, am Montag war Konvent, bei dem ich eine schwere Rüge bekam, Dienstag Vortrag, Mittwoch wissenschaftlicher Abend, am Donnerstag war ich bei einer früheren Mitschülerin zum Abendessen eingeladen, anschließend ging ich mit Zelte [einem Kommilitonen] ins Kino, am Freitag war Skatabend und am Samstag Pauktag [an dem man focht], abends Gästekneipe. Du siehst, daß wir immer voll beschäftigt sind. Am Sonntag machten wir einen ›Mostausflug‹ nach Waldhausen, gestern war mal wieder Konvent.« Und was sein Studium betrifft, so beschränkt er sich auf den lapidaren Hinweis: »Ins Kolleg bin ich mal wieder nicht gekommen.«

Hier hat er bis zur Neige die Lebenslust, die Freude an Alkohol und gutem Essen ausgekostet, die ihn sein ganzes Leben begleiten sollte. Die Meinung seiner Mutter, es sei der Krieg gewesen, der Hans auf unsolide Bahnen gebracht habe, lässt sich von daher also nicht halten.

1935, kurz bevor sich die Turnerschaft Palatia auflösen musste, erhält Hans Bayer vom Konvent noch eine Rüge: Er hatte während eines der vielen Saufgelage ein Hitler-Bild, das der Hausmeister und SS-Sturmführer aufgehängt hatte, mit dem Bierkrug zerschlagen. Hans versuchte, diesen im Rausch begangenen »Alkibiades-Frevel«, wie er den Vorfall später nannte (nach dem griechischen Staatsmann, der von seinen Gegnern fälschlich beschuldigt wurde, Götterstatuen verstümmelt zu haben), zu vertuschen, aber er war schnell als Übeltäter und als »Staatsfeind« ausgemacht. Ihm wurde von einigen Korporierten angetragen, aus der Palatia auszutreten, was er auch tat, obwohl damals die Zahl der Aktiven bereits unter zehn gesunken war und die Auflösung der Verbindung unmittelbar bevorstand. Innerlich ist er jedoch nie ausgetreten.

Am 25. Februar 1933 wurde Hans Bayer nach zweieinhalb Fechtgängen »abgestochen«.

Als Bayer nach dem Krieg schon Feuilletonist war, hat er mehrfach Briefe an die »Turnerschaft« gerichtet, sich nun aber gegen die Sitte des Fechtens gewandt, die seiner Meinung nach nur noch den Alten Herren, nicht aber mehr der Jugend zu vermitteln sei. Einen Rundbrief des Dachverbands, des »Coburger Convents« (CC), in dem er restaurative Tendenzen entdeckt hatte, bestellte er sogar demonstrativ ab. Erst recht brandet sein Zorn auf, als 1978 in den Mitteilungsblättern der »Palatia« die Behauptung auftaucht, ein Teil des Lehrkörpers an den Universitäten und ein Teil der Studenten seien »Heimstatt geistiger Helfershelfer von Terroristen und entlarvten Mördern« der »Roten Armee Fraktion«(RAF) gewesen. »Wir brauchen uns nicht zu wundern, wenn wir mit solchen Tönen auf die studentische Jugend geradezu abschreckend wirken.« Er hoffe sehr, dass beim Stiftungsfest der »Palatia« auch daran gedacht werde, wie sehr die Korporationen und nicht zuletzt die »Pfalz« schon vor der Machtübernahme von 1933 versagt hätten und wie man es versäumt habe, »den Aufbruch der studentischen Generationen von 1968 gegen Verkrustung, gegen Wachstumsfetischismus, gegen Konsumzwang und gegen die Vorherrschaft des Geldes vor dem Geist zu unterstützen.«

Hans Bayer hat sich sehr schwer getan mit seinen Anfangsjahren im Studium und der politischen Situation dieser Jahre. 1952 schreibt er an seine Studentenverbindung: »Ich spreche mich heute noch nicht von der Schuld frei, damals meine Gesinnung nicht mit der nötigen Zivilcourage vorgetragen zu haben.« Er habe die politische Entwicklung mit heftigem Widerwillen gesehen, zumal die Konvente im Sommersemester 1933 oft politischen Veranstaltungen geglichen hätten. Das Fechten, das ja der Stärkung des Charakters dienen sollte, habe den Mitgliedern leider nicht jene Zivilcourage beigebracht, die damals so nötig gewesen wäre. »Die Erfolglosen, die Vergrämten, die Unjugendlichen und die Untüchtigen, kurz alle, die unter einem Verdrängungskomplex litten, strömten damals in den NS-Studentenbund, überschrieen die anderen und führten nicht nur Studentenschaft und Korporation, sondern das ganze Volk der Hinrichtung zu, die wir im Jahre 1945 erlebt haben.« Er selber mit seiner Passivität nimmt sich dabei keineswegs aus.

Später hat Hans Bayer immer wieder die wenigen Akte seines Widerstandes herauszustreichen versucht. So habe er nicht »Heil Hitler« gegrüßt, indem er – wie der brave Soldat Schwejk – als Argument angeführt habe: »Der Führer steht für mich so hoch, dass ich seinen Namen nicht vergeblich führen möchte.«

Hans Bayer in den Dreißigerjahren.

Die Sache mit dem zertrümmerten Hitlerbild sollte ihm nach 1945 allerdings überraschend weiterhelfen. Der US-Nachrichtenoffizier, bei dem er die Genehmigung zum Publizieren einholte, wies ihn darauf hin, er habe ja Widerstand geleistet. Hans Bayer hatte dies bis dahin nicht so gesehen. »Die Heuchelei wurde zum Selbstverständnis«, hat er später bekannt.

Hans Bayer
im Krieg

Kaum hatte Hans Bayer 1939 seinen Dr. phil. in der Tasche, da griff schon die Wehrmachtsbürokratie nach dem 25-Jährigen. Vorübergehend soll er sich überlegt haben, in die Schweiz zu desertieren, doch fehlen dafür schriftliche Belege. Zwar wurde er im Mai 1939 vorläufig zurückgestellt, weil die Dissertation noch nicht fertig war, aber wenige Wochen vor dem Überfall auf Polen war es dann soweit. Er rückte zur Nachrichtentruppe in die Funker-Kaserne in Bad Cannstatt ein, damals vermutlich schon in der Absicht, sich als Kriegsberichter einsetzen zu lassen. Das lag auch nahe bei einem Mann, der bereits für Zeitungen geschrieben hatte. In der Funkerkaserne traf er auf brutale und zynische schwäbische Schleifer, »Bauernbuben von der Schwäbischen Alb als Unteroffiziere«, ganz anders als später in Potsdam, wo er, wie er seiner Jugendfreundin Elfriede Hartmann 1940 schreibt, auf vornehmere Kameraden traf.

Einer der Anständigen darunter war der Gefreite Hans Lorenser, später CDU-Landtagsabgeordneter in Stuttgart und danach Oberbürgermeister in Ulm, der Thaddäus Troll 1972 auf eine Fahrt mit einer »Ulmer Schachtel« die

Funkerkaserne Bad Cannstatt

Hans Bayer rückte zur Nachrichtentruppe in die Funker-Kaserne ein. Das Militärgelände zwischen Cannstatt und Fellbach wurde 1914 bis 1917 errichtet und 1973 in »Theodor-Heuss-Kaserne« umbenannt.

Donau hinunter bis Wien einlud. Kommisston sei in Potsdam nicht üblich, schreibt Hans Bayer 1940 seiner Freundin, man beurteile den Wert des Menschen »nicht nach der Lautstärke des Hackenzusammenschlagens und ähnlicher mir wesensfremder ›soldatischer Tugenden‹ sondern nach seinem Können«. Es werde »nicht mehr verlangt, daß der Geist beim Betreten der Kaserne auf der Wache abgegeben oder vor einer Beförderung der Nachweis absoluter seelischer Impotenz« erbracht werden müsse. In der Stadt selbst freilich traf er Leute, die so aussahen, »als ob sie den Stock verschluckt hätten, mit denen ihre Großväter noch von den Korporälen geprügelt wurden«.

Zunächst wurde Hans Bayer im Westen an verschiedenen Orten hinter dem »Westwall« eingesetzt, musste Fernsprechzentralen auf- und abbauen und wurde auf der Landkarte hin- und hergeschoben, an die Grenze zum Elsass, in den Schwarzwald, in die Pfalz. Er litt unter der Langeweile während des »Sitzkriegs«, wie die Phase vor dem eigentlichen Kriegsbeginn im Westen vom Oktober 1939 bis Mai 1940 in Frankreich genannt wurde, und er hatte genügend Zeit, seiner Leidenschaft, dem Schreiben, nachzugehen. Er denkt über die »böse Sinnlosigkeit dieser Tage« nach, »man bemüht sich, oberflächlich zu bleiben und versetzt sich selbst in einen Narkosezustand. Baut sich aus Büchern und Erinnerungen ein merkwürdiges und unwirkliches Geflecht einer kriegsfremden Welt und stürzt doch immer wieder in die graue Wirklichkeit zurück«, schreibt er an seinen Studienfreund von der Universität Halle/Saale, Walter Bauer. »An manchen Tagen überfällt mich der Gedanke an die Nutzlosigkeit und Nichtstuerei meines derzeitigen Lebens«, heißt es in seinem Kriegstagebuch, und weiter: »Die Welt ist eng geworden und grau. Was wäre, wenn wir nicht aus uns heraus eine andere, schönere, lockende und glühende Welt herausbeschwören könnten?«

Diese Welt erscheint ihm so düster, dass er sich in Pforzheim beim Draufschlagen an einer Flasche zwei Sehnen der linken Hand verletzt, ins Lazarett kommt und dort die Nachricht erhält: »Der Finger bleibt steif.« Tatsächlich leidet er noch Monate an dieser Verletzung, will sich aber nicht operieren lassen, weil »sonst mein Einsatz gefährdet ist«, wie er trotz aller Vorbehalte Elfriede Hartmann mitteilt. Diese Mischung aus Kritik am Militär und einer gehörigen Portion Engagement begleitet Hans Bayer den ganzen Krieg über. Er distanziert sich einerseits von allem militaristischen Gehabe, tut andererseits aber nichts, um seine Distanz offen erkennen zu lassen.

Hans Bayer führte ein privates Kriegstagebuch, das in seinem Nachlass zu finden ist. Es wechselt ab zwischen nüchternen Datenangaben, Stichworten zum Kriegsverlauf und feuilletonistischen Betrachtungen über Landschaft und Kunstwerke, die er in der Ferne ahnt, aber nicht besichtigen darf. »Wie ein dünnes, feines Hölzchen steht das Straßburger Münster gegen den Abendhimmel, Sinnbild der Sinnlosigkeit dieses Kriegs. Es tut weh, das Münster unter diesen Umständen zum ersten Mal sehen zu dürfen«, schreibt er, als er mit seiner Einheit an der elsässischen Grenze gelandet ist. »Kleine Wälder beleben die Ebene«, steht da über die Rheinebene, und von

Freudenstadt meint er: »Eine überlegte, gepflegte Stadt mit einem weiten Marktplatz, frömmelnden Menschen und einer schönen, spätgotischen Doppelkirche«. Und der 25-Jährige hat Zeit, Überlegungen über sich und die Welt anzustellen. »Das Ich fand sich wieder im Wir«, notiert er an einem Abend, »von diesem Tag an gibt es für mich nur noch ein Evangelium: Der Friede wird kommen.«

Aber der Friede kommt nicht, 1940 sieht man Hans Bayer in Potsdam zur Ausbildung als »Kriegsberichter«, jener am Ende 15 000 Mann umfassenden Truppe, von der Hitlers Propagandaminister Joseph Goebbels sagte, sie stelle »das Zusammenwirken zwischen Propaganda- und Waffenkrieg im Operationsgebiet sicher«. Von 1942 an wird sie aus der Nachrichtentruppe herausgelöst und als eigenständige Waffengattung unter Leitung der »Amtsgruppe für Wehrmachtspropaganda (WPr)« des späteren Generalmajors Hasso von Wedel im Oberkommando der Wehrmacht geführt.

Das Ziel der Kriegsberichter ist zu Beginn des Krieges nicht so sehr die Verunsicherung des Gegners, wie dies Lautsprecher-, Flugblatt- und andere Einheiten dieser Truppe tun, sondern, wie Goebbels 1938 anordnet, für »die Aufrechterhaltung der Stimmung, der seelischen Kampfbereitschaft und des Siegeswillens in der eigenen Wehrmacht« zu sorgen. Weiter heißt es: »Die aktive Propaganda, also die Propaganda in die Bevölkerung und feindliche Wehrmacht von der Truppe aus, leiten die militärischen Dienststellen mit Hilfe der ihnen unterstellten Propagandakompanien.«

Hans Bayer berichtet für Truppenzeitungen über das Kriegsgeschehen. Er muss seine Berichte natürlich vom Kompaniechef abzeichnen lassen, der sie offiziell nach militärischen Geheimnissen durchforscht, inoffiziell aber auch danach begutachtet, ob sie der »Moral der Truppe« schaden. Von da aus gehen sie nach Berlin, wo eine eigene Abteilung für die Zensur zuständig ist. Dann werden sie in Frontzeitungen und teilweise auch in Zeitungen in der Heimat veröffentlicht.

Potsdam 1940 mit der Nikolaikirche.

Für den Journalisten Hans Bayer liegt es gleichwohl nahe, zu dieser Truppe zu stoßen, und er befindet sich da durchaus in prominenter Gesellschaft deutscher Nachkriegsjournalisten und -schriftsteller: Lothar-Günther Buchheim (»Das Boot«), Joachim Fernau, Rudolf Hagelstange, FAZ-Korrespondent Walter Henkels, ZDF-Intendant Karl Holzamer, »Stern«-Chef Henri Nannen, Paul Sethe oder Peter von Zahn, um nur einige zu nennen, waren ebenfalls Kriegsberichterstatter. Schämen muss sich Bayer deshalb nicht. Gewiss, er hätte sich weigern können, in eine Propagandakompanie aufgenommen zu werden. Aber Bayer wählt den privilegierten Weg, als »Sonderführer« ziemlich selbstständig im Krieg recherchieren zu können. Ohnehin schreibt er nebenbei seine hübschen Feuilletons für die Frauenbeilage des ursprünglich liberaldemokratischen »Stuttgarter Neuen Tagblatts« und ab 1943 des mit dem »Tagblatt« zwangsweise zusammengelegten »NS-Kuriers«, Blätter, in denen seine spätere

Ehefrau Elfriede Berger als Kulturjournalistin arbeitet, und andere Zeitungen.

So liegt er denn zur Ausbildung in Potsdam 1940 mit 28 »Schriftleitern« der Propagandatruppe auf einer Stube. »Dies ist also das Sprungbrett meiner nunmehr beginnen sollenden militärischen Karriere, die mir zunächst den schönen Titel ›Kriegsberichter‹ und die ungewohnte Anrede ›Herr Doktor‹ einbrachte.« Andere aus Zivilberufen sind, wie er schreibt, »als Soldaten verkleidet« auch dabei. Und er durchschaut durchaus die Mechanismen, denen er sich ausliefert: »Die Propaganda zieht«, teilt er Elfriede Hartmann Ende 1940 mit, »am Schnürlein: und schon ist da was man will, Verachtung, oder Haß, oder spontane Begeisterung, oder Empörung.« Sein zynisches Fazit: »Wenn man nicht schon ein unverbesserlicher Spötter wäre, man würde hier einer werden.«

Zwischen den Kameraden der Propagandatruppe entwickeln sich allerdings Freundschaften, die noch lange nach dem Krieg in Netzwerken anhalten und von beiden Seiten gepflegt werden: Mit Hans Huffzky etwa, dem späteren Chefredakteur der »Constanze«, oder mit Kurt Klein-Schonnefeld, dem Hans Bayer 1945 als Leutnant begegnet und dem er nach dem Krieg verzweifelt auf die journalistischen Sprünge zu helfen versucht – später wurde Klein-Schonnefeld Redakteur bei der Frauenzeitschrift »Brigitte«.

1940 verlobt Hans Bayer sich »im Feld« mit Dr. phil. Elfriede Berger, die er seit seinem Studium in Leipzig kennt. Die Verlobung wird in einer Anzeige bekannt gemacht. Geheiratet wird allerdings erst nach dem Krieg, 1946.

Hans Bayer hat privat über seine Kriegserlebnisse wenig berichtet. Allenfalls streicht er immer wieder kühn hervor, dass er nie in die Situation geraten sei, auf einen Menschen schießen zu müssen. Das mag stimmen, zumal er ja eher mit der Feder unterwegs ist und weniger mit dem Gewehr. Seine Propagandakompanie begleitet die 4. Armee im Russlandfeldzug vom ersten Angriff bei Brest-Litowsk 1941 bis zum Vormarsch in Richtung Moskau. Am 15. Oktober 1943 meldet er: »Wir sind Moskau am

Hans Bayer und seine erste Ehefrau Elfriede Berger.

nächsten.« Aber der Angriff bleibe im Sumpf und Dreck liegen. Dass er sich 1943 zum Leutnant befördern und sich in seinen Kriegsberichten durchaus vom Triumphgeheul der Wehrmacht und der Nazis anstecken ließ, das hat er hinterher verschwiegen. Freilich sind seine diesbezüglichen Berichte im Nachlass erhalten.

So beobachtet der »Sonderführer Hans Bayer, Propagandakompanie 689«, am 22. Juni 1941, dem Beginn des Russlandfeldzugs, das mörderische Artilleriefeuer auf die sowjetische Festung Brest-Litowsk und beschreibt es in seinem Bericht mit dramatischen Worten. Drei Tage später lautet die Überschrift: »Unaufhaltsam vorwärts«, weitere drei Tage danach: »Vorwärts, vorwärts«. Dann wiederum porträtiert er einen Kraftfahrer, der »4000 Kilometer gegen den Feind« gefahren sei.

Seine Propagandakompanie 689 war 1939 in Potsdam aufgestellt worden und zunächst im Polenfeldzug bei der 4. Armee im Vormarsch durch den Korridor und bei der Einnahme Warschaus eingesetzt gewesen. 1940 war sie an der Westfront aktiv, aber da war Hans Bayer noch in der Ausbildung. Von September 1940 bis Juni 1941 ist er dabei und besucht am 14. Januar 1941 auch das Warschauer

Juden im Warschauer Ghetto.

Ghetto. Fotos der Kriegsfotografen seiner Propagandakompanie, Albert Cusian und Ludwig Knobloch, fanden sich in Bayers Nachlass: eine Theateraufführung und ein Kabarett, ein Trauerzug und der jüdische Friedhof.

Was die Nazi-Propaganda mit solchen Fotos bezweckte, geht aus einem großen Bildbericht der »Berliner Illustrirten« vom 24. Juli 1941, also kurz nach dem deutschen Angriff auf die Sowjetunion, hervor, in dem andere Bilder Cusians und Knoblochs abgedruckt wurden. Die Überschrift: »Juden unter sich – So lebt und haust das Volk, aus dem die Mörder von Bromberg, von Lemberg, Dubno, Bialystock hervorgingen. Ein Bericht aus dem Warschauer Getto«.

In Bromberg im Korridor hatten Angehörige der deutschen Minderheit wenige Tage nach dem Angriff der Wehrmacht gegen Polen auf polnische Staatsangehörige geschossen, was zu blutigen Aktionen der SS und der Wehrmacht am »Bromberger Blutsonntag« führte. 13 000 Juden wurden ins Warschauer Ghetto verschleppt.

Lemberg war von der Wehrmacht im Polenfeldzug vorübergehend eingenommen worden, aber sowjetische Truppen richteten danach ein Blutbad unter jüdischen Einwohnern an. Bei Dubno kam es kurz nach dem Angriff auf die Sowjetunion im Juni 1941 zu einer Panzerschlacht; Białystok in Polen war ein jüdisches Zentrum, in dem das deutsche Polizeibataillon 309 wütete und die Synagoge anzündete, in der sich tausend Gläubige befanden.

Überschrift und Unterzeile sind Bayer vermutlich nicht anzulasten. Sie werden in der Regel in der Redaktion produziert. Claudia Steur von der Berliner Stiftung »Topographie des Terrors« will aber Beweise dafür haben, dass Hans Bayer die Bildunterschriften dazu geliefert hat, die wahrscheinlich in der Redaktion verschärft wurden. Jedenfalls sind sie nicht mit Namen gekennzeichnet.

Bayers Bildunterschriften sind von Judenhass geprägt und gehen weit über das hinaus, was wir bis dahin von seiner Tätigkeit im Zweiten Weltkrieg erfahren haben. Unter einem Foto von einem »jüdischen Leinenmarkt« im Ghetto heißt es etwa: »Der merkwürdigste Markt der Welt: Juden handeln mit Juden«. Hier folgten Juden ihrem »Urinstinkt«, dem Handeln. Zwei zerlumpte Menschen werden mit dem Satz vorgestellt: »So kamen sie früher am Schlesischen Bahnhof in Berlin an.« Ein weiteres Foto zeigt einen Menschen im Ghetto, der ein am Boden liegendes Stoffbündel verkaufen will. Der Text: »Lächle und du wirst verkaufen, lautet die Handelsdevise dieses Juden, der aus einem Häufchen Lumpen immer noch soviel herausschlagen will, dass er von der Drohung nützlicher Arbeit verschont bleibt.« – »Eine Einrichtung, auf die die jüdische Selbstverwaltung nicht verzichten wollte: Der Spielsaal«, heißt es unter einem Foto mit einigermaßen elegant gekleideten Personen, und »man hat bei einer Wanderung durch das Getto den Eindruck, dass andere Einrichtungen wichtiger gewesen wären.« Am Ende warnt Bayer sogar vor der Seuchengefahr der Juden. »Seit Jahrzehnten«, heißt es unter dem Foto eines Warnschildes, sei das Warschauer Ghetto »Seuchenheimat«. Von Fleckfieber seien 92 Prozent der jüdischen Bevölkerung im »Generalgouvernement« (dem von Deutschen besetzten Polen) betroffen, aber nur zehn Prozent davon würden sterben, weil sie immun geworden seien. Nicht-jüdische Deutsche und Polen dagegen hätten eine Sterblichkeitsrate von 40 Prozent.

Von Juli 1941 an bis 1945 wird Hans Bayer in Nordrussland und Ostpreußen eingesetzt, bei der Kesselschlacht von Minsk, bei Orscha, Roslawl, Smolensk, Wjasma und an anderen Kriegsschauplätzen. Ende 1944 sah man ihn am Narew und in Ostpreußen, worüber er auch in seinem Kriegstagebuch kurze Notizen macht. Er muss mehr miterlebt haben, als er im Nachhinein bekennt. So zum Beispiel die 900 Tage dauernde Belagerung Leningrads (das heute wieder Sankt Petersburg heißt) mit der klaren Absicht der deutschen Führung, die Einwohner verhungern zu lassen.

Freilich: Nie lässt er sich näher auf die Nazi-Propaganda ein. Zwar schreibt er einmal: »Der Pole legt wenig Wert auf ein behagliches Zuhause, dagegen hat der deutsche Soldat im Osten wie auf so vielen anderen Gebieten aus dem Nichts heraus Schönes und Bleibendes geschaffen.« Und einmal berichtet er: »Der deutsche Soldat wird ihnen [den Bauern in der Sowjetunion] nichts wegnehmen, wie es die Soldaten der Roten Armee taten, die durch unser Kommen daran gehindert wurden, das Dorf anzuzünden.« Und er beklagt den »Kreuzweg des Deutschtums« in der Sowjetunion, das Schicksal der »zwei Millionen Deutschen in der UdSSR, welche die letzten 25 Jahre lang in der Hölle leben mussten«. Das entspricht exakt den Vorgaben aus dem Oberkommando der Wehrmacht (OKW), wonach die Kriegsberichter die deutsche Wehrmacht nicht als Eroberer, sondern als Erlöser von dem Los des Bolschewismus zu feiern hatten.

Aber das sind Ausnahmen in den rund 140 Berichten, die er von 1939 bis 1944 seinen Kompaniechefs zur Genehmigung vorlegt, um sie dann in der Frontzeitung »Sieg« oder in anderen Truppenzeitungen zu

Im Krieg musste man manchmal improvisieren: Hans Bayer rasiert sich mit Blick in den Rückspiegel eines Kübelwagens.

veröffentlichen. Hauptsächlich sind im Nachlass feuilletonistische Betrachtungen zu finden, beispielsweise über den langen Weg eines Landserstiefels vom Pfälzerwald über den Oberrhein, den Schwarzwald, die Champagne, Paris, Berlin, die Ostseeküste bis nach Polen, wo er am Ende auf der Kammer umgetauscht werden muss, weil er durchgelaufen ist. »Viele Straßen sind wir gefahren«, lautet ein Bericht über die Fernsprechtruppe. Überhaupt ist es vor allem der Soldatenalltag, den er wiedergibt, die Hoffnung auf Urlaub, auf Zivilkleider und auf »richtigen

Bohnenkaffee«. Er schreibt einmal auch über den berühmten »Bamberger Reiter«, dem er »den Blick eines Deutschen« attestiert. Und er greift zum Mittel der Ironie. Den Stabsgefreiten Alois Hinterhuber lässt er das Märchen von der 18-jährigen Nachrichtenhelferin Rotkäppchen erzählen, die von den Brüdern Grimm freiwillig zum Kriegseinsatz gemeldet worden sei.

Manchmal eckt er bei seinen Vorgesetzten auch an. Ein Bericht mit der Überschrift »Zwölf Monate Kampf« wird von der Propagandaabteilung des Oberkommandos der Wehrmacht (OKW) gesperrt, weil er sich auf einen »kriegsgeschichtlichen und tagebuchähnlichen Charakter« beschränke. Will sagen: Den Herren im OKW war der Artikel zu nüchtern abgefasst. Bei einem anderen Bericht versucht er es mit Tricks: Er beziehe sich »auf den Befehl des OKW, vor allem die Leistung der Infanterie hervorzuheben«, weshalb er ausschließlich Ritterkreuzträger erwähnt habe.

Vor allem in seinen persönlichen Aufschrieben geht er seinen künstlerischen Neigungen nach, beschreibt Menschen, die ihn in der Wehrmacht beeindrucken. Er trifft einen Kunstprofessor als Soldat und unterhält sich lange mit ihm über die Gewandhauskonzerte und den von den Nazis als »entartet« eingestuften Maler des »Blauen Reiter«, Franz Marc. Er hat Bücher verfemter Autoren wie Thomas Mann oder Alfred Döblin mit im Marschgepäck, aber auch Peter Bamms Essaysammlung »Kleine Weltlaterne«, Ernst Jüngers »Garten und Straßen« und dessen eher NS-kritisches Buch »Auf den Marmorklippen«. Und natürlich Texte von Walter Bauer, dem schriftstellerischen Vorbild aus Halle/Saale (1904–1976).

Die späteren Kriegsereignisse notiert er in seinem Kriegstagebuch genau, aber nur stichwortartig: Das »Attentat auf den Führer« vom 20. Juli mit den Hinrichtungen Stauffenbergs und anderer, auch die »Terrorangriffe« vom 21. Februar und vom 2. März 1944 auf Stuttgart, als sein Onkel Rudolf und Tante Emmi »totalgeschädigt« wurden und den Einsatz der »V 1, die neue Geheimwaffe«.

Am 8. August 1944 wird er Redaktionsleiter der Frontzeitung »Der Sieg«, doch verweigert er sich innerlich den Anforderungen der Oberen: »Die Herren wollen jetzt den ›Stürmer‹-Ton, mit dem ich nicht dienen kann«, bekennt er Anfang 1945, als die Nazis nur noch Durchhalteparolen zu lesen wünschen. Zwar tut er seinen Kompaniechefs insoweit den Gefallen, als er gegen Ende des Krieges noch im Propagandajargon schreibt: »Wofür wir kämpfen: Ewige deutsche Kunst«. Aber er schlägt im Scherz auch vor, seine Zeitung in »Kesselstein« umzubenennen, nachdem seine Einheit bei Minsk von der Roten Armee eingeschlossen war.

Als ein Kriegsberichter, Korrespondent der Frankfurter Zeitung, zu den Engländern übergelaufen war und in britischen Zeitungen detailliert über Hintergründe der deutschen Wehrmachtspropagandatruppe berichtete, da notiert Hans Bayer bitter: »Das ist der Fluch der Kriegsberichterstatter: Sie sehen zuviel hinter den Kulissen, sie wissen genau, wie es gemacht wird, sie kennen die ganze Verlogenheit der militaristischen und parteilichen Phraseologie.« Später wird er zu seiner Sekretärin sagen: »Als die mich zum Leutnant befördert haben, war klar, dass der Krieg verloren ist.«

Je näher das Ende des Kriegs rückt, desto klarer werden solche Bemerkungen: »An manchen Tagen belügt man sich.« Bayer erlebt nach der Auflösung seiner Kompanie bei Heiligenbeil südwestlich von Königsberg im März 1945 das Kriegsgeschehen in Danzig, wird eingeteilt als Offizier, der die Flüchtlingstransporte der Marine aus dem eingeschlossenen Ostpreußen überwachen soll. Dabei lässt er den einen oder anderen Volkssturmmann und Hitlerjungen an Bord der Rettungsschiffe gehen, obwohl er dabei sein Leben riskiert. »Ist unsere Seele stumpf und gleichgültig geworden? Dringt das, was wir jetzt sehen, gar nicht mehr in das Empfinden?«, fragt er sich angesichts des Elends der Menschen.

Am 8. Mai 1945 schließlich, dem Tag der Kapitulation im Westen, rettet er sich vor der Roten Armee auf eines

Rechte Seite:
Hans Bayer in der Leutnants-Uniform der Wehrmacht.

der letzten Schiffe, den Dampfer »Weserland«, der ihn von der polnischen Halbinsel Hela nach Neustadt in Holstein (Schleswig-Holstein) bringt. »Marsch in die Kriegsgefangenschaft«, lautet die letzte Notiz seines Kriegstagebuchs.

So wurde die Heuchelei zum Selbstverständnis. Hans Bayer geriet immer mehr in Konflikt mit der Uniform, ein Zustand, den er nicht gelöst hat und der ihn noch jahrelang belasten sollte. Als im April 1945, kurz vor Toresschluss, ein Leutnant einen Soldaten auffordert, nicht mehr »Heil Hitler« zu grüßen, weil »diese Zeiten vorbei« seien, da schämt sich der Leutnant Dr. Bayer, dass es ein anderer und nicht er war, der dies ausgesprochen hat.

In seinem persönlichen Kriegstagebuch hat Bayer nie über Gräueltaten berichtet. Die hat es nicht nur bei der SS und deren Einsatzkommandos, sondern nach neuerem Forschungsstand – insbesondere nach der Wehrmachtsausstellung des Hamburger Instituts für Sozialforschung – auch bei der Wehrmacht gegeben. Gelöscht haben kann er die Seiten nicht, denn das Heft ist vollständig erhalten. Hat er nie dergleichen gesehen, obwohl er als Kriegsberichter nicht nur an der Front, sondern auch im Hinterland und damit nahe am Geschehen gewesen sein muss? Oder hat er das Wissen verdrängt und erst nach dem Krieg in häufigen Selbstanklagen aufgearbeitet?

Im Mai 1972 schreibt er einmal an einen Rotary-Freund, der sich in rechtfertigendem Unterton mit den deutschen Kriegstoten beschäftigt hatte: »Ich war lange Zeit in Warschau, habe auch das Ghetto gesehen und habe erfahren müssen, mit welcher Brutalität die Zivilverwaltung und die SS in Polen vorgegangen sind.« Er habe auch erlebt, »wie die russischen Kriegsgefangenen ... behandelt worden sind«. Und weiter: »Meine Mutter sagte mir erst in den letzten Wochen, ich [hätte] damals immer wieder nach Hause geschrieben, wenn wir diesen Krieg überlebten, dürften wir uns nie mehr im Ausland sehen lassen, denn man würde uns dann überall mit Recht totschlagen.« Das ist ein seltsamer Widerspruch. Wenn er Angst hatte, sein persönliches Kriegstagebuch würde der

Wehrmachtsjustiz in die Hände fallen, warum schreibt er dann in Feldpostbriefen an die Mutter, die genauso der Zensur unterlagen, die Wahrheit?

Bayer erging es wie dem Kriegsberichter und später als »Fotograf der Menschlichkeit« berühmt gewordenen »Stern«-Fotografen Hilmar Pabel (1910–2000), dessen Fotos von einer Razzia der Wehrmachtsgendarmerie im Ghetto in Lublin in der berüchtigten NS-Frontillustrierten »Signal« veröffentlicht worden waren – angeblich gegen seinen Willen. Als ihm Historiker in den 90er Jahren vorwarfen, sich an der NS-Propaganda beteiligt zu haben, suchte er ziemlich hilflose Begründungen und zog sich verbittert aus der öffentlichen Diskussion zurück.

Ein halbes Jahr lang war auch der spätere Berichterstatter von den Nürnberger Prozessen Joe Heydecker (1916–1997) als Fotolaborant Mitglied in Bayers Propagandakompanie Nummer 689. Im Frühjahr 1941, zur selben Zeit, da auch Hans Bayer im Ghetto war, hat Heydecker sich zusammen mit drei weiteren Kameraden viermal in den Bezirk eingeschmuggelt und dort Fotos vom Elend der Bewohner gemacht. Seine Bilder zeigen das entbehrungsreiche Leben im abgesperrten jüdischen Wohnviertel.

Von Bayers Frontzeitung »Der Sieg« standen bis zu seinem Tod noch vier Bände in seiner Bibliothek. Als die Töchter Manuela und Isabel ihr politisches Bewusstsein entwickelten und ihren Vater nach seiner Vergangenheit im Krieg zu fragen begannen, hat er sich damit nicht auseinandersetzen können. »Das ist der Vorwurf an mich und mein Leben«, sagte er, »ich hatte Angst!«

»Seine Sympathie galt der rebellischen Jugend der späten sechziger Jahre«, schrieb er 1970 in seinem selbstverfassten Nachruf, der an dieser Stelle die Frucht der Auseinandersetzung mit der Politologie studierenden Tochter Isabel wiedergibt, »hätten wir uns in unserem Alter wie die benommen, so sagte er sich, wären wir in den Jahren 1930 bis 1933 rebellisch gewesen, hätten wir vielleicht die Chance gehabt, der Welt Hitler zu ersparen.« Er aber sei den »Weg des geringsten Widerstands« gegangen, habe sich arrangiert, versucht, sich »ohne allzu große Zugeständnisse durchzumogeln, durchzumauscheln, zu überleben.« Er habe überlebt und »war sich bewusst, dass er sich in seiner Generation unter den Überlebenden in nicht allzu guter Gesellschaft befand, wobei er sich nicht exkludierte, wenn er seine Generation, die auf Hitler geschworen hatte, für Meineidige hielt, die dankbar dafür sein mussten, dass man ihnen nicht ihr Leben lang die bürgerlichen Ehrenrechte entzog.« Und er schließt daraus – im Unterschied zur studentischen Jugend der 68er –, dass der Mensch die Aufgabe habe, »vor der Gesellschaft erst einmal sich selbst zu ändern, seine Grundsätze zu revidieren, seine Standpunkte zu verbessern und zu erweitern und dem, was man *Charakter* nennt, nicht zu trauen.«

Thaddäus Troll, der humorvolle Feuilletonist

Das schriftstellerische Opus von Thaddäus Troll ist kaum zu übersehen. Allein die Deutsche Nationalbibliothek verzeichnet 258 Publikationen – darunter allerdings etliche Nachauflagen, Übersetzungen und Bücher, zu denen Troll nur das Vorwort oder einen kleinen Text beigetragen hat (vergleiche auch die Bibliografie ab Seite 276).

Dass er schon früh mit dem Schreiben begonnen hat, wissen wir aus seiner Zeit nach dem Abitur, als er für die Cannstatter Zeitung Filmkritiken verfasste. Aber die Zeit als »Chefredaktionspraktikant« dauerte nur zwei Monate, dann machte sich Hans Bayer zum Studium nach Tübingen auf. Auch während der Semester schrieb er für Zeitungen. 1935 und danach bemühte er sich mehrfach vergebens, Mitglied im 1933 von den Nazis gegründeten »Reichsverband deutscher Schriftsteller«, dann im »Reichsverband der deutschen Presse« und beim »Verband der Zeitungsverleger« zu werden, die sich sämtlich zum Ziel gesetzt hatten, für »deutsches Schrifttum« zu sorgen. Diese Bewerbung war nicht unbedingt ein Paktieren mit dem Regime – auch Schriftsteller wie der Nazigegner Ödön von Horváth oder

der frühe Kriegsdienstverweigerer und Mitgründer der Dada-Bewegung Richard Huelsenbeck erhofften sich im »Reichsverband deutscher Schriftsteller« ein literarisches Überleben. Bayer versprach sich wohl einfach eine Karriere als Schriftsteller; der »Reichsverband« war eine Unterabteilung der Reichsschrifttumskammer. Wer in der NS-Zeit veröffentlichen wollte, musste Mitglied dieser Kammer sein.

Troll wurde allerdings abgelehnt, weil ein kurzes Praktikum und der eine oder andere Zeitungsartikel weder als Ausbildung anerkannt wurden noch für die Mitgliedschaft ausreichten, wie ihm die württembergischen Landesverbände in schroffem Ton mitteilten. Ohnehin schrieb er 1938 an seiner Doktorarbeit über das »Presse- und Nachrichtenwesen der im Weltkrieg kriegsgefangenen Deutschen«. Deren Lektüre wollte er seiner Jugendfreundin Elfriede Hartmann nicht zumuten, »weil darin nur ernste und langweilige Sachen von Psychologie und Kriegsgefangenschaft und so Krampf« drinstünden, »die kleine Mädchen schrecklich langweilen«.

Gleichzeitig kündigt er seiner Freundin aber schon 1938 ein zweites Buch an, »das unterhaltsamer und liebenswürdiger zu werden verspricht«. Um welches Projekt es sich dabei handelt, womöglich um den 1955 erarbeiteten Roman »Sehnsucht nach Nebudistan« oder um die Satire über das Ende des Atomkriegs »Herrliche Aussichten«, muss offen bleiben. Sicher ist nur, dass Thaddäus Troll immer wieder bis zu seinem Tod von einem großen politischen Roman träumte. Jedenfalls berichten Ehefrau Susanne und Tochter Manuela übereinstimmend, dass ihr Gatte und Vater oft von diesem Projekt geschwärmt, es aber nie ausgeführt habe. Vermutlich hat er geahnt, dass die große Form nicht die Stärke des Meisters der kleinen Feuilletons sein würde.

Mitte der 70er Jahre jedenfalls ging er mit dem Vorhaben eines süffisanten Romans schwanger, der die Affäre des Bundestagsabgeordneten Julius Steiner (CDU) behandeln sollte. Steiner hatte, vom Geheimdienst der DDR

Hans Bayer mit einer Jugendfreundin, Ende der 40er Jahre.

über SPD-Fraktionsgeschäftsführer Karl Wienand mit 50 000 D-Mark bezahlt, 1972 mit seiner Stimmenthaltung das konstruktive Misstrauensvotum des CDU-Vorsitzenden Rainer Barzel gegen Bundeskanzler Willy Brandt (SPD) scheitern lassen. Troll wollte dabei auch den SPD-Bundestagsabgeordneten und Schelklinger Bürgermeister Hans-Joachim Bäuchle einbeziehen, der bei dem Gespräch Steiner/Wienand dabei war. Doch zu diesem Projekt kam es nie.

Walter Jens war der Meinung, dass dies die eigentliche Tragödie im Leben des Thaddäus Troll gewesen sei: Er habe erkannt, dass die Riesenaufgabe dieses Romans, den er sich vorgenommen hatte, in überschaubarer Zeit nicht zu bewältigen gewesen sei. Jens, der ihn kurz vor seinem Tod noch bei einer PEN-Tagung getroffen hatte, spricht von einem »großen Bonner Schelmenroman«, in dessen Mittelpunkt die beiden Abgeordneten stehen sollten, »die im TEE zwischen Stuttgart und Bonn wahrhaft ingeniöse Parlaments-Debatten ersinnen«. (Der TEE, Trans-Europ-Express, war ein luxuriöser Schnellzug, der auf internationalen Strecken eingesetzt wurde.) Steiner und Bäuchle hätten sich als geniale Dialektiker aus dem Oberland erweisen sollen – »haut der Sozi den Christen (und dessen Partei) in die Pfanne, so kehrt der Christ am nächsten Tag, dem in Biberach entworfenen Drehbuch entsprechend, den Spieß um.«

»Der Plenarsaal des Bundestags als Zentrum eines Schelmenromans, Bonn als Fußnote zu Biberach, Entlarvung des parlamentarischen Rituals aus der Frosch-Perspektive – das wäre«, so Walter Jens, »ein Meisterstück geworden: die Steiner-Bäuchle-Affäre, auf die Ebene des Pikaresken gehoben. Don Quichotte hält, schwäbisch redend, seinen Einzug am Rhein.« Tatsächlich wird erzählt, dass zwei Abgeordnete der CDU und der SPD miteinander im TEE-Speisewagen heftig und regelmäßig debattiert hätten, dies aber waren weder Bäuchle noch Steiner.

Noch ein halbes Jahr vor seinem Freitod schreibt Troll an seine alte Freundin Anneliese Schuhholz: »Ich war ja ein Vierteljahr als Stadtschreiber in Soltau, und da blieb alle Post liegen, weil ich mich auf meinen Roman konzentrieren mußte.«

Zunächst aber schreibt Troll Feuilletons, auch während des Kriegs, hauptsächlich für das »Stuttgarter Neue Tagblatt«, für dessen Frauenbeilage Bayers Verlobte Elfriede Berger 1940 verantwortlich zeichnet. 1943 ging das »Tagblatt« im »Stuttgarter NS-Kurier« auf und Elfriede Berger redigierte dort den Kulturteil. In diesen Jahren verfasst Bayer beispielsweise ein satirisches Feuilleton über die Frage, wann die Tiere ins Paradies kamen und 1944 eine erfundene Klatschgeschichte aus der griechischen Götterwelt mit dem Titel »Das Urteil des Paris«. Vor allem aber ist er Kriegsberichter für die Truppenzeitung »Sieg« und verschiedene deutsche Zeitungen.

Aber dies ist ein Kapitel seines Lebens, zu dem gegen Ende des Kriegs eine immer größere Distanz spürbar

Troll, Weihnachten 1973.

wird und für das er sich nach 1945 abgrundtief schämt. Diese Scham ist die Grundlage für seinen leidenschaftlichen Widerstand gegen staatliche oder parteiliche Alleinherrschaft, der ihm von nun an zeitlebens die Feder geführt hat. »Zu Beginn [der Nazi-Herrschaft] war er achtzehn Jahre alt, also intellektuell fähig, sich die Zukunft vorzustellen, aber nicht mutig genug, sich ihr entgegenzustellen«, bekennt er 1970 in seinem eigenen Nachruf. Das habe er sich »sein Leben lang übelgenommen«.

»Romanwand« in der Klause, die Troll 1979 als Stadtschreiber von Soltau in der Lüneburger Heide bewohnte. Ob er hier an dem »großen Bonner Schelmenroman« gearbeitet hat, von dem er Walter Jens erzählte, oder an einem anderen Projekt, ist nicht bekannt.

Während des Kriegs will er auch begriffen haben, »dass der Schreibende stärkere Wirkungen erzielen kann, wenn er ernste Dinge ins Heitere verfremdet«. Anlass dazu war ein Erlebnis mit einem Kompaniechef, einem »durch einen doppelten Doktortitel bestätigten Dummkopf«, der ihn ermutigt habe, nach dem Rückzug von Moskau etwas Heiteres zu Silvester 1942/43 zu verfassen. Er schrieb eine Satire auf einen Russlandkrieger, der seine rüden Manieren in einem Heimaturlaub praktiziert. Das sei – gegen den Willen des Kompaniechefs – innerhalb der Truppe zum Bestseller geworden, und daraus habe er geschlossen, »dass sich ernste Dinge auch besser verkaufen, wenn man sie ins Heitere übersetzt«. So verwandelte er Landser immer wieder in lustige Märchenfiguren und konnte auf diese Weise deren Erlebnisse veröffentlichen, ohne dass die Zensur zugriff.

Von Mai bis Juli 1945 war Bayer kurze Zeit in englischer Kriegsgefangenschaft, wo er im Offizierslager

Putlos bei Oldenburg in Holstein das Lagertheater leitete. Er durfte alle Schauspieler zusammensuchen und spielen, was bis dahin streng verboten gewesen war: Brecht, Zuckmayer, Tucholsky, Arnold und Stefan Zweig, Thomas und Heinrich Mann. Auch durfte die Musik von Mendelssohn und Tschaikowsky wieder aufgeführt werden. Ob das alles möglich war in weniger als zehn Wochen, wie er später angab, dürfte zu bezweifeln sein. Aber Bayer atmet eben tief durch nach der zwölfjährigen Epoche des Verbots. Diese Zeit »gehört zu den schönsten meines Lebens«, bekannte er vor Rotary-Freunden.

Die Engländer stellen ihn vor die Wahl, ihn »entweder als Ersten oder als Letzten« zu entlassen. Er sagt: »Bitte als Ersten!« So kommt er schon am 19. Juli nach Stuttgart, findet das Elternhaus noch heil und will sofort das Schreiben wieder aufnehmen. Beim US-Presseoffizier in Stuttgart, wo er das »Heil Hitler« noch unterdrücken muss, gleichwohl sich aber wie in einer Schnüffler- und Gouvernantenorganisation vorkommt, bittet er um die Genehmigung. Sie fällt ihm in den Schoß, denn der Offizier konfrontiert Hans Bayer mit der überraschenden Mitteilung: »Sie haben ja Widerstand geleistet.« Als Hans sich nicht erinnern kann, weist ihn der US-Offizier auf die alte Geschichte hin, wonach er als Verbindungsstudent einmal unter Alkohol ein Hitler-Bild zertrümmert habe. Das hat Hans

Zusammen mit Werner Finck gründete Troll 1946 die satirische Wochenzeitschrift »Das Wespennest«. Hier die Nummer 32 vom 28. September 1946.

Thaddäus Troll, der humorvolle Feuilletonist

Bayer am Ende akzeptiert, woraufhin er die Genehmigung erhielt. Gleichzeitig empfahl ihm der Offizier, sich ein Pseudonym zuzulegen, »weil wir noch nicht wissen, ob das Offizierskorps im Nürnberger Kriegsverbrecherprozess als verbrecherische Organisation verurteilt wird oder nicht«.

»Das Wespennest« knüpfte an die Tradition von Satirezeitschriften wie »Deutsche Wespen« im 19. Jahrhundert oder »Simplicissimus« in der Vorkriegszeit an. Hier die Titelseiten von vier 1947 erschienenen Ausgaben.

Zusammen mit Werner Finck gründet er in der Stuttgarter Alexanderstraße 110 die erste deutsche »politisch-satirische Wochenzeitschrift«. Titel: »Das Wespennest«. Die erste Ausgabe erschien Mitte Februar 1946. Darin waren so berühmte Zeichner und Maler wie Gerd Grimm, Friedrich Meinhard (später Stuttgarter Zeitung), Toni Trepte oder Günther E. Stephan (»Steff«) vertreten. Weitere Mitarbeiter waren Erich Kästner, der Mitbegründer des »Rheinischen Merkur« und Adenauer-Vertraute

Paul Wilhelm Wenger oder Hans-Frieder Willmann alias Fred Wiesen (später »Stuttgarter Wochenblatt«). Otto Wolfgang Bechtle war Chefredakteur, bis er 1949 nach Aufhebung des von der Besatzungsmacht verhängten Lizenzzwangs für Zeitungen sein väterliches Blatt, die »Eßlinger Zeitung«, wieder übernehmen konnte.

Herausgeberin des »Wespennests« war zeitweise die Friedensstreiterin Gisela Heidorn, deren Frauenzeitschrift »Das Medaillon« zuvor von der amerikanischen Besatzungsmacht die Lizenz entzogen worden war: Ihr Blatt sei zu wenig umzieherisch, hieß es. Frau Heidorn hatte sich auch dadurch hervorgetan, dass sie im südwestdeutschen Teilstaat Württemberg-Baden des Ministerpräsidenten Reinhold Maier (DVP) ein Gesetz über das Recht auf Kriegsdienstverweigerung durchsetzen wollte, das nach vielen Diskussionen im April 1948 tatsächlich angenommen wurde.

Über den Redakteur Dr. Hans Bayer stand im »Wespennest« zu lesen: »Liebt Wein, jedoch nicht Weib und Gesang, liebt die französischen Impressionisten, sein Jagdhaus im Schurwald, Maupassant-Novellen. Unter Troll schreibt er seit einem halben Jahr witzige Feuilletons, die viel Anklang finden.« Troll selbst hat später das »Wespennest« als Zeitschrift bezeichnet, »deren Spott auch nicht die läppischen Gouvernanten, die unversuchten Eunuchen verschonte, deren Umerziehungsambitionen den pädagogischen Erkenntnissen amerikanischer Frauenvereine entsprachen«. 1947 begann er, die ersten Theaterkritiken im »Wespennest« zu schreiben. »Theater«, so Thaddäus Troll, »ist meine Leidenschaft seit meiner Jugendzeit.«

Eines seiner Feuilletons ist der »Offene Brief an den Staat« von 1947, dessen Datierung allerdings ungewiss ist, weil er darin bereits von einem Bundeskanzler und Bundestagsfraktionen spricht, die es zu diesem Zeitpunkt noch nicht gegeben hat. Troll führt darin ein heiteres politisches Zwiegespräch mit der öffentlichen Hand, zu der er eigentlich ein vertrauliches Verhältnis habe, wie man es von alten Ehepaaren kenne. Dennoch rechnet er mit dem Bürokratismus ab, mit dem »Riesenapparat von Ämtern«, in dem »mancher sitzt, von dem ich vermute, dass er als Arbeiter oder in einem freien Beruf nicht in der Lage wäre, sich auch nur das Salz an die Suppe zu verdienen. Die Ämter sind dazu da, dass ich vor ihnen Schlange stehe.« – »Lieber Staat, ich bin viel zu wenig bösartig, als dass ich ein Anarchist werden könnte. Aber ich finde, unsere Beziehungen müssten sich ändern. Ich würde Dir gerne liebenswürdigere Briefe schreiben. Aber so lange Du der Ansicht bist, ich sei für Dich da und Du nicht für mich, wird wohl nichts daraus ...«

Im »Wespennest« lernte Hans Bayer seine zweite Frau Susanne Ulrici kennen, die mit 25 Jahren als Volontärin in Stuttgart anfing. Sie war die Tochter des angesehenen

> Das „Wespennest" ist eine unabhängige satirische Wochenzeitschrift.
> **Redaktion:** Wolfgang Bechtle, Hauptschriftleiter, Tel. 918 66.
> **Verlag:** G. Heidorn GmbH., Stuttgart S, Alexanderstr. 110, Lizenznummer US - W - 1068.
> Manuskripte bitte nur an die Redaktion, Stuttgart, Alexanderstraße 110, mit Angaben der Geburtsdaten des Verfassers und dessen politischer Unbedenklichkeit. Eine Gewähr für eingesandte Manuskripte wird nicht übernommen. Unfrankierte Sendungen werden nicht zurückgesandt. Artikel, die gezeichnet sind, vertreten nur die Meinung des Verfassers. Satz: Buchdruckerei Schäuble, Stuttgart-Botnang, Druck: Union-Druckerei, Stuttgart. Die Klischees stellt die Graphische Kunstanstalt Willy Köstlin, Stuttgart, her. — Auflage 35 000.
> **Mitarbeiter Text:** Dr. Hans Bayer, geb. 18. 3. 1914 in Stuttgart / Dr. Robert von Berg, geb. 9. 9. 1918 in Archangelsk / Dr. G. W. Borth, geb. 18. 4. 1914 in Chemnitz / Günther Goerke, geb. 23. 9. 1918 in Berlin / Otto Heß, geb. 6. 5. 1903 in Speyer / Alfred P. Hora, geb. 15. 7. 1910 in Zgoda / Heinz Reinhard, geb. 5. 3. 1915 in Küstrin / Lieselotte Roth, geb. 6. 7. 1923 in Berlin / Hz. E. Schmid-Sorà, geb. 21. 4. 1925 in Stuttgart / Walter Schnabel, geb. 24. 6. 1917 in Hohenelbe / Susanne Ulrici, geb. 25. 3. 1921 in Sommerfeld / Paul Wilhelm Wenger, geb. 15. 6. 1912 in Gundelsheim / Arthur Westrup, geb. 20. 2. 1913 in Düsseldorf / Helmut Will, geb. 2. 2. 1910 in Königsberg.
> **Mitarbeiter Graphik:** Fritz Meinhard, geb. 11. 3. 1910 in Frauenberg / Eckart Munz, geb. 28. 2. 1921 in Reutlingen / Horst Richler, geb. 24. 9. 1922 in Kassel / Günther Stephan, geb. 12. 2. 1914 in Breslau.
> Die Unterschriften unter den Zeichnungen stammen nicht von den Graphikern, sie sind Eigenarbeit der Redaktion.

Impressum im »Wespennest« Nummer 32 vom November 1947. Alle Mitarbeiter sind mit vollen Namen sowie Geburtstag und -ort aufgeführt. Unter »Mitarbeiter Text« entdeckt man Hans Bayer und seine spätere Frau Susanne Ulrici.

Der Arzt und Schriftsteller Friedrich Wolf, den Troll sehr verehrte, gehörte zum Autorenkreis der Zeitschrift »Das Wespennest«. Hier ein Artikel von Wolf im »Wespennest« Nummer 24 vom August 1947.

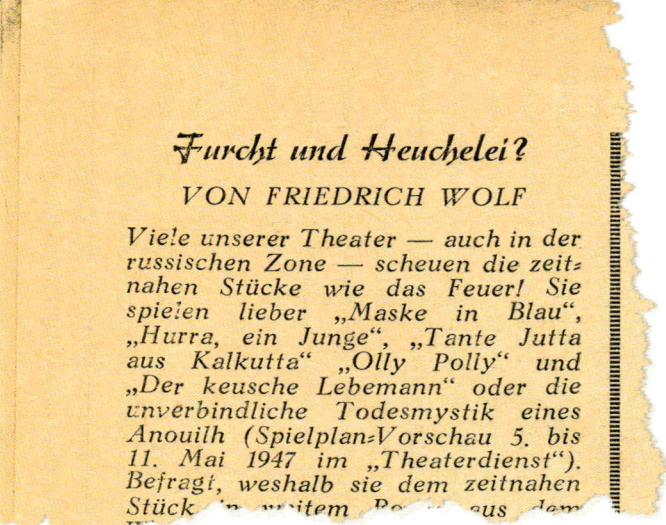

Chefarztes Dr. Hellmuth Ulrici von der Tuberkulose-Heilstätte »Waldhaus Charlottenburg« in Sommerfeld (Osthavelland), die 1964 sogar in Hellmuth-Ulrici-Klinik umbenannt wurde. Der Vater hatte sie in den Westen geschickt, weil er sie dort gesicherter sah. Frau Bayer erinnert sich an die Reaktion, als sie dem Redakteur Dr. Bayer angekündigt wurde: »Muss das sein?«, soll er gebrummt haben.

Troll schreibt dazu: »Als der Schwabe Thaddäus Troll Redakteur der satirischen Zeitschrift ›Das Wespennest‹ war, wurde ihm vom Verlag eine des Klavierspiels kundige Dame aus Berlin als Volontärin verordnet, die ihm wegen ihrer schnoddrigen und arroganten Art ziemlich unsympathisch war, so daß ihm zur Selbstverteidigung nichts anderes übrig blieb, als sie zu heiraten.«

Noch weniger charmant ist die Widmung im »Tafelspitz« von 1979, dem Jahr, in dem das Ehepaar den 30. Hochzeitstag feiern konnte:

Für Susanne Ulrici
1618 – 1648

Rechte Seite: Susanne Ulrici im Jahr 1946.

Hans Bayer und Susanne Ulrici feierten ihre Hochzeit mit einem siebengängigen Menü im Stuttgarter Schloßkeller – und das noch in der »schlechten Zeit«, knapp einen Monat vor der Währungsreform mit der Einführung der D-Mark.

Jedenfalls: 1947/48 kamen die beiden sich näher, verliebten sich ineinander, Susanne Ulrici wurde schwanger. Trolls noch frische Ehe mit Elfriede Bayer, geb. Berger, ging in die Brüche. Troll heiratete Susanne. Im zerstörten Stuttgart herrschte größte Wohnungsnot; das Ehepaar zog zunächst als Untermieter in ein Zimmer ohne Waschbecken in der Alten Weinsteige 68. 1948 wurde die Tochter Manuela geboren. Sie verbrachte ihre ersten beiden Lebensjahre im Kinderheim, wo angeblich der hygienische Standard besser war. 1950 folgte der Umzug in eine Wohnung in der Rienzistraße 12, nur 250 Meter von der alten Adresse entfernt.

1954 klopfte bei Bayers erneut der Storch ans Fenster und legte die Tochter Isabel in die Wiege. Offiziell hieß sie »Isabell« mit zwei »l«, sie selbst bevorzugt jedoch die gebräuchlichere Form mit einem »l« und hat immer als »Isabel« unterschrieben, weswegen wir sie auch in diesem Buch so nennen. Die bisherigen Räume wurden zu klein und die Familie zog in eine Wohnung in der Stuttgarter Traubergstraße 15 um, zwischen Gänsheide und Gablenberg gelegen. Das Haus befand sich ganz in der Nähe von Elfriede Bayers Wohnung, so dass die Halbgeschwister Eva-Suzanne und Manuela, später auch im Trio mit Isabel, viel Zeit gemeinsam verbrachten.

Aus dem »Wespennest« ist Troll, wie er doppeldeutig einräumt, »herausgeflogen«, ohne angeblich den Grund zu kennen. 1949 wird die Zeitschrift eingestellt.

Neben seiner Arbeit für das »Wespennest« schreibt Bayer aber auch für verschiedene deutschsprachige Zeitungen und Zeitschriften wie »Pinguin«, »Leuchtkugel«, »Standpunkt«, »Stuttgarter Rundschau« und jene Zeitung, der er ein Leben lang besonders verbunden blieb: die »Stuttgarter Nachrichten«. Gut 500 kleine Feuilletons kommen da im Lauf der Jahre zusammen, die meist Alltagsthemen aufgreifen, heitere Stücke im Plauderton, geistvoll, kurzweilig und dabei keineswegs oberflächlich. Sie werden in der ganzen Republik gerne gelesen, denn Troll lässt sie hauptsächlich über Pressedienste

STUTTGARTER SCHLOSSKELLER

Restaurant · Café · Eigene Konditorei · Stadtküche
HELMUT FRÜSCHLE
Stuttgart · Neues Schloss · Eingang Planie

27. Mai 1948

Hochzeits - Menü

Weinbergschnecken - Kräuterbutter

Canapés - Schwedisch

Falsche Schildkrötensuppe
in Tassen

Dorsch Imperial

Medaillons vom Kalb
Lucullus

Salat der Saison

Eispudding Palmyr

Telefon 91414 · Postscheckkonto Stuttgart 50061 · Stuttgarter Bank

𝔍𝔪 𝔙𝔢𝔯𝔩𝔞𝔤 𝔖𝔲𝔰𝔞𝔫𝔫𝔢 𝔘𝔩𝔯𝔦𝔠𝔦 & 𝔗𝔥𝔞𝔡𝔡ä𝔲𝔰 𝔗𝔯𝔬𝔩𝔩

Stuttgart-Degerloch, Kienzistraße 12

ist soeben erschienen:

ISABELL NICOLA !!!

29. August 1954

Da das Werk nur in einem bibliophilen Exemplar vorliegt, kommt es vorläufig nicht zum Verkauf, sondern bleibt, wie das Erstwerk Manuela, im Besitz der Herausgeber.

※※※※※※※※※※※※※※※※※※※※※※※※※※※※※※※※

§ Anm. für das Familien-Ministerium §

Heiratsurkunde der Herausgeber unter dem Pseudonym Bayer, Susanne und Hans, kann auf Anordnung seitens der Behörde aktenkundig vorliegend gemacht werden.

Geburtsanzeige für Isabel Bayer, 1954.

vertreiben. 1962 erhält er für einen solchen Beitrag in den »Bremer Nachrichten« als einer von elf Preisträgern den in diesem Jahr von der Axel-Springer-Stiftung »Die Welt« neu ausgelobten Theodor-Wolff-Preis, eine Auszeichnung, auf die er mächtig stolz war.

Das heitere Schreiben über Alltagsdinge entspricht seiner kabarettistischen Neigung, ist aber auch ein Stück seiner Art der Vergangenheitsbewältigung. Es half ihm über seine Gewissensbisse hinweg, die ihn gegen Ende des Krieges und danach geplagt haben. Auch seine Leser wollten es so. Die Liebe zum Humor, so bekannte er einem Freund gegenüber, sei nichts anderes als ein Ausdruck der Furcht. Der Humorist habe Angst vor allem Möglichen, er sei wie kein anderer den kleinen Schicksalsschlägen ausgeliefert, die er beschreibe, um mit ihnen fertig zu werden.

Viele seiner Generation haben versucht, in der Heiterkeit ihre Kriegserlebnisse zu bewältigen. Eine gewisse Ablenkungsstrategie mag da eine Rolle gespielt haben, zumal die Besatzungsmächte den Deutschen die grauenvollen Nazi-Verbrechen mit aller Macht vor Augen geführt hatten. Jedenfalls hat Bayer an der schriftstellerischen Aufarbeitung der Nazi-Vergangenheit, wie sie in der frühen Trümmerliteratur von Arno Schmidt, Alfred Andersch oder in Hans-Werner Richters »Gruppe 47« der »politisch engagierten Publizisten mit literarischen Ambitionen« stattfand, nicht mitgewirkt. Erst über den Schriftstellerverband und die SPD-Wählerinitiative fand er Ende der 60er Jahre zu Günter Grass, Walter Jens, Heinrich Böll und Martin Walser.

Nur einmal, kurz nach dem Krieg, setzt er sich ausführlich mit der Vergangenheit auseinander. In der Monatszeitschrift »Stuttgarter Rundschau«, die vom späteren Intendanten des Süddeutschen Rundfunks, Fritz Eberhard, und dem späteren Chefredakteur der »Stuttgarter Nachrichten«, Henry Bernhard, herausgegeben wird und an deren Gründung er maßgeblich mitgearbeitet haben

Eintrag von Troll im Hinterrohrbacher Hüttentagebuch, April 1962.

Zum Lob der antiken Tragödie

In die Leier gegriffen von Thaddäus Troll

Nicht von jenen antiken Tragödien sei hier die Rede, in denen Apollo im Frack auf den Zug nach Salzgitter wartet und Kaiser Vespasian, der eben seinen Sartre studiert, um Feuer bittet.
Unser Lobgesang erschalle der echten antiken Tragödie, die nach einer alten Faust-... lisieren kann, werden Pinien und Zypressen bevorzugt, die sich, wenn es hoch kommt, zu einem schütteren Hain zusammenrotten. Einen am Mittelmeer ortsüblichen Kaktus ins antike Drama zu setzen, wäre unverzeihlich. Der Kaktus ist heroisch genug.
Wenn ich aus all diesen Gründen ... terpublikum fast sämtliche antiken Skandale als bekannt vorausgesetzt werden können, wagt der Abonnent in der fünften Parkettreihe beruhigt ein Schläfchen, ohne Furcht zu haben, daß er den Faden verliert.
Oft tritt ein Chor auf, der meist aus Greisen und alten Damen besteht...

will, veröffentlicht er im März 1946, also sieben Monate nach seiner Entlassung aus der Kriegsgefangenschaft, eine längere Betrachtung unter der Überschrift »Jahrgang 1914« über sein eigenes Leben und das der Deutschen.

»Mein erstes Wort, das wir sagen konnten, hieß Mutter. Das zweite Wort, das wir aussprechen konnten, war Krieg«, heißt es da. »Wir Jungen befürchteten vom Nationalsozialismus damals Vermassung, Einschränkung unserer Freiheit und Krieg. Den Krieg, den wir so bitter hassten ... aber wir dachten dann wieder: es wird schon nicht so schlimm werden.« – »Wir wussten nicht, dass [wir] von diesem Tag an [dem 5. März 1933 mit den verheerenden Reichstagswahlen, die 43,9 Prozent für die NSDAP erbrachten, und den vorhergehenden Verhaftungen der KPD-Abgeordneten] unser Leben nur noch mit dem Rauschgift der Selbsttäuschung führen konnten, das

Philosophie vom Schlafen

Von Thaddäus Troll

Wer schläft, sündigt nicht! Wer aber vorher sündigt, schläft besser. Denn ein gutes Gewissen allein tut es nicht. Um das Ruhekissen sanft zu machen, müssen auch einige Daunen darin sein. Wie es auch nicht genügt, einen Kuchen nur mit Liebe zu backen. Die anderen Zutaten sind mindestens ebenso wichtig.

Bitte, nicht gähnen, wir kommen zur Sache.

Man kann allein oder zu mehreren schlafen. Viele Menschen können aber leider selbst im Schlaf den ... Mann an Komik nur noch von einem solchen in langen Unterhosen übertroffen.

Nach Meinungen von Gelehrten, Sprichwörtern, Kirchenvätern und meinen alten Tanten ist der Schlaf vor Mitternacht der beste. Aber Wein, Weib und Gesang vor Mitternacht sind auch nicht schlecht. Sie sind die stärksten Konkurrenten des Schlafes vor dieser Zeit.

Das Schlafen zerfällt in drei Teile: das Einschlafen, den eigentlichen Schlaf und das Aufwachen. Das ist ...

wir von Tag zu Tag in immer stärkerer Dosis zu uns nahmen.« – »Wir ballten die Fäuste in den Taschen, aber wir schlugen nicht zu.« – »Und da liegt unsere Schuld: Man hatte uns zu Hamlet-Naturen erzogen. Wir waren keine Rabauken, wie die, die ein paar Jahre jünger waren. Uns mangelte die Tatkraft, ihnen die Einsicht. Und nur einer Generation, die beides gehabt hätte, wäre es möglich gewesen, dem Faschismus die Stirn zu bieten.«

Im Krieg schließlich hörte er eines Abends im Rundfunk den britischen Premier Winston Churchill: »Wir kämpfen für die Dinge, die das Leben lebenswert machen.« Troll schreibt in seinem Essay weiter: »Wie viel lieber hätten wir für die Dinge gekämpft, für die er kämpfen wollte, aber es erschien uns unmöglich, gegen Deutschland zu kämpfen. Denn Deutschland war für uns mehr als ein Begriff aus dem patriotischen Lesebuch. Deutschland: das waren die Freunde; unsere Bücher; unsere Musik. Es war das Land, dessen wahre geistigen Güter wir seit 1933 in stiller Opposition gegen die despotischen Kleinbürger und Halbgebildeten verteidigten.«

Zwar schweift Hans Bayer dann doch noch ab und frönt seiner Leidenschaft, der Kritik an der Bürokratie von 1946, an »Zuzugsgenehmigungen, Reisebescheinigungen, Wohnungsberechtigungen, Fragebögen, Bezugsscheine, Bestandsaufnahmen, Arbeitsgenehmigung, Lebensmittelkarten, Steuererklärungen und Denazifizierungsanträgen«. Und er fragt, ob Demokratie »nicht das freie Spiel der Kräfte« sein müsse. Dennoch ist diese öffentliche Auseinandersetzung mit seiner Vergangenheit eine Ausnahme, die sich lange nicht wiederholen wird. Erst 1977, als er von seiner politisierten Tochter Isabel danach gefragt wird, greift er auf diesen Aufsatz zurück und zitiert ihn gewissermaßen aus einem Nachholbedarf heraus ausführlich vor dem Rotary-Club Ludwigsburg, dessen Mitglied er ist.

Viel Geld verdient Thaddäus Troll mit seinen Feuilletons nicht, wie sich seine Tochter Manuela erinnert. Erst 1967 und danach, mit dem Erscheinen der weiteren

Linke Seite:
Viele Jahre war Troll für seine augenzwinkernden Feuilletons bekannt, die in Tageszeitungen zwischen Flensburg und Klagenfurt und in Zeitschriften wie dem humoristisch-satirischen Magazin »Der Deutsche Michel« vom 19. Mai 1957 (oben) oder der »unabhängigen satirischen Streitschrift« aus Innsbruck namens »Leuchtkugel« vom Januar 1949 (unten) erschienen sind und die er in Büchern zusammengefasst hat.

Susanne Bayer mit Manuela, Sommer 1949.

Auflagen von »Deutschland deine Schwaben«, kehrt der »Luxus« im Hause Bayer ein. »Hase«, wie Troll im Familienjargon genannt wird, nützt ihn gerne aus, genießt Fünf-Sterne-Hotels auf vielen Reisen, gutes Essen und herrliche Tropfen. Dabei nimmt er alle aus der Familie mit. Auch die Tochter Eva-Suzanne, selbst Freundinnen wie Lieselotte Reutter geb. Lauk (»Lilo«), die Ehefrau des Stuttgarter Komponisten und Musikhochschulrektors Hermann Reutter, sind immer wieder dabei. Gegenüber dem »Spiegel« bekennt er, es sei schon schön, »ein bisschen ein finanzielles Kissele hinter sich zu haben«. »Ich kann jetzt von meinem Buch leben«, offenbart er drei Jahre später im Süddeutschen Rundfunk.

Anfang 1947 beginnt Hans Bayer, parallel zu seiner Anstellung beim »Wespennest« für das von Rudolf Augstein wenige Wochen zuvor in Hannover gegründete Nachrichtenmagazin »Der Spiegel« als Stuttgarter Kulturkorrespondent zu schreiben. Die Ironie der »Spiegel«-Sprache kommt seiner Leidenschaft sehr entgegen. Aber dem Feuilletonisten Bayer fällt es anfangs schwer, sich auf den damals sehr ausgeprägten, ganz eigenen »Spiegel«-Stil einzulassen. Denn der britische Major John Chaloner hatte der jungen deutschen Mannschaft des Herausgebers Rudolf Augstein eine völlig neue Art von Journalismus verordnet. »Wir werden euch Deutschen die Leitartikelei schon austreiben und ein Nachrichtenmagazin machen«, hatte er gesagt. Will sagen: Keine Meinung mehr, sondern »intimere, hintergründigere Nachrichten mitteilen als die Tagespresse«, wie es in den Leitlinien des »Spiegel« heißen sollte, »und diese Vorgänge in einer Art mitteilen, die den einfachen Leser sofort fesselt«.

So teilt ihm Hans J. Toll von der »Spiegel«-Redaktion im April 1947 mit: »Sie haben uns über ›Die schöne Helena‹ mit Finck ein reizendes Feuilleton geschickt. Aber Feuilletons passen nicht in den ›Spiegel‹.« Es sei nicht die Art des neuen Magazins, »Betrachtungen und Erwägungen anzustellen über das, was falsch oder schlecht gemacht ist«. Es komme dem Magazin nicht darauf an, Stellung zu nehmen, »sondern vielmehr darauf, Feststellungen zu treffen«. Der Leser müsse sich selbst eine Meinung bilden können, ohne dass ihm eine fertige vorgesetzt werde.

Das gelingt Hans Bayer mit dem Bericht über eine Hindemith-Erstaufführung in Stuttgart, der jedoch nicht veröffentlicht wird. Ein Jahr später, 1948, schreibt er über das Düsseldorfer Kabarett »Kom(m)ödchen« und dessen ersten Auftritt in München. Da wird Kay Lorentz als ein Mann mit »Sauerkrautbart« beschrieben und es heißt von ihm: »Vor zwei Jahren noch studierte er Arabisch. Heute redet er Fraktur.« Troll schließt mit einer Pointe: Ein Herr verließ bei der Münchner Premiere demonstrativ den Zuschauerraum; »der Kritiker Gunter Groll entkräftete das Flüsterwort, es sei der Herr Kultminister persönlich gewesen. Es sei eine Verleumdung, meint er. Der Herr bayrische Kultminister gehe nicht so oft ins Theater.«

Für diese Geschichte heimst Hans Bayer das überschäumende Lob von Hans J. Toll in Hannover ein: »Es ist geradezu eine Wohltat, wenn [der Redakteur] Berichte, wie es die beiden von Ihnen sind, erhält.«

1949 versucht er, an Theodor Heuss heranzukommen, als der für das Bundespräsidentenamt kandidiert. Troll schickt seine Frau Susanne zu Heuss, um einen Termin zu vereinbaren. Aber sie wird rüde abgewimmelt, weil Heuss sie nicht kennt. Erst später, als dieser schon Bundespräsident ist, darf Troll Theodor Heuss zu seinen Bekannten zählen.

1950 schreibt Bayer über Carl Zuckmayer und die Erstaufführung des »Schelm von Bergen« in Stuttgart. Jetzt hat er den »Spiegel«-Stil ganz verinnerlicht. Er nennt den Autor »Zuck« und bemerkt darin: »Aber was ein Zuckmayerscher Kaiser ist, der säuft den ganzen Bundestag unter den Tisch.« Er zitiert »eines der schönsten Gedichte« des Autors: »Vermeide stets dich einsam zu besaufen. / Und lass es bleiben, wenn du traurig bist. / Doch laß getrost dich voll und voller laufen. / Wenn dir so ist, wie mir es immer ist.«

Er schildert Zuckmayers Emigration nach Wien und dann in die USA und zitiert dabei aus dem Buch der Ehefrau Alice Herdan: »Mit 57 Hühnern, 20 Enten, 5 Gänsen, 4 Ziegen, 2 Schweinen, 2 Hunden und 3 Katzen fingen Zuckmayers das neue Leben an.« Aus der Rezension einer Erstaufführung in Stuttgart ist jetzt die Lebensgeschichte eines Autors geworden, der den Deutschen – nach seinen Erfolgen in den 20er Jahren mit dem »Hauptmann von Köpenick« und dem »Fröhlichen Weinberg« – erst wieder bekannt gemacht werden musste. Der Artikel bringt Troll auch die Anerkennung Zuckmayers ein, der die Geschichte

Hans Bayer, ca. 1946.

ein »vorzügliches Portrait« nennt und ihm weitere Tipps über die Theaterwelt gibt.

1951 wiederum nimmt Bayer die Uraufführung von »Gloriana« des zwischen NS-Nähe und Kommunismus schwankenden österreichischen Schriftstellers Arnolt Bronnen am Stuttgarter Staatstheater zum Anlass, den Autor im »Spiegel« umfangreich zu porträtieren. Im selben Jahr allerdings beendet er die Korrespondententätigkeit, weil es Auseinandersetzungen über die Honorierung gibt. Außerdem werden Ideen von ihm immer öfter

Manuela (links) mit ihrer älteren Halbschwester Eva-Suzanne, 1952.

von anderen »Spiegel«-Mitarbeitern aufgegriffen und bearbeitet. So schlägt er eine Reportage über die Ulmer Volkshochschule vor, die von Inge Aicher-Scholl gegründet und geleitet wurde, der Schwester der 1943 hingerichteten Scholl-Geschwister. Oder ein Porträt des Stuttgarter Generalmusikdirektors Ferdinand Leitner, der die Uraufführung von Strawinskys »The Rake's Progress« in Venedig vorbereitet habe und »eine Reihe netter Anekdoten von der Zusammenarbeit mit Strawinsky« wisse. Frau Susanne fährt am 4. November 1951 zur deutschen Erstaufführung nach Zürich. Doch findet sich im »Spiegel«-Archiv keine entsprechende Veröffentlichung –

Susanne Ulrici, 1949. Dieses Bild stand auf Trolls Schreibtisch.

wohl deshalb, weil der »Spiegel« keine zwei Wochen zuvor Strawinsky und seiner Oper bereits eine Titelgeschichte gewidmet hatte.

Zwanzig Jahre später hat Thaddäus Troll seine Berichterstatter-Zeit beim »Spiegel« als Lehrjahre bezeichnet. »Dort habe ich gelernt, dass man keine Zeile schreiben darf, ohne genau recherchiert zu haben, ohne jeden Satz auf seinen Wahrheitsgehalt geprüft zu haben.« Das mag für den Kulturkritiker Hans Bayer ein Widerspruch oder vielleicht auch eine Schutzbehauptung sein, denn an anderer Stelle sagt er: »Es gibt keine objektive Kritik. Hinter jeder Kunstkritik steht der Kritiker und hat es nicht nötig,

Diktatur der Minoritäten

VON PUCK

Daß durch einen scheinbar demokr

---

zwe… …üden und sich immer wieder zwecklos aufbäumenden Mann nicht ein Stück (und nicht das schlechteste) von uns selbst, das sich gegen die Flut von bürokratischen Verordnungen, Einschränkungen, Gesetzen und Maßnahmen wehrt, die zu befolgen fast Selbstmord bedeuten würde.

Hans Bayer

*

Finck pfeift es von den Dächern, daß „Die schöne Helena" von Stuttgart eine außergewöhnlich kokette Dame ist, und es wird keine Pointe verschwiegen, wed…

…orge und Kummer un… unser Wohlbefinden Niedergedrückten. Möge ihnen ihr Gewissen ein sanftes Ruhekissen sein. Die anderen aber mögen getrost ihren Kopf in den Schoß der des Schlafs beraubten Damen legen.

T. T.

Vive la petite différence!

> mit der merkwürdigen Begründung, Irm-
> i eine Konkurrenz.
> für Irmgard Vock. So ist es überflüssig
> man von der eigenwilligen, vergeistig-
> mgard Vocks (ganz ohne Pose und ohne
> zerinnen so störenden Reflexe über die
> epackt war.   Troll

> le, weil Ed

> Frau Marthe und Gretchen zu leben
> verdammte, hätten dem hartgesotte-
> nen Beamten des Wohnungsamts Mit-
> leidszähren entlockt. Dafür war der
> Kerker recht geräumig und wohnlich.
> Obwohl man sich mit vereinten
> Kräften um die Demontage der von
> Paul Riedy entnazifizierten Tragödie
> bemühte, gelang es Mathias Wiemann,
> Goethes Faust zu retten.   Dr. Bayer

Namen, Kürzel und Pseudonyme, unter denen Hans Bayer 1947 im »Wespennest« veröffentlicht hat. Ein System ist nicht zu erkennen.

seine weltanschauliche und politische Meinung zu verbergen.« Aber immerhin ist der Satz, was den »Spiegel« betrifft, lehrreich.

1963 schließlich fragt ihn die Vertriebsabteilung des Nachrichtenmagazins, weshalb er den »Spiegel« abbestellt habe. Das Abonnement sei nur umgeschrieben worden, antwortet er, legt dann aber nach, dass ihm die »Humorlosigkeit« des »Spiegel« missfalle, »die oft etwas pharisäerhaft nicht nur auf charakterliche, sondern auch menschliche Schwächen deutet«. Und fährt fort: »Über dem Balken im Auge des anderen übersieht der Spiegel den Splitter im eigenen Auge.« Und außerdem stehe oft auch »recht unnützes Zeug« drin.

Als das Blatt im selben Jahr eine stark baden-württemberg-lastige Umfrage unter dem Motto »Was ist ein Linksintellektueller?« macht und dabei Politiker wie Hildegard Hamm-Brücher, Reinhold Maier, Kurt Georg Kiesinger, Hans Filbinger oder den baden-württembergischen Kultusminister Gerhard Storz befragt, verweist Troll per Leserbrief auf den Berliner Humoristen Adolf Glaßbrenner (1810–1876), der gesagt habe, es gebe keine Rechtsintellektuellen, denn »die Nullen müssen sich immer schön rechts halten, damit sie etwas gelten«.

Dieses Zitat verwendet Thaddäus Troll immer wieder. Ein Linksintellektueller ist nach Trolls Auffassung demnach ein Mensch, der nicht nur eine eigene Meinung hat, sondern »es wagt, diese Meinung in der Öffentlichkeit zu vertreten«. Nach dieser Definition sei auch die CDU von einer »gewiss kleinen Zahl von Linksintellektuellen unterwandert«. Jedenfalls müsse man die Bezeichnung »Linksintellektueller« »wie einen Orden tragen«.

Für seine ersten Gehversuche nach dem Krieg hatte sich Bayer, wie vom US-Presseoffizier geraten, auch ein Pseudonym zugelegt: Neben seinem eigenen Namen Hans Bayer, den er bis zu seinem Tod für Theaterkritiken beibehielt, wollte er sich »Peter Puck« nennen, wobei »Peter« für einen guten Freund aus der Kriegzeit stand und »Puck« für die Gestalt aus Shakespeares »Sommernachtstraum«. Die Schauspielerin Rosemarie Kilian, später eine seiner vielen Freundinnen, hatte den »Puck« gleich nach dem Krieg im Stuttgarter Alten Schauspielhaus gegeben, was ihn besonders beeindruckte. »Puck« hieß aber auch die amerikanische Satirezeitschrift, die 1876 bis 1918 in deutscher und englischer Sprache in einer Auflage von 80 000 Exemplaren wöchentlich in New York erschienen war. Doch dieses Pseudonym »wurde ihm gestohlen«, wie er später berichtete. Und dies vom Chefredakteur der »Stuttgarter Rundschau«, der später Chef bei der »Deutschen Soldatenzeitung« wurde.

Wie es dann zu »Thaddäus Troll« kam, darum ranken sich viele Geschichten, an denen Thaddäus Troll selbst

DAS TAGWÄCHTER-NACHTWÄCHTER-SPIEL

Unsere kleine Familie ist rasch katalogisiert: sie besteht aus meiner Frau und mir. Seit zehn Wochen kamen noch zwei Neuerwerbungen dazu: eine kleine Tochter und ein in Holz gebrannter Wandspruch: „Raum ist in der kleinsten Hütte...". Den zweiten Teil dieses Wandspruchs mußten wir absägen, da das Zimmer, das wir bewohnen, nicht so groß ist, daß die ganze Holztafel hereinpaßt.

Wir waren oft etwas bedrückt über unsere ein wenig beschränkten Wohnverhältnisse. Wir waren auch schon auf dem Wohnungsamt, wo die Herren uns sehr höflich und aufmerksam entgegenkamen, uns ihr Beileid drü... uns al... ... ndere dring... Rosenstock die Blätter gelassen, die voller Blattläuse waren. Ich öffnete den Rucksack, damit auch meine Tochter etwas von der Belehrung mitbekomme, deutete auf die dichtbevölkerten Blätter des Rosenstocks und hielt an meine Familie folgende Ansprache:

„Wir beklagen uns oft über unsere Wohnverhältnisse, die nach Aussagen der Herren vom Wohnungsamt katastrophal sein sollen. Aber dieselben Herren haben uns den Bescheid gegeben, daß 9584 Familien noch katastrophaler wohnen Sehet diese Blattläuse an: ihre Bevölkerungsdichte scheint mir noch um weniges höher zu liegen als die unserer Familie. Im Verhältnis zu diesen Tierchen wohnen wir ... ... geräumig

Geschrei andauernd falsch e Einsä... und stört den Schlaf des jeweils Dienstfreien manchmal recht erheblich. Zum anderen ist der nächtliche Brotverdienst durch die Schreibmaschine mit Geklapper verbunden, was meine Tochter wiederum anregt, ihre Lautstärke in stets erfolgreiche Konkurrenz zu der Schreibmaschine zu setzen, was den Tagwächter oft des Schlafs beraubt.

Aber was sind solche Nachteile gegen die unbestreitbaren Vorzüge des Tagwächter — Nachtwächter-Spiels?! In den zehn Minuten des Schichtwechsels, als meine Frau und ich uns gestern sahen, haben wir ernstlich erwogen, ob wir nicht noch einen Untermieter bei uns aufnehmen könnten. Haben Sie Lust?

Thaddäus Troll

---

einen gehörigen Anteil hat. Vereinzelt taucht das Pseudonym bereits im »Wespennest« auf, aber ständig verwendet wird es erst seit 1948. Vermutlich hat sich Troll einen großen Spaß aus dieser Verwirrung gemacht, indem er mehrere Versionen inszeniert hat. Dass er in Bibliotheken links neben Tucholsky stehen wollte, ist die jüngste davon und eindeutig nachgeschoben. Auch die Lesart, Troll komme von »Trollinger«, erscheint unwahrscheinlich, denn damals, als das Pseudonym entstand, wollte Troll noch kein schwäbischer Schriftsteller sein. Das hat sich erst 1967, nach dem Erfolg seines Buches »Deutschland deine Schwaben«, so ergeben. Zwanzig Jahre zuvor fühlte er sich noch als der Possenreißer, der sich hinter dem »heidnischen Waldschrat« verbirgt. Seine Sekretärin

»Das Tagwächter-Nachtwächter-Spiel« ist eine der frühesten Veröffentlichungen unter dem Pseudonym »Thaddäus Troll«. »Das Wespennest« Nummer 33 vom 5. Oktober 1946, Seite 5.

Eleonore Lindenberg meint, den »Thaddäus« habe er aus Polen (Thaddeusz) mitgebracht, wo dies ein weit verbreiteter Vorname ist. Andere Deutungen weisen auf die skurrile »Mesalliance eines christlichen Märtyrers mit einem heidnischen Waldschrat« hin, die Bayers Gemüt durchaus hätte entsprechen können.

Thaddäus Troll hat später die Wahl des Pseudonyms als Element seiner Schizophrenie im Umgang mit seiner Vergangenheit bezeichnet, die ihn nach dem Krieg sein Leben lang begleitet hat. Mag sein, dass er sich anfangs noch hinter »Peter Puck« verstecken wollte, um die Identität zwischen dem Kriegsberichter Hans Bayer und dem kritischen Feuilletonisten der Nachkriegszeit zu verschleiern. Aber der Umstand, dass er für Theaterkritiken weiterhin seinen richtigen Namen verwendet hat, spricht gegen diese Lesart.

Troll selbst erzählt eine von vielen Geschichten, wie es zu diesem Pseudonym kam. Ein Metteur habe ihm während des Umbruchs der »Stuttgarter Rundschau« mitgeteilt, dass der Name »Peter Puck« nun dem Chefredakteur zugehöre. Der Elfe, den Shakespeare »Puck« (oder »Robin

Theaterkritik unter dem Namen »Troll«, »Das Wespennest« Nummer 28 vom Oktober 1947.

Goodfellow«) nennt, heißt in der deutschen Übersetzung von August Wilhelm von Schlegel »Droll«. Deshalb habe er zunächst Peter Troll vorgeschlagen, doch der Metteur habe erwidert: »Das muss eine Alliteration sein.« Auch »Theodor Troll« fand die Gnade des Metteurs nicht: »So heißt schon der Heuss.« Am Ende habe er, weil er viele Freunde in Polen hatte, auf den polnischen Vornamen Thaddäus zurückgegriffen. »Des isch guat, des merkt sich wie Chlorodont«, war der Kommentar des Metteurs.

Die Geschichte hat hierzu noch eine ironische Fußnote geschrieben: Jahrzehnte später gelangte der Name »Peter Puck« in Stuttgart zu Berühmtheit, weil das Stadtmagazin »stuttgart live« und sein Nachfolgeblatt »Lift« mehr als 20 Jahre lang jede Nummer mit dem ganzseitigen Comic »Rudi« beendeten, als dessen Schöpfer »Peter Puck« firmierte. Doch, oh Wunder: Dieser Peter Puck heißt wirklich so, auch im richtigen Leben.

Links:
»Fliegen am Florett« – hier das Buchcover –, erschienen 1954, war Trolls erstes satirisches Buch.

Rechts:
Vor den Sanssouci-Bändchen fasste Troll Feuilletons und Glossen in Büchlein zusammen, die im Südverlag erschienen sind, hier »Wie man sich bettet«.

Thaddäus Troll, der humorvolle Feuilletonist

Programmheft zur Uraufführung von Trolls Fassung der »Abenteuer des braven Soldaten Schwejk« in den Wiener Kammerspielen, 1955.

Thaddäus Troll und seine Frau Susanne schreiben also Feuilletons und kurze Glossen, die über Korrespondenten-Dienste vertrieben werden, beispielsweise an das »Göttinger Tageblatt«, das er »nicht kennt«, wie er einmal einräumt. Auf eine Bitte der »Augsburger Allgemeinen«, deren Mitarbeiter er ebenfalls lange war, seine Wünsche für das Jahr 1967 zu nennen, reagiert er so: Er bezieht sich auf Kritik im Stuttgarter Gemeinderat gegen die Aufführung des Stücks »Leben und leben lassen« des britischen Gesellschaftskritikers John Arden, eine Inszenierung, für die sich auch sein Freund Siegfried Melchinger, damals

Szenenfoto aus Hans Jarays Inszenierung von Trolls Fassung der »Abenteuer des braven Soldaten Schwejk« in den Wiener Kammerspielen, 1955, mit Heinz Conrads (links) als Schwejk und Hermann Erhardt als Gendarmeriewachtmeister.

Professor für Theatertheorie an der Staatlichen Hochschule für Musik und Darstellende Kunst Stuttgart und ehemals Redakteur bei der »Stuttgarter Zeitung«, massiv eingesetzt hatte. »Diese traurigen Erfahrungen wecken in mir den Neujahrswunsch, man möge den Künstler vor politischer und moralischer Vormundschaft verschonen«, antwortet er der »Augsburger Allgemeinen«.

Von der »Franken-Post« erhielt er das »fürstliche Honorar« von 2,70 D-Mark für Artikel, die auf dem Buchungsbeleg als »Weisheiten« gekennzeichnet sind. Thaddäus Troll will sich aber nicht erinnern können, dass er eine oder gar mehrere Weisheiten von sich gegeben hätte. Er befinde sich jedenfalls mit 34 Jahren in einem Alter, wo ihm »die Wahl zwischen einem alten Burgunder und einer jungen Burgunderin immer noch etwas schwer fiele«.

Troll erarbeitete auch mehrere Bühnenfassungen von Stoffen anderer Autoren. Sieht man vom »Entaklemmer« ab, dann war seine erfolgreichste die des »Braven Soldaten Schwejk« nach dem Roman von Jaroslav Hašek. 1954 verkürzte er frühere Versionen des Theaterregisseurs und

Intendanten der Freien Volksbühne Erwin Piscator und der Schriftsteller Max Brod und Hans Reimann auf eine überschaubare Zahl von Darstellern. Sein »Schwejk« wurde am 21. März 1955 im Theater in der Josefstadt in Wien unter der Regie von Hans Jaray mit großem Erfolg uraufgeführt und erlebte ungefähr hundert Vorstellungen. Nur der Wiener jüdische Literaturkritiker und Schriftsteller Friedrich Torberg schrieb: »Nicht genug damit, dass uns die Deutschen den Hitler geschickt haben, jetzt schicken sie uns auch noch den Troll.«

Im gleichen Jahr stand das Stück auf dem Spielplan der »Komödie im Marquardt« in Stuttgart mit dem Volksschauspieler Willy

Reichert (»Häberle und Pfleiderer«) in der Hauptrolle, eine Aufführung, an die sich der spätere Landeshistoriker und von Troll als »mein Nachfolger« bezeichnete Gerhard Raff aus seiner Zeit als 14-Jähriger erinnert. Das Stück ging ferner nach Ulm, Lübeck, Freiburg im Breisgau, an die Kammerspiele in Hamburg, nach Salzburg, ans Apollo-Theater nach München und ans kleine Theater am Zoo in Frankfurt am Main. 1957 kam es unter der Regie von Willy Purucker als Hörspiel mit Willy Reichert heraus, ein Jahr später als Aufzeichnung im Fernsehen.

Die Wochenzeitung »Die Zeit« urteilte 1955 über die Aufführung der Troll'schen Bühnenfassung an den Hamburger Kammerspielen mit Manfred Inger in der Titelrolle: »In einigen Kritiken las man, Troll habe das Ganze ›auf die Ebene des Militärschwanks‹ sinken lassen. Nun, Schwejks Abenteuer sind, vom Dichter her, die großartigsten und herrlichsten Militärschwänke der neueren Zeit – will sagen: der Zeit seit Falstaff. Und Thaddäus Troll hat, das muss einmal festgestellt werden, nur reduziert, nicht ›abgeflacht‹.« Und weiter heißt es: »Was die Kritiker so verdutzt hat, war wohl das Ausbleiben der Reaktionen pro und contra im Publikum und in der Öffentlichkeit. Kein Soldatenverband erhob Protest, keine Linkspresse stieß in die Friedensfanfare. Doch sollte das Trolls Schuld sein? Liegt es nicht vielmehr darin, daß sich zwischen 1930 und 1955 die Situaton ein wenig geändert hat?« Dann geht der Kritiker, der sich hinter dem Kürzel C. E. L. verbirgt, ins Grundsätzliche: »Wen verletzt heute noch eine Satire auf den Krieg? Das soll nicht heißen, daß es überflüssig geworden sei, eine zu spielen. Aber man darf nicht mehr heiße Köpfe davon erwarten oder erhoffen. Was im ›Schwejk‹ gegen die Apparaturen des Militärs und die Verlogenheit der Kriegspropaganda gesagt wird, rennt nicht weniger offene Türen ein als das, was im ›Don Quijote‹ gegen die Extravaganzen des Rittertums vorgebracht wird. Aber wie sein dickerer Bruder Sancho Pansa ist auch Hascheks ›braver Soldat‹ infolge des Wandels der Zeiten dorthin erhoben worden, wo alles Bleibende und Gültige beisammen ist.

Linke Seite:
Der Sanssouci-Verlag änderte von Zeit zu Zeit die Gestaltung seiner Reihen. Hier der »Genesungsgruß« 1966, 1974 und 1981.

»Das Neueste von Thaddäus Troll« in der Erstausgabe 1961 ...

... und der Neuausgabe von 1970.

1930 mißverstand man ihn. Es spricht mit gegen unsere Jahre, daß heute ein Mißverständnis nicht mehr passiert.«

1965 erarbeitete Troll im Auftrag Piscators noch eine Neufassung und freute sich riesig auf die Zusammenarbeit mit dem großen Regisseur. Doch Piscator starb; es kam nicht mehr dazu.

Bereits 1950 hatte Thaddäus Troll ein neues Libretto in deutscher Sprache zu der 1874 uraufgeführten Operette »Giroflé-Girofla« des französischen Komponisten leichter Musik Alexandre Charles Lecocq verfasst. Das Stück scheint ihm auf den Leib geschrieben. Es handelt sich um eine lustige Verwechslungskomödie mit zwei spanischen Zwillingsschwestern. Sie sollen am gleichen Tag heiraten, nachdem sie von ihrem Vater an einen Bankier, von dem er Geld erwartet, und an einen maurischen Fürsten vermittelt worden sind. Als die eine entführt wird, muss die andere bei den Trauungszeremonien zweimal die Braut spielen, soll aber nicht zweimal die Hochzeitsnacht erleben.

1963 wiederum schreibt Troll zusammen mit seiner Frau Beiträge für ein Festbuch zum hundertjährigen Bestehen der Bayer AG in Leverkusen. Süffisant weist er darauf hin, als vier Jahre später die Patentabteilung der Firma seinen Bruder Erich auffordert, die Bezeichnung »Bayer« beziehungsweise »Seifen-Bayer« mit Blick auf den

Schutz als Warenzeichen zu unterlassen. Er selbst, schreibt Troll belustigt an die Firma, habe neben seinem Pseudonym schon chemisch besonders präparierten Zucker vors Fenster gelegt, damit ihm der Storch nur Töchter in die Wiege lege, »von denen zu vermuten ist, dass sie den Namen BAYER nicht missbrauchen«. Und weiter: »Ihr Standpunkt ist wahrlich eine Glosse wert.« Soll er nun etwa den Namen BAYER »in Ehren halten«, wie ihm dies die Firma Bayer AG zum Dank für den Festbuch-Artikel mitgeteilt hatte, oder ablegen? »Und was soll mein Bruder tun? Sich etwa ›Seifen-Troll‹ nennen? Aber da bekäme er es wieder mit meiner Patent-Abteilung zu tun.« Den Konflikt bereinigt am Ende der Aufsichtsratsvorsitzende der Bayer AG, Professor Otto Bayer.

Zusammen mit seiner Frau Susanne verfasst Troll auch »Das große Buch vom Essen«, eine Kulturgeschichte der Kulinaristik. Der Zürcher Sanssouci-Verlag veröffentlicht von ihm Bücher wie »Kleiner Autoknigge« oder »Theater von hinten«, die beide auch ins Niederländische übersetzt werden, ferner »Der Teufel auf Reisen«, ein »Trostbüchlein für Männer« oder ein »Lesebuch für Verliebte«, ein »Lehrbuch für Snobs« und eines »für Väter«.

Bei Kindler erscheint 1956 der Roman »Sehnsucht nach Nebudistan«, die Geschichte eines Botschafters des erfundenen Staates Nebudistan, der einen Afrika-Liebhaber und Völkerkundler aus Deutschland einlädt, den Mittelpunkt seines Lebens in diesen afrikanischen Staat zu verlegen. Zur Bedingung wird

1981 war »Das Neueste« nicht mehr neu und wurde deshalb umgetauft in »Was machen wir mit dem Mond?«

1993 gefiel auch dieser Titel nicht mehr, die erneute Neuausgabe des »Neuesten« hieß »Elefant entlaufen«.

Schutzumschlag von Trolls Roman »Sehnsucht nach Nebudistan«.

aber gemacht, dass der Völkerkundler einen »leiblichen Erben« mit nach Nebudistan nimmt. Daraus ergeben sich komplizierte Verwicklungen.

Thaddäus Troll hat diesen »heiteren Roman«, der auch stilistisch nicht zu seinen besten Erzeugnissen gehört, später als »wirr und eine Ansammlung von Feuilletons« bezeichnet. Eine überarbeitete Version erschien 1964

Cover der Originalausgabe von Trolls schlechtestverkauftem Buch, »Herrliche Aussichten«, ...

... und der 20 Jahre später erschienenen Taschenbuchausgabe.

im Sanssouci-Verlag unter neuem Titel: »Hilfe, die Eltern kommen!«. Die Taschenbuch-Ausgabe bei dtv erlebte immerhin zehn Auflagen mit deutlich über 100 000 verkauften Exemplaren.

Sehr überzeugt bekennt Troll sich dagegen zu seinem 1959 herausgekommenen Buch »Herrliche Aussichten«, einem bitterbösen Stück über eine Gruppe von Menschen, die nach dem Atomkrieg versuchen, ein neues Leben zu beginnen, und die dabei in alte Gewohnheiten fallen. Als »Worstseller« hat Thaddäus Troll das Werk bezeichnet, weil es auf eine verkaufte Auflage von gerade mal 806 Stück kam. Immerhin ist 20 Jahre später bei Goldmann auch davon eine Taschenbuchausgabe erschienen.

Die Cannstatter Schülerzeitung »Tintenfisch« wiederum druckt den Beitrag »Wir Cannstatter« ab und bittet darum, auch »Die Faulheit ist der Humus des Geistes« mitten in der Klassenarbeitszeit von Januar bis Mai veröffentlichen zu dürfen. Und Troll verfasst 1953 ein »Rotkäppchen, in amtlichem Sprachgut beinhaltet«, eine köstliche Satire auf das Bürokratendeutsch, die er zehn Jahre später unter dem Titel »Das bißfreudige Rotkäppchen« auf das Werbedeutsch erweitert.

Das Rotkäppchen auf Amtsdeutsch sollte zu einem der großen Renner von Thaddäus Troll werden, das überall abgedruckt wird und seinen Namen in der ganzen Bundesrepublik bekannt macht. Troll knüpft dabei an die von Joachim Ringelnatz 1923 mit seinem »Kuttel Daddeldu« begründete und von dem Kulturkritiker Egon Friedell fortgesetzte Tradition der »Rotkäppchen«-Parodien an. Der Kritiker Hans Ritz hat 2006 das Grimm'sche Märchen als »selten dämliche Geschichte« bezeichnet, deren Verdienst es gewesen sei, hauptsächlich Parodien und Variationen aller Art hervorzurufen.

Doch darauf kommt es Thaddäus Troll nicht an. Er benützt den alten, bekannten Stoff, um sich über die Beamtensprache lustig zu machen. Er beginnt mit dem Satz: »Im Kinderanfall unserer Stadtgemeinde ist eine hierorts wohnhafte, noch unbeschulte Minderjährige aktenkundig, welche durch ihre unübliche Kopfbedeckung gewohnheitsmäßig Rotkäppchen genannt zu werden pflegt. Der Mutter besagter R. wurde seitens ihrer Mutter ein Schreiben zustellig gemacht, in welchem dieselbe Mitteilung ihrer Krankheit und Pflegebedürftigkeit machte, worauf die Mutter der R. dieser die Auflage machte, der Großmutter eine Sendung von Nahrungs- und Genussmitteln zu Genesungszwecken zuzustellen.«

Die R. »begegnete beim Übertreten des amtlichen Blumenpflückverbots einem polizeilich nicht gemeldeten Wolf ohne festen Wohnsitz.« Und da »seitens des Wolfes Verknappungen auf dem Ernährungssektor vorherrschend waren, fasste er den Beschluss, bei der Großmutter der R. unter Vorlage falscher Papiere vorsprachig zu werden.« Dem Wolf gelang die »diesfallsige Täuschungsabsicht, worauf er unter Verschlingung der Bettlägrigen einen strafbaren Mundraub zur Durchführung brachte.« Und gegen Ende des Stücks, als der »Waldbeamte B.« Schnarchgeräusche »und deren Urheberschaft seitens des Tiermaules festgestellt« und »bei seiner vorgesetzten Dienststelle ein Tötungsgesuch« eingereicht hatte, heißt es: »Durch die unverhoffte Wiederbelebung bemächtigte sich beider Personen ein gesteigertes, amtlich nicht zulässiges Lebensgefühl, dem sie durch groben Unfug, öffentliches Ärgernis erregenden Lärm und Nichtbeachtung anderer Polizeiverordnungen Ausdruck verliehen, was ihre Haftpflichtmachung zur Folge hatte.«

Linke Seite: »Der himmlische Computer« in der bibliophilen Erstausgabe (Eremiten-Presse, 1974/75), der normalen Verlagsausgabe (Hoffmann und Campe, 1978) und der Taschenbuchausgabe (dtv, 1985).

Eleonore Lindenberg hat die missbräuchliche Wanderung dieses ungewöhnlich populären Stücks durch die Gazetten nachgezeichnet. Mitte der sechziger Jahre tauchte das erste Plagiat unter einem anderen Pseudonym in einer Zeitschrift auf. Ein Leser hatte gemeint, das »Rotkäppchen« als Leserbrief weiterleiten zu müssen. Sein Name sei dabei versehentlich als Pseudonym verwendet worden. 1974 tauchte es dann in der »Zeitschrift für Strafvollzug« ohne Nennung des Urhebers auf. Von dort wanderte es mit wechselnden Titeln in die »Süddeutsche Zeitung«, unter dem Titel »Fachsprache Justiz« in ein »Arbeitsbuch für den Deutsch-Unterricht« und am Ende in mehrere Rundfunksendungen und in das Unterrichtsmaterial einer Bremer Verwaltungsschule. Von all diesen Organen und Stellen hat Thaddäus Troll trotz Nachfragen nie ein Honorar bekommen.

Einen anderen Thaddäus Troll, nämlich einen bitterbösen, den Zyniker, lernen wir in der Glosse »Wieviel ist der Mensch wert?« von 1964 kennen. Troll geht darin von einem Chemiker aus, der den Wert des Menschen anhand von Zellulose, Eiweiß und Kalk auf »ungefähr 30 Mark« schätzt. Und er gibt eine tatsächlich überlieferte »Rentabilitätsberechnung« für einen Juden in Auschwitz wieder: »Täglicher Verleihlohn 6 Mark, abzüglich 60 Pfennig für Ernährung und 10 Pfennig für Bekleidungs-Amortisation. Durchschnittliche Lebensdauer: 9 Monate, macht 431 Reichsmark. Dazu ›Erlös‹ aus rationeller Verwertung der Leiche (Zahngold, Kleidung, Wertsachen, Geld) 200 Mark, abzüglich 2 Mark Verbrennungskosten, macht 1629 Mark.« Am Ende berechnet er den Wert eines Menschen »aus den Kosten eines Krieges, geteilt durch die Anzahl der Gefallenen. Demnach ist dieser Wert im Lauf der Geschichte enorm gestiegen«. Von Cäsar, als der Mensch noch 3 Mark wert gewesen sei, hat sich der Wert über Napoleon (10 000 Mark), den Ersten Weltkrieg (85 000 Mark), den Zweiten Weltkrieg (200 000 Mark) bis zum »toten Vietcong« gesteigert, der die Amerikaner 1,4 Millionen Mark gekostet habe. Am Ende kommt

Troll zu dem Schluss, dass die Wasserstoffbombe »im Gegensatz zur entrahmten Frischmilch billiger und ihre Wirkung stärker« geworden sei. Und so schließt er nachgerade sarkastisch: »Es ist beruhigend zu wissen, dass wenigstens diese Ziffer den inflatorischen Trend der Lebenshaltungskosten auf der ganzen Welt nicht mitmacht.«

1962 veröffentlicht Thaddäus Troll bei Sanssouci ein »Lehrbuch für Snobs, herausgegeben, kommentiert und mit Fußnoten versehen von Dr. Hans Bayer und Isabell Bayer«. Die Zeichnungen liefert der Schweizer Grafiker Fredy Sigg. Isabel ist zu dieser Zeit erst acht Jahre alt »und nur stockenden Lesens und krakelnden Schreibens kundig«. Da, so heißt es weiter, »der Herausgeber jedoch im Umgang mit dem Verfasser und der Materie dieses Lehrbuchs derartig angesnobt ist, dass er meint, das Buch werde ein Bestseller, wiegt er sich in der Hoffnung, dass seine Tochter Isabell nach stattgehabter Volljährigkeit gegen ihren Vater um die Rechte (iura, nicht dextra = *Recht, nicht rechts*) an diesem Buch klagen wird. Der allfalsige Prozess, vermutet der Herausgeber, wird ein solches Aufsehen erregen, dass eine Neuauflage dieses Lehrbuchs und seine Aufnahme in den Schulbuchbestand unumgänglich sein werden.«

1969 schließlich – Thaddäus Troll hatte mit seinem Eintreten für Gustav Heinemann als Bundespräsident und dem Beitritt zur SPD-Wählerinitiative sein öffentliches politisches Engagement begonnen – trat Töchterchen Isabel in den Schülerrat ein und hängte im Jugendzimmer Plakate von Karl Marx und Friedrich Engels auf, die sie in Ost-Berlin erstanden hatte. »Die Jüngste, bis dahin ein fast unheimlich lenksames Musterkind, wie wir es sicher gar nicht verdient haben, hat sich plötzlich zu einem sehr widerspenstigen Wesen entwickelt«, schreibt Hans Bayer einer Bekannten in der DDR. Damit beginnt die Auseinandersetzung mit der eigenen Tochter, der studentischen Jugend und damit beginnt auch die neuerliche Rückbesinnung von Thaddäus Troll auf seine eigene Jugend.

Seite 116–121: Bilder vom Landhaus in Hinterrohrbach im Schwäbischen Wald, das sich Bayers 1959 gebaut haben.

Linke Seite oben: Diese Jagdhütte in Rohrbach hat die Familie vor dem Bau des eigenen Hauses genutzt.

Darunter: Das Haus in Hinterrohrbach vor dem Verkauf, 2004.

Diese Seite: Mit Hilfe ihres Mannes übt Susanne Bayer Kopfstand, April 1961. In Hinterrohrbach gab's dafür viel Platz und keine neugierigen Nachbarn.

Unter dem lampenschirm-ähnlichen Strohhut: Tochter Eva-Suzanne, genannt »Ev«, 1961.

Thaddäus Troll, der humorvolle Feuilletonist

Abend in Hinterrohrbach. Am Tisch links die Töchter Isabel (hinten) und Manuela, in der Mitte Troll, rechts Susanne Bayer. Aufnahme für die Zeitschrift »Schöner wohnen«.

In Hinterrohrbach; Manuela (links), Hans und Isabel üben, wie man schmollt. Etwa 1962.

Rechts: Trolls Eltern am Tag von Manuelas Konfirmation in Hinterrohrbach, 24. März 1963.

Thaddäus Troll, der humorvolle Feuilletonist

Troll und Frau, die Rosengärtner. Hinterrohrbach, Juli 1978.

Thaddäus Troll, der humorvolle Feuilletonist

Rechte Seite:
In den 60er Jahren war bedrucktes Toilettenpapier der letzte Schrei. Einen Abschnitt mit einem unfreiwillig komischen Zitat aus einem seiner Artikel hat Hans Bayer in sein Hinterrohrbacher Hüttentagebuch geklebt. Sein Kommentar: »So tief ist man gesunken!«

In dem Feuilleton »Revolution im Kinderzimmer« schildert er auf seine ironische Art die Ereignisse der damaligen Zeit. Als sich nämlich die arbeitende Medizinstudentin und ältere Schwester als »reaktionäre Ziege, repressive Gans und autoritärer Strukturfehler« entpuppt, entwickelt sich folgendes Gespräch zwischen Isabel und ihrem Vater:

»Sag mal, wie warst denn du so in meinem Alter?«

»Da war ich ein Gammler. Ich war jugendbewegt. Wir trugen unseren Adamsapfel frei und gelobten, den Hals nie im Leben mit Schlips und Kragen einzuengen und niemals unsere Beine in lange Hosen zu manipulieren. Nur daß wir uns gewaschen haben, unterschied uns von den richtigen Gammlern.«

»Klasse, und wie lange tatet ihr das?«

»Bis uns die Mädchen in der Tanzstunde umfunktioniert haben.« Er sei natürlich Kommunist gewesen, »aber wahrscheinlich nur, um den Vater zu ärgern«.

Troll beim Leeren der Güllegrube in Hinterrohrbach, 1963.

Thaddäus Troll, der humorvolle Feuilletonist

So toll ist man gesunken!

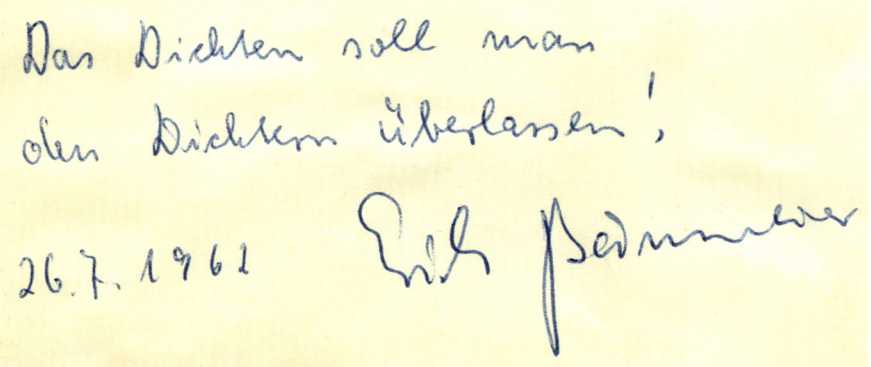

»Das Dichten soll man den Dichtern überlassen!«, Eintrag des Verlegers Erich Bärmeier (Bärmeier & Nikel) im Hinterrohrbacher Hüttentagebuch, 26. Juli 1962. Bärmeier hatte mit Troll Gespräche über dessen Beteiligung an der neu gegründeten satirischen Zeitschrift »Pardon« geführt.

Rechte Seite: Troll mit Tochter Isabel, ca. 1967.

Und als Korporationsstudent?

»Durch stumpfsinniges Biersaufen waren wir ziemlich ausgeflippt. Und statt mit der Polizei schlugen wir uns gegenseitig. Mit Schläger und Säbel.« Geblutet hätten sie »wie Rocker nach der Straßenschlacht«.

Darauf die Tochter: »Toll, wie sich der Mensch entwickelt. Damals warste ja direkt ein prima Radikaler. Und heute gehörst du zum Establishment! Meinst du, das ginge uns auch so?«

»Ich ließ die Frage lieber offen«, bemerkt Troll in seinem Feuilleton.

Offen ließ Thaddäus Troll aber die Frage nach seiner eigenen Vergangenheit nicht. Von nun an, so berichtet Isabels Schwester Manuela, habe er sich wieder eingehend mit seinem Einsatz als Kriegsberichter beschäftigt und die Gewissensbisse hätten ihn zu plagen begonnen. Je genauer Isabel nachfragte, desto intensiver tauchten die Fragen nach der Haltung der Jugend im »Dritten Reich« auf, nach seinem eigenen Versagen. Er hatte erkannt, dass das Übersetzen des Ernsten ins Heitere auch ein Drüberhinwegschreiben sein konnte. Nur so ist das Bekenntnis zu seiner Vergangenheit in seinem Nachruf zu erklären. Nun stellt er sich offen an die Seite der rebellierenden studentischen Jugend, kämpft mit Heinrich Böll für Toleranz und muss sich deshalb als »Sympathisant« der RAF-Bande beschimpfen lassen.

Im Mai 2013 überraschte der »Spiegel« mit der Mitteilung, Hans Bayer alias Thaddäus Troll habe nach Angaben des Bundesnachrichtendienstes (BND) in den 50er Jahren dem BND als »Quelle« gedient. Die Angaben sind allerdings nicht sehr präzise und erscheinen auch nach der generellen Haltung Trolls unwahrscheinlich. Der BND selbst spricht davon, dass Hans Bayer in den BND-Akten »in nicht nachvollziehbarer Weise« als »Quelle« bezeichnet werde. Eine nachrichtendienstliche Beziehung könne »nicht belegt werden«. Möglicherweise, so schließt der »Spiegel«, könnte Thaddäus Troll ohne sein Wissen vom BND abgeschöpft worden sein.

Allerdings gibt es auch einen Vermerk von 1962, wonach Dr. Hans Bayer über einen ehemaligen Kollegen berichtet habe, der »intensive Verbindungen« zur DDR gepflegt habe und für einen »Salonbolschewisten« zu halten sei. In einem zweiten Dokument behauptet Bayer, der »Bravo«-Verleger Helmut Kindler habe ihn, Bayer, 1944 beim Sicherheitsdienst, dem Geheimdienst der SS, denunziert. Bayer soll auch erzählt haben, dass er zusammen mit Kindler in derselben Einheit gedient habe. Das ist zutreffend, weil Bayer und Kindler in Warschau Kriegsberichterstatter waren. Das Jahr 1944 kann aber nicht stimmen, weil da Kindler schon in Gestapo-Haft saß. Der »Spiegel« illustriert seine Geschichte mit einem Foto, das Thaddäus Troll bei der Delegiertenkonferenz des Schriftstellerverbandes 1970 in Berlin zeigt. Und ein Zerwürfnis mit Kindler ist ebenfalls nicht denkbar, zumal Thaddäus Troll seinen Roman »Sehnsucht nach Nebudistan« im Kindler-Verlag veröffentlicht.

Was verwundert, ist die Tatsache, dass in seinen vielen Feuilletons, Glossen und anderen Beiträgen bis Ende der 60er Jahre kaum Politisches aufscheint. Das lässt umso mehr erstaunen, als Thaddäus Troll sich schwer tat mit der Aufarbeitung seiner Vergangenheit und der Vergangenheit Deutschlands in den Jahren 1933 bis 1945. In seinen frühen Texten finden sich keine politischen Einlassungen wie in späteren Zeiten, da er sich über den

Mit Tochter Isabel in den Fernsehstudios des Süddeutschen Rundfunks bei der Aufzeichnung der Sendung »Omnibus« im Jahr 1969.

Einfluss des CDU-Ministerpräsidenten Hans Filbinger auf die Medien empört, oder ab 1969, als er in der SPD-Wählerinitiative für die Partei Willy Brandts wirbt. Davor lässt ihn die politische Entwicklung in Deutschland offenbar ziemlich kalt. Zwar textet er für das Kabarett »Kom(m)ödchen«, aber er bleibt Feuilletonist. Er schreibt nicht über den Wiedereinzug alter Nazis in Bürokratie und Justiz, nicht über die Wiederbewaffnung und Atomrüstung – alles Entwicklungen, die einen Liberalen wie Thaddäus Troll eigentlich mächtig hätten aufregen müssen.

Auch über seine Erlebnisse im Krieg schweigt er sich im wesentlichen aus. Dabei müsste er nicht in Konflikt mit seiner sprichwörtlichen Heiterkeit kommen. Denn in seinem eigenen Nachruf hat er ja postuliert, dass ernste Dinge auch ins Heitere übersetzt werden können. Hat es damit zu tun, dass er sich seiner Vergangenheit schämt oder dass er glaubt, solche Beiträge verkauften sich nicht? Wir wissen es nicht. Der politische Mensch Thaddäus Troll erscheint jedenfalls erst nach der Begegnung mit Günter Grass.

Auch als in Frankfurt von 1963 bis 1965 der große Prozess gegen die untergetauchten Wärter im Konzentrationslager Auschwitz lief, beobachteten und schrieben viele Schriftsteller über die grauenhaften Details, die da zum Vorschein kamen. Günter Grass, Marie Luise Kaschnitz, Robert Neumann, Kasimir Edschmid, Günther Anders oder Martin Walser erhoben da ihre Stimme. Von Thaddäus Troll war nichts zu hören. War er der Meinung, eine Stellungnahme zu diesen Ereignissen passte nicht zu seinem Image als heiterer Feuilletonist? Oder musste das politische Bewusstsein des Thaddäus Troll erst noch aus dem Betäubungsschlaf wachgerüttelt werden, der es nach dem Krieg befallen hatte?

Ganz anders dagegen sein Freund und schriftstellerisches Vorbild, der Lyriker und Romancier Walter Bauer (1904–1976) aus Halle/Saale. Bauers Arbeiten vor 1933 waren von den Nazis verboten worden, doch durfte er seltsamerweise weiter veröffentlichen. Hans Bayer hatte den um zehn Jahre älteren Lehrer und Studenten während seines Studiums in Halle/Saale auf dem Hof Gagert aufgesucht, weil dessen erste Frau Cläre Fromme geb. Dautel mit Bayers Mutter bekannt war. Noch 1973 schrieb Thaddäus Troll zu Weihnachten einen Brief an sie und berichtete über den Gesundheitszustand seiner Mutter.

Bauer hatte damals schon engen Kontakt mit Ernst Wiechert und anderen Schriftstellern. 1937 waren Bayer

Cover der Originalausgabe von »Fallobst« ...

... und der Taschenbuchausgabe bei dtv.

und Bauer gemeinsam bei einer Exkursion in Florenz und sprachen immer wieder über Fragen der Literatur. Bauer hat später wie Hans Bayer bei der Wehrmacht gedient und kam in amerikanische Kriegsgefangenschaft. 1949 heiratete er zum zweiten Mal und zog nach Stuttgart, wo Thaddäus Troll und Bauer wieder Kontakt aufnahmen. Auch diese Ehe wurde 1952 geschieden. Desillusioniert über die gesellschaftliche Entwicklung der jungen Bundesrepublik, beschloss Bauer in der Folge, Deutschland zu verlassen. Im September 1952 wanderte er nach Kanada aus.

Von dort aus veröffentlichte er weitere zwei Dutzend Bücher bei deutschen Verlagen; sein Freund Otto Röder gab postum noch den Briefband »Liebe zu Deutschland heißt Leiden an Deutschland« heraus. Bauer war tief getroffen von seinen Erlebnissen im Krieg und schrieb schon 1942 die Erzählung »Hahnenschrei«, in der er den Ruf, nicht mehr vagabundierender Hauslehrer zu sein, sondern freier Schriftsteller zu werden, als »Morgenröte« erkannte.

Seine Gedanken über diesen Schritt legte er 1951 dem Kriegsheimkehrer Scherer in seinem autobiografischen Roman »Besser zu zweit als allein« in den Mund: »Ich will nicht mehr schwindeln, ich will nichts mehr sagen, was ich nicht für wahr halte. Ich kann Kindern nichts mehr vormachen ... Und dann die Kollegen. Es sind dieselben. Dieselben werden es sein, und nun werden sie das Gegenteil von dem reden, was sie gepredigt haben. Ich habe das alles zu lange mitgemacht – sechs Jahre – und vorher. Aber jetzt? Nein.«

Solche Gedanken waren bis dahin bei Thaddäus Troll nicht zu finden. Er hielt allerdings noch lange den brieflichen Kontakt mit Bauer und nach dessen Tod mit seiner Witwe aufrecht, jedoch beschränkte er sich in der Korrespondenz auf schriftstellerische und menschliche Fragen. Und Auswandern kam für den leidenschaftlichen Cannstatter sowieso nicht in Frage.

Auch einer von Trolls Lieblingsschriftstellern, der Kompaniearzt an der Ostfront Curt Emmrich (1897–1975), der unter dem Pseudonym Peter Bamm veröffentlichte, hatte sich anders entschieden. Schon 1952 verteidigte er in seinem Bestseller »Die unsichtbare Flagge« zwar die eigenen Aktivitäten und die seiner medizinischen Gehilfen im Lazarett, räumte jedoch ein, dass es an der Ostfront Gerüchte gab, wonach etwa in Nikolajew die jüdischen Einwohner von den »Anderen« zusammengetrieben und in einem Panzergraben ermordet worden seien. »Wir hörten davon durch Gerüchte, die wir erst nicht glauben wollten, aber schließlich glauben mussten. Ein Offizier vom Stabe des Armeeführers hatte die Szene photographiert.«

Sein literarisches Credo hat Troll einmal im Süddeutschen Rundfunk bekannt: Zwar fühle er sich hin und wieder als »geheimer Weltverbesserer«. Aber literarische Absichten verfolge er nicht. »Ich möchte einfach unterhalten«, »das Ernste ins Heitere übersetzen«, gewiss nicht seicht, aber »bewusst will ich gar nichts«.

Linke Seite: Troll signiert eines seiner Hyperion-Bändchen, Albertsche Buchhandlung, Freiburg im Breisgau 1977.

Thaddäus Troll, der schwäbische Schriftsteller

Es war wohl im Jahr 1966, als Albrecht Knaus vom Hoffmann und Campe Verlag auf Thaddäus Troll mit dem Vorschlag zukam, ein Buch über den Charakter der Schwaben zu schreiben. Die Serie »Deutschland deine ...« war gerade mit Dieter Wildts Buch über die Sachsen eröffnet worden. »Deutschland deine Preußen« war in Arbeit, Ausgaben über die Bayern, Hessen und Ostpreußen, die Österreicher, Pommern, Schlesier, Franken, Pfälzer, Sachsen, Schleswig-Holsteiner, die Niedersachsen, Westfalen, Berliner, Rheinländer und, ganz zum Schluss, die Badener sollten bis 1975 folgen.

Albrecht Knaus war 1956 zum »Tisch der Dreizehn« gestoßen. Er war damals Verlagsleiter beim Scherz & Goverts Verlag in Stuttgart, einer Tochter des Berner Scherz Verlags und des Hamburger Goverts Verlags, ging jedoch bald darauf zum Propyläen Verlag nach Berlin und wechselte 1966 als Verlagsleiter nach Hamburg zu Hoffmann und Campe.

»Deutschland deine Schwaben«? Thaddäus Troll lehnte zunächst unwirsch ab. »Ich bin doch kein Heimatschriftsteller!«, will er seinem ehemaligen Stammtischbruder

»Deutschland Deine Schwaben geschrieben vom 13. Januar – 27. April«, Eintrag von Thaddäus Troll in seinem Hinterrohrbacher Hüttentagebuch, 1967.

Rechte Seite:
Troll signiert in der Dorn'schen Buchhandlung in Ravensburg ein Gebirge aus »Deutschland deine Schwaben«.

erwidert haben. Dabei dachte er wohl an die vielen älteren Kollegen wie August Lämmle (»Schwäbisches und Allzuschwäbisches«), Hans Reyhing (»Der tausendjährige Acker«) und andere volkstümelnd romantisierende Autoren, die das Schwabenland als Idyll weihevoll beschrieben hatten. Das Regionale empfand Troll als unseriös, und es war ja auch historisch vorbelastet aus einer antipreußischen Gegenbewegung nach der Gründung des Deutschen Reiches 1871 und vor allem durch die Blut-und-Boden-Ideologie der NS-Zeit. Außerdem klang es nach Provinzmief. Mag sein, dass es der uralte Minderwertigkeitskomplex der Schwaben war, der Troll zögern ließ – vielleicht auch die regelmäßigen Einwände seiner Brandenburger Gattin, wenn er »schwäbische Allüren« an den Tag legte.

Aber innerhalb einer schlaflosen Nacht, so erinnert sich Thaddäus Troll, hat er sich umbesonnen. »Ja, ich schreibe das Buch«, teilte er in Hamburg mit. Diese Entscheidung hatte für ihn unabsehbare Auswirkungen. Von nun an wurde

»Deutschland deine Schwaben« erlebte viele Ausgaben und Auflagen. Rechts die Taschenbuchausgaben bei Rowohlt von 1970 und 1982, unten mit gelbem Umschlag die 1978 erschienene Überarbeitung »... im neuen Anzügle«. Für die Neuausgabe der Neuausgabe (2007) wurde die Umschlagzeichnung der Erstausgabe mit den Sieben Schwaben übernommen.

Thaddäus Troll für die restlichen 13 Jahre seines Lebens zum »schwäbischen Schriftsteller« schlechthin. Und weil das Buch von Anfang an ein Riesenerfolg war, stellte er sich ganz auf die neue Rolle um.

Zunächst erschrak er aber, als der Verlag eine Erstauflage in Höhe von 12 000 Exemplaren ansetzte. Das war zwar deutlich mehr als bei Dieter Wildts »Deutschland deine Sachsen« (5000) oder auch bei den »Preußen« (10 000), dennoch: Nach dem Erscheinen im Herbst 1967 war die erste Auflage im Nu vergriffen. Der Verlag druckte 8000 Stück nach, dann noch einmal 5000, dann noch 11 000, dann noch 8000 – alles noch vor Weihnachten. Dieses vorsichtige Herantasten an die schwäbischen Leser sollte sich als grandioser Irrtum erweisen. »Es war furchtbar«, erinnerte sich Verlagsleiter Albrecht Knaus, »die Druckerei

Thaddäus Troll auf Reisen, 1978.

kam nicht mehr nach. Wir haben pausenlos produziert.« Ein Stuttgarter Buchhändler weiß noch, dass an einem Tag an die hundert Exemplare über den Ladentisch gegangen sind.

Manche ältere Landsleute erinnern sich, dass an Weihnachten 1967 »Deutschland deine Schwaben« gleich fünfmal auf ihrem Gabentisch lag. Doch dem Erfolg tat dies keinen Abbruch. Troll unterstützte ihn mit Lesungen und Auftritten im ganzen schwäbischen Sprachraum und darüber hinaus. 1978 verpasste er dem Buch noch ein »neues Anzügle«, indem er Korrekturen, Hinweise und Ergänzungen von Lesern einarbeitete und das Buch mit Randbemerkungen versah. In den vergangenen 46 Jahren sind insgesamt 45 Auflagen von »Deutschland deine Schwaben« in fünf Verlagen erschienen, zusammengezählt wurden mehr als 600 000 Stück verkauft.

Troll hat das Buch selbstkritisch vier Jahre später beschrieben: »Andere Arbeiten, in denen seine Selbstkritik nur mäßiges Talent zu erkennen vermochte, wurden zum Longseller ... Er [der Longseller] brachte ihm ein stattliches Honorar ein, welches das Finanzamt dezimierte, weil er ja, obwohl steuerrechtlich ein Unternehmer, nicht investieren konnte; er brachte ihm viele neue Freunde und die Erkenntnis ein, dass Erfolg und Leistung nicht proportional seien. Er bestätigte ihm in der Folge die Wahrheit der schwäbischen Volksweisheit: ›Der Teufel scheißt halt bloß auf gedüngte Äcker.‹ Er brachte ihm Publicity und die Erfahrung bei, dass auch die Öffentlichkeit nicht nach Leistung, sondern nach Erfolg misst, und nährte seine Skepsis, denn, so dachte er, ich habe doch vor diesem Bestseller auch nicht schlechter geschrieben. Er erlaubte ihm, Komfort und Reisen zu kaufen und sich als Funktionär Zeit für seine Kollegen zu nehmen.«

»Deutschland deine Schwaben« ist ein selbstkritisches Buch. Troll zeigt die Schwächen der Schwaben auf, aber auch ihre Stärken. Troll schreibt über das Bäuerliche ebenso wie über die »Herren«, nennt dieses Völklein von »Individualisten, Eigenbrötlern, Käuzen, Bruttlern,

Sinnierern und Sektierern« unbequeme Untertanen, die angeblich nur einen Herrn über sich duldeten: Gott. Er widmet den Pietisten im Land, die er ja in seiner Jugend ausreichend kennen gelernt hatte, ebenso kritische Sätze wie dem Verhältnis des Schwaben zum »Sach«, also den materiellen Besitztümern. Er meditiert über den schwäbischen Sex und wendet sich dem gespannten Verhältnis der Schwaben zu den Musen zu. Was das Schreiben über Sex betrifft, so hat ihn sein Freund aus dem Rotary-Club Ludwigsburg, der katholische Pfarrer Hans Paul (von Kommilitonen, Freunden und in der Familie Bayer stets »Jean Paul« genannt) aus Oppenweiler, gewarnt: »Das ist aber eine schwierige Aufgabe.«

Troll kommt an einigen Schwaben-Klischees nicht vorbei, verfällt aber nicht in die Litanei früherer Schwaben-Schriftsteller, die einen Stammescharakter seit der Völkerwanderung hatten herausdestillieren wollen. Dabei war Schwaben doch spätestens im Dreißigjährigen Krieg zur Hälfte entvölkert und erst durch Einwanderer wiederbelebt worden. Zehn Prozent der Schwaben waren seither Schweizer Abstammung. Allein eine Million Flüchtlinge aus den Ostgebieten siedelten sich nach 1945

»Wirtschaften, in denen man noch Gast ist, kein zahlender Kunde«, pries Thaddäus Troll in »Deutschland deine Schwaben«. Hier kehren der Schauspieler Oscar Heiler (links) sowie Troll und Susanne Bayer bei Helmut Klenk (mit Krawatte) ein, dem Wirt in Großerlach-Grab. 1979.

in Württemberg an, das war ein Drittel der damaligen Bevölkerung. Weil die Flüchtlinge sich erst zurechtfinden mussten, haben sie und nicht allein die Ansässigen viel dazu beigetragen, das »Tüftlertum« in Baden-Württemberg zu entwickeln. Sie mussten sich ja als »schaffig« zeigen, um anerkannt zu werden.

Was das Sparen als angeblich typisch schwäbische Eigenschaft anbetrifft, hält sich Thaddäus Troll freilich nicht zurück. Der Tübinger Kulturwissenschaftler Utz Jeggle hat indessen nachgewiesen, dass beispielsweise 1913 die Sparquote in Baden, Sachsen und im ganzen Deutschen Reich wesentlich höher lag als in Württemberg. Genaugenommen ist die Sparleidenschaft den Schwaben auch nicht angeboren, sondern das Ergebnis der Gründung der Sparkassen in Württemberg im Jahr 1818 durch die beliebte Königin Katharina (1788–1819). Im Gegensatz zum strengen Luthertum duldet der schwäbische Pietismus wie der Calvinismus auch die Berechnung von Zinsen, soweit sie nicht gegenüber Verarmten oder gegenüber nahen Verwandten erhoben werden.

Die Eigentumsquote bei Immobilien, also das »Häusle-Bauen«, ist in Baden-Württemberg ebenfalls nicht spitze. Zwar liegt das Land mit 49 Prozent um sechs Punkte über dem Bundesdurchschnitt, aber immer noch niedriger als Rheinland-Pfalz oder das Saarland mit jeweils 54 Prozent. Holland hat sogar eine Eigentumsquote von 65 Prozent. Was das »Schaffe« betrifft, so ist diese Eigenschaft wohl eine jüngere Entwicklung aus der Zeit der Industrialisierung Württembergs unter dem Wirtschaftsförderer Ferdinand von Steinbeis (1807–1893). Er hat beschrieben, wieviel Mühe es ihm anfangs bereitet hat, die Schwaben zur regelmäßigen Arbeit an- und sie davon abzuhalten, ihren Wochenlohn gleich ins Wirtshaus zu tragen. Anders als in Baden setzte die industrielle Entwicklung Württembergs auch erst nach der Jahrhundertmitte ein. Die offizielle Wirtschaftspolitik legte das Schwergewicht nach wie vor auf die Landwirtschaft, was schlimme Wirtschaftskrisen und Auswanderungswellen auslöste.

Die Familie beim Hausbau in Hinterrohrbach, 1959.

Auch mit den guten Sitten war es nicht immer zum Besten bestellt. »Die Liebe zum Trunk [ist] das Hauptlaster der Bauern dieser Gegend«, meldete ein Tübinger Pfarrstudent vor 200 Jahren, »denen man mäßigen Genuss des stärkenden Weins so wohl gönnen müsste, weil ihre Lebensart im übrigen hart, rauh und diß ihre einzige Erholung ist und noch mehr seyn würde, wenn sie nicht durch Übermaß ganz ihre guten Wirkungen mit üblen zu verwechseln pflegten«. Noch in der Beschreibung des Königreichs Württemberg von 1884 wurde geklagt: »Das Wirtshaus ist unzweifelhaft ein großer Faktor und die Anziehungskraft desselben eines der größten Hindernisse für ein rasches Anwachsen des Volkswohlstandes.«

Die Beschwörung eines klischeehaften Stammescharakters war im Wesentlichen die Frucht der staatlichen Einigungsbemühungen nach 1806. Württemberg war durch die Bestimmungen des Reichsdeputationshauptschlusses und des Friedens von Pressburg in kürzester Zeit auf das

Doppelte seiner Größe angewachsen. Hohenlohe, das ehemals vorderösterreichische Oberschwaben, Klostergebiete, Rittergüter und Reichsstädte mussten in den neuen Staat integriert werden. Damals schickte sich der Geograf Johann Daniel Georg von Memminger (1773–1840) an, im Auftrag des Königs das Wesen der Schwaben in seinen Oberamtsbeschreibungen herauszuarbeiten. Jetzt konnte der Autor Christian Gottlob Barth 1842 in seiner Landesbeschreibung (»Die Geschichte Württembergs«) behaupten, es gebe nur zwei gelobte Länder auf dieser Welt: »Canaan und Württemberg«. Einen neuen Schub auf der Suche nach einem Volkscharakter gab es nach der deutschen Einigung von 1871, als sich die Schwaben in der Distanzierung zu der preußischen Übermacht ihres regionalen Charakters besonders bewusst wurden.

Thaddäus Troll bedient auch manche Klischees, aber er ergibt sich ihnen nicht. Schwäbisch ist für ihn, was er im Schwabenland antrifft, wer schwäbisch schwätzt, also auch die Leute im bayerischen Schwaben um Augsburg, von Kempten im Süden bis Nördlingen im Norden. Er zählt also Bertolt Brecht aus Augsburg und den Heimatschriftsteller Ludwig Ganghofer (»Der Jäger von Fall«) aus Kaufbeuren dazu und nennt Bayrisch-Schwaben das größte von Schwaben »besetzte« Gebiet außerhalb Württembergs. Nichtschwaben aber sind die Bewohner der fränkischen Gebiete Württembergs – also zwischen Brackenheim, Crailsheim und Bad Mergentheim –, während Troll die Verwandtschaft der Schwaben mit den Alemannen im Schwarzwald, am Hoch- und am südlichen Oberrhein zugesteht. Ist es doch nur »eine kleine Lautverschiebung«, die Alemannen von Schwaben unterscheidet – auch wenn die Südbadener das anders sehen mögen.

Troll beschreibt den aktuellen Zustand, ergänzt mit vielen charakteristischen Zitaten und Sprüchen, und vermeidet es im Allgemeinen, die Wurzeln schwäbischer Eigenschaften bei den Römern oder Kelten zu suchen. Nur bei den Frauen wird er sich mal untreu: In manchem Gesicht vermutet er römische oder gar keltische Züge.

Lächelnd lehnt sich Troll an die Brust einer verführerischen Riesin. Schweden, 1955.

An der schwäbischen Kehrwoche kommt Thaddäus Troll natürlich nicht vorbei. Immerhin entstammt sie einer berüchtigten Verordnung der Stadt Stuttgart aus dem 15. Jahrhundert. Darin ist festgehalten, dass »jeder seinen Mist alle Wochen hinausführen [soll], jeder seinen Winkel alle vierzehn Tage, doch nur bei Nacht, [soll] sauber ausräumen lassen und an der Straße nie einen anlegen. Wer kein eigenes Sprechhaus [gemeint ist der Abort] hat, muss den Unrath jede Nacht an den Bach tragen.«

Ob die Kehrwoche aber eine ausschließlich und deshalb typisch schwäbische Einrichtung ist, muss doch bezweifelt werden. Zwar stammt die Reinlichkeitsordnung in anderen Regionen vielleicht nicht von der Obrigkeit. Aber in Hausordnungen von Mietshäusern ist sie bis zum heutigen Tage durchaus zu finden. So stammen auch die

meisten Gerichtsurteile zur Kehrwoche nicht aus Schwaben, sondern aus beiden Frankfurt, aus Dresden oder Köln.

Tatsächlich stimmt Trolls Schwabenbild nicht immer mit der Wirklichkeit überein. 1975 konfrontierte ihn der Demoskop Hermann Sand in seinem Büchlein »Warum sind die Schwaben anders, Thaddäus Troll?« mit Meinungsumfragen. Mehrfach bäumte sich Troll auf: »Das stimmt nicht.« Aber die Umfragen sprachen gegen ihn. So beispielsweise, dass schwäbische Frauen zu 29 Prozent, im Vergleich zu bundesweit nur 27 Prozent, Ratschläge von anderen Frauen über Putzmittel annehmen. Oder dass die angeblich so sparsamen Schwaben mehr Schuhe und Freizeitkleidung besitzen als die übrige Bevölkerung in der alten Bundesrepublik. Troll hatte auch dies anders beschrieben. Deshalb stellt sich die Frage: Hat Thaddäus Troll nicht genau genug beobachtet oder stimmen die Ergebnisse der Umfragen nicht?

Getäuscht hat sich Troll zumindest bei der Herkunft des Wortes »Gaisburger Marsch« für den berühmten schwäbischen Eintopf mit Spätzle, Kartoffeln und Rindfleisch. Der Begriff stammt nicht, wie Troll vermutet, von Gaisburger Offiziersanwärtern, die außerhalb der Kaserne zum Mittagstisch marschierten. Vielmehr hat ihn ein einfacher Gaisburger Bäckermeister namens Schmid von der »Bäckerschmide« erfunden, der das Gericht in einer gereimten Anzeige unter diesem Begriff anbot.

Weitere Widersprüche tauchen auf. Der These, wonach der Schwabe erst mit 40 gescheit werde, was Troll auf einen »längeren Reifungsprozess« zurückführt, steht gegenüber, dass damals immerhin neun Prozent der Schwaben unter 40 Jahren Abitur oder Hochschulabschluss hatten (bundesweit nur fünf Prozent). Und die Behauptung, die Schwaben werkelten ständig an ihrem »Häusle« herum, deckt sich nicht mit den Umfragen: Nur 18, hingegen bundesweit 24 Prozent machen das selbst, auch bei allein ausgeführten Gewerken wie Elektro, Sanitär, Glaserei, Maurer, Maler oder Tischler sind die Schwaben weit zurückhaltender als die Deutschen insgesamt.

Dass das Buch dennoch ein Riesenerfolg wurde und Thaddäus Troll zum schwäbischen Schriftsteller machte, beschreibt er in der überarbeiteten 19. Auflage von 1978: »Dieses Buch ... wurde von einer Welle der Besinnung auf die Heimat, von der Nostalgie, von der Renaissance der Dialekte getragen. Andererseits wirkte es auch als Eisbrecher gegen die immer mehr abstrahierende, sterile, technisierte, in den Massenmedien austrocknende, in Zeitungen wie ›Bild‹ verramschte Hochsprache. ... Dieses Buch hat das Sprachbewußtsein der Schwaben wieder geweckt und dem Landsmann sprachliches Selbstbewußtsein wiedergegeben.«

In der Tat stieß das Buch auf eine Wiedererweckung der Regionalkultur. Vorbei war die Zeit, da Friedrich Schiller sich noch darüber beklagte, dass man »dem freien Schwaben Wachstum und Vollendung abspricht«. »Jetzt kann man sich als Schwabe wieder sehen lassen«, urteilte ein Leser des Buchs. Thaddäus Troll stieß in eine Lücke zwischen dem überkommenen volkstümelnden Schwabenbild und einem neu auftauchenden Regionalbewusstsein. Die alten Mundartdichter und Heimatschriftsteller wie Paul Wanner, Otto Keller, Theodor Haering, Wendelin Überzwerch, August Lämmle oder Hans Reyhing waren verstummt; Leute wie Reyhing, Lämmle oder Haering hatten sich tief in die Blut-und-Boden-Ideologie der NS-Zeit verstrickt. Jetzt war eine neue Art von Regionalbewusstsein angesagt, das sich nicht mehr allein mit dem Bäuerlichen und

Ende der 60er, Anfang der 70er Jahre zog ein neuer Ton in die schwäbische Mundartdichtung ein. Die neuen, damals jungen Autoren sind mittlerweile selbst in die Jahre gekommen: linke Seite oben Peter Schlack (*1943), darunter Helmut Pfisterer (1931–2010), unten Wilhelm König (*1935).

Ministerpräsident Lothar Späth, Dezember 1983.

Ländlichen beschäftigte. Überall schossen die Mundarttheater – bis dahin ein Vorrecht der Bayern – aus dem Boden und in die schwäbische Dialektliteratur zog mit jüngeren Autoren wie Helmut Pfisterer, Peter Schlack, Eduard Smetana, Wilhelm König, Michael Spohn, auch dem späten Sebastian Blau und in den 80er Jahren Gerhard Raff ein neuer Ton ein.

Die baden-württembergische Gemeindereform von 1968 bis 1975 tat ein Übriges. Anders als befürchtet hat sie das Ortsbewusstsein in den fusionierten Dörfern und Städten in einem Maße gestärkt, wie das nicht vorauszusehen war. Dorferneuerungsprogramme der Landesregierung kamen hinzu. Die Empirische Kulturwissenschaft in Tübingen spürte dem Trend nach und entdeckte das neue regionale Bewusstsein auch im Widerstand gegen Großprojekte wie dem einer vierspurigen Bundesstraße durch das Neckartal nach Tübingen (B 27), die inzwischen jedoch gebaut ist und von den damals Protestierenden weidlich benutzt wird. Die Autokennzeichen der 1973 aufgelösten Landkreise lässt der Bundesverkehrsminister neuerdings wieder zu und sie tauchen tatsächlich in Massen auf.

Ein Jahr nach dem Erscheinen von »Deutschland deine Schwaben« wurde im Stuttgarter Landtag überraschend Lothar Späth zum Vorsitzenden der CDU-Landtagsfraktion gewählt, ein Mann, der seinen schwäbischen Dialekt nie unterdrückte, auch nicht später in seinem Amt als Ministerpräsident. Das unterschied ihn klar von seinem Vorvorgänger Kurt Georg Kiesinger, der als »König Silberzunge« in seinen Reden nachgerade krampfhaft versucht hatte, seine Herkunft zu verschleiern. Bei Späth war dem nicht so. Den schwäbischen Komparativ »größer wie« hat er zeitlebens nicht abgelegt und in seinem ganzen Auftreten dafür gesorgt, dass das Schwäbische wieder hoffähig wurde.

Ebenfalls 1968 veröffentlichte Kurt Gayer sein Büchlein »Die Schwaben in Bonn«, das plötzlich vor aller Welt erkennen ließ, wie viele Schwaben in der Bundeshauptstadt ohne viel Aufhebens agiert hatten, von Kurt Georg Kiesinger oder Bundestagspräsident Eugen Gerstenmaier (CDU) angefangen über CDU-Generalsekretär Bruno Heck, die Generäle Gerd Schmückle, Albert Schnez und Hans Speidel bis hin zum Entwicklungshilfeminister Erhard Eppler oder den Chefs der Landesvertretung in Bonn, Oskar Farny, Adalbert Seifriz und Eduard Adorno.

Von nun an war die Karriere des Thaddäus Troll eindeutig auf das Schwäbische festgelegt. Sein Schreiben änderte sich schlagartig. Wie eine Explosion brach nun die schwäbische schriftstellerische Leidenschaft aus ihm heraus, die bis dahin verdeckt in ihm geschlummert hatte. Zwar schrieb er nach wie vor seine hübschen Feuilletons und Glossen über alltägliche Dinge. Auch Theaterkritiken als Hans Bayer veröffentlichte er weiterhin. Und er betextete, teilweise mit seiner Frau Susanne Ulrici, Bildbände etwa über »Romantik in Deutschland« und »Romantik in Europa« oder über »Kirchen und Klöster in Deutschland«.

Doch von nun an hagelte es Aufträge. Der erste kam ausgerechnet aus dem Großraum München: Der Verlag Langewiesche-Brandt wollte seinem Bayerischen Schimpfkalender von Herbert Schneider »Thaddäus Trolls Schwäbischen Schimpfkalender« an die Seite stellen. 1969 (aufs Jahr 1970) erschien dieser Ein-Blatt-Bürokalender erstmals, und 1971 schrieb Troll für die »Stuttgarter Nachrichten«, denen er seit jeher besonders verbunden war, als tägliche Serie eine Erläuterung von Herkunft und Bedeutung dieser 365 Schimpfnamen. Erst posthum, 1987, ist diese Serie im Silberburg-Verlag als Buch herausgekommen.

Folgende Doppelseite: Troll (rechts) mit Willy Reichert im Mineralbad Berg bei den Fernsehaufnahmen zu »Deutschland deine Schwaben / Alles über Schwaben«, 1972.

»Thaddäus Trolls schwäbische Schimpfwörterei« basiert auf einer Serie der »Stuttgarter Nachrichten«.

Thaddäus Troll, der schwäbische Schriftsteller

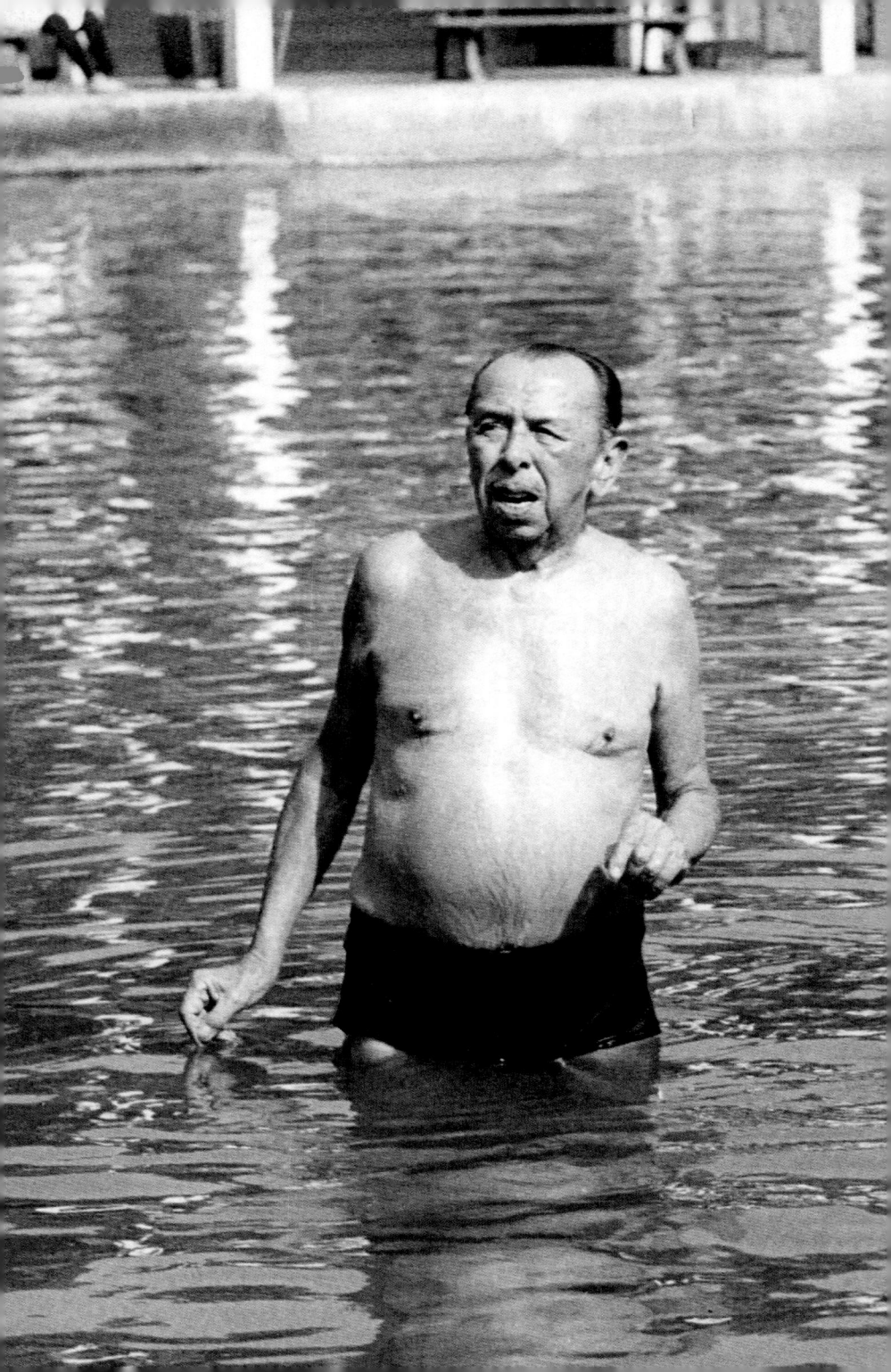

Troll (rechts) im Gespräch mit Martin Walser bei den Fernsehaufnahmen zu »Deutschland deine Schwaben / Alles über Schwaben«, 1972.

Zwei Jahre nach dem Erscheinen seines Schwaben-Bestsellers, 1969, veröffentlichte er sein Rezeptbuch »Kochen mit Thaddäus Troll«, das von vielen Lesern irrtümlich als schwäbisches Kochbuch verstanden wurde. In Wirklichkeit enthält es Trolls persönliche Lieblingsrezepte. Eine Neuausgabe ist Ende der 80er Jahre unter dem Titel »Spätzle, Knödel, Cassoulet« erschienen.

Wenige Jahre später registrierte das imna-Institut für Marktforschung in Stuttgart, dass 96 Prozent der Befragten Thaddäus Troll als »schwäbisch« und ebenso viele ihn als »bekannt« einstuften. Troll selber schätzte, dass nur 80 Prozent der Bevölkerung ihn kennen.

»Deutschland deine Schwaben« löste massenhaft Sendungen zunächst im Hörfunk aus und wurde in der ganzen ARD übernommen, ja selbst vom Studio Bozen in Südtirol.

1971 produzierte der Unterhaltungschef des Süddeutschen Rundfunks, Edwin Friesch, einen Fernsehfünfteiler mit dem Volksschauspieler Willy Reichert als Kommentator und dem damals neuen Blue-Box-Verfahren. Dabei wird der Schauspieler vor einer blauen Wand gefilmt, auf die dann später Hintergründe projiziert werden. Troll, der das Drehbuch schrieb und in den Filmen auch selbst auftrat, war begeistert von dieser Technik und der filmischen Umsetzung, kam sie doch seiner literarischen Vorlage nahe. Die Serie war zunächst auf 30 Minuten je Folge geplant, musste aber auf 45 Minuten erweitert werden. Sie wurde später in »Alles über Schwaben« umbenannt, weil sich das ZDF vom Verlag den Originaltitel gesichert hatte. Gleichwohl wurde sie vielfach wiederholt; seit 2013 ist sie auch als DVD auf dem Markt.

DVD des Fernseh-Fünfteilers »Deutschland deine Schwaben / Alles über Schwaben«.

Gegenüber einer Leserin hat Thaddäus Troll seine »Hinwendung zum Dialekt« erklärt. Sie stamme aus dem Widerspruch zwischen Systemkonservatismus und Wertkonservatismus, wie ihn Erhard Eppler, seit 1973 SPD-Landesvorsitzender in Baden-Württemberg, 1974 in seiner Schrift »Ende oder Wende« herausgearbeitet hatte. Troll: »Der Dialekt, besonders der schwäbische, ist bilderreicher, hat einen größeren Wortschatz. Auch diesen Dialekt zu erhalten, zu verwenden und ihn nicht im Museum der Volksliteratur vermodern zu lassen, gehört mit zu den Aufgaben des Wertkonservatismus.« Und weiter: »Wenn ich Hochdeutsch schreibe, meine ich, am Flügel zu sitzen. Schreibe ich dagegen in meiner Muttersprache, so kann ich viel mehr in die Tasten greifen, habe mehr Modulationsmöglichkeiten, eine größere Skala an Tönen, ich komme mir wie ein Orgelspieler vor.« Das schwäbische Schimpfen, bekannte er im Süddeutschen Rundfunk, sei

»Wo komm' ich eigentlich her?« heißt die schriftdeutsche, »Wo kommet denn dia kloine Kender her?« die schwäbische Ausgabe des erfolgreichen amerikanischen Aufklärungsbuchs »Where Did I Come From?«.

»die andere Form der schwäbischen Lyrik«. Es habe etwas »Sprachschöpferisches« an sich.

Ein weiterer Bestseller wurde das Aufklärungsbuch »Wo kommet denn dia kloine Kender her?« von 1974, die lustig-unverklemmte Übersetzung eines amerikanischen Buches von Peter Mayle, der später durch Provence-Beschreibungen berühmt wurde. Anders als Mundartdichter wie Sebastian Blau, die der Meinung waren, die schwäbische Sprache eigne sich nicht für erotische Themen, hat Thaddäus Troll gerade den Vorzug des Dialekts vor der Hochsprache hervorgehoben. Am hübschesten ist dabei die Beschreibung des männlichen Orgasmus: »Aber du woischt doch, wia's ischt, wenn's de a Zeitlang in dr Nas kutzelt, ond no kascht uff oimol saumäßig niasa. Des ischt a bißle so ähnlich, aber viel, viel scheener.«

Troll und – nicht genannt – seine Frau fertigten gleichzeitig auch die hochsprachliche Übersetzung, »Wo komm' ich eigentlich her?«. Sie erreichte eine Auflage von deutlich über 100 000 Exemplaren; von der schwäbischen Ausgabe wurden etwa 150 000 Stück abgesetzt. Weniger erfolgreich hingegen war das im gleichen Stil geschriebene und gezeichnete Pubertätsbuch von Peter Mayle, das Troll 1978 ebenfalls in einer schwäbischen und einer schriftdeutschen Version übersetzte.

1976 schließlich wagte er sich an eine freie Übertragung von Molières Komödie »Der Geizige« ins Schwäbische. Er verlegte die Handlung ins Stuttgart des Jahres 1875 und gab dem Theaterstück den Titel »Der Entaklemmer«. Troll selbst erläutert: »Für einen p'häben Menschen hat der schwäbische Dialekt die Metapher *Entaklemmer*. Da die Enten ihre Eier nicht wie die Hühner in bekannte Nester, sondern unauffindbar außerhalb des Stalls legen, kneift (schwäbisch: *klemmt*) der Entaklemmer die Tiere, bevor er sie aus dem Stall läßt, ins Hinterteil. Spürt er dabei, daß eine Ente ein Ei trägt, so läßt er sie nicht ins Freie.«

Buchausgabe des »Entaklemmers« mit einer Umschlagzeichnung von Friederike Groß.

»Der Entaklemmer« erlebt noch im selben Jahr, am 19. November 1976, seine Uraufführung unter Intendant Claus Peymann an den Württembergischen Staatstheatern in Stuttgart. Alfred Kirchner inszenierte mit Martin Schwab als dem geizigen Fabrikanten Knaup, Oscar Heiler, Dietz-Werner Steck und Erika Wackernagel. Im Verlauf von zwei Spielzeiten erlebte »Der Entaklemmer« 50 ausverkaufte Vorstellungen im Kleinen Haus. Nur der Kritiker der »Stuttgarter Zeitung« rümpfte nach der Uraufführung die Nase und erinnerte süffisant an den originalen Molière.

Ein Mundartschwank im Staatstheater? »Für uns kein Problem«, sagt Regisseur Alfred Kirchner, als geborener Göppinger selbst ein gestandener Schwabe, heute im Rückblick.

Rechte Seite: Gemälde von Jan Peter Tripp für das Plakat der »Entaklemmer«-Uraufführung 1976. Sitzend ist Troll dargestellt, hinter dem Vorhang erscheint Molière. Tripp zeichnete bei Alfred Kirchners Inszenierung auch für Bühnenbild und die Kostüme verantwortlich.

In den Nach-Achtundsechzigerjahren gehörte er zu den politisch Fortschrittlichen. Kirchner hatte 1971 mit der Uraufführung von Martin Walsers »Ein Kinderspiel« und 1974 mit Wedekinds »Frühlings Erwachen« für Aufruhr im Theater gesorgt und hatte 1975 mit Hermann Essigs »Glückskuh« schon einmal ein schwäbisches Dialektstück auf die Stuttgarter Bretter gebracht. Der Stuttgarter Oberspielleiter war politisch ein Stachel im Fleisch von Ministerpräsident Hans Filbinger. Kirchner und Troll kannten sich gut. »Für Troll war es ein inniges Ziel, dass wir den Entaklemmer machen«, erinnert sich Kirchner. »Aber es war ein fruchtbares Zusammenspiel der Zeitströmungen, das schließlich zur Verwirklichung des Projekts führte.«

Anschließend übernahmen zahlreiche Profi-, semiprofessionelle und Laienbühnen im ganzen Land das Stück – meist mit großem Erfolg. Allein die Inszenierung von Siegfried Bühr im Theater Lindenhof in Burladingen-Melchingen 1994 mit Bernhard Hurm in der Titelrolle und Stefan Hallmayer als Heiner, dem Sohn von Knaup, brachte es auf mehr als 300 Aufführungen und eine immer wieder ausgestrahlte Fernsehaufzeichnung.

Troll erzählt im »Entaklemmer« die Geschichte des Fabrikanten Karl Knaup, der sich von Dieben und Betrügern umstellt sieht. Alle wollen ihm den letzten Pfennig aus der Tasche ziehen. Sein eigener Sohn Heiner ist der Schlimmste: Er wirft das Geld zum Fenster hinaus, kauft sich vornehme Kleider und spielt sogar in der Spielbank. Dermaßen gebeutelt weiß Knaup nicht, wo er sein Geld verstecken soll. Als seine Geldkassette weg ist, verlangt er, dass »ganz Schtuegert gehenkt wird«. Dabei hätte er Wichtigeres zu tun, denn er hat sich in die schöne, aber arme Marianne verguckt und will sie heiraten. Doch dabei kommt ihm sein eigener Sohn in die Quere.

Besonders hübsch sind die verschiedenen schwäbischen Dialekte, die in dem Stück je nach Figur zum Ausdruck kommen: Älblerisch, Allgäuerisch, Stuttgarter Honoratiorenschwäbisch oder sogar eine Mischung aus Schwäbisch und Amerikanisch des Herrn Hurlebaus, ein

Thaddäus Troll, der schwäbische Schriftsteller

Kauderwelsch, das Troll bei einem Besuch der Amerikaschwaben kennengelernt hat und das ihm »im Ohr hängen blieb«. Troll berichtet dazu auch von einem hübschen Zwischenfall. Ursprünglich lautete der Titel schwäbisch korrekt »Dr Entaklemmer«. Das galt solange, bis eine norddeutsche Rundfunksprecherin »Doktor Entenklemmer« sagte.

Zuvor, 1972, hatte Thaddäus Troll an seinen Erfolg mit »Deutschland deine Schwaben« anzuknüpfen versucht und unter dem Titel »Preisend mit viel schönen Reden« eine Art Fortsetzung vorgelegt. Es sei nach seiner Einschätzung das bessere der beiden Bücher gewesen, erinnert sich seine Sekretärin Eleonore Lindenberg, die ihm dabei schon mit Ratschlägen zu Hilfe kommen durfte, während sie bei »Deutschland deine Schwaben« noch kommentarlos das auf seiner Schreibmaschine »Erika« im Konzept getippte Manuskript ins Reine abzuschreiben hatte.

Der Titel geht auf das Gedicht »Der reichste Fürst« von Justinus Kerner zurück, das zur Quasi-Nationalhymne der Schwaben wurde. Es schildert vier Fürsten beim Reichstag zu Worms, den von Sachsen, vom Rhein, von Bayern und von Württemberg, von denen die einen ihre Silbervorkommen, ihren Wein und ihre Klöster prahlend hervorheben, während der württembergische Graf Eberhard im Bart als das Wertvollste seines an irdischen Schätzen armen Landes preist: »Ich mein Haupt kann kühnlich legen jedem Untertan in Schoß.«

»Witzig, treffsicher, vordergründig und henderom«, so der Klappentext, betrachtet Troll die Gescheidle aus dem Musterländle und gehorcht damit dem Trieb zur Selbsterkenntnis, den er seinen Landsleuten attestiert. Im Land sei sie durch die Grobheit des Götz, die Überzwerchheit der Sieben Schwaben, durch Maultaschen, Spätzle und den Satz »Schaffe, schaffe, Häusle baue, Hund abschaffe, selber belle« bekannt; aber auch durch Schiller, Hegel, Hölderlin, Hauff, Einstein, Daimler und den Kommunarden Fritz Teufel. Das Buch wird zu einem offenen Einblick in Psyche, Denkweise und Gewohnheiten der Schwaben, ohne sie der Lächerlichkeit preiszugeben, »schonungslose Wahrheit, die nur ein Schwabe anderen Schwaben um die Ohren hauen darf«, wie Troll schreibt.

Dabei hat Troll auch Anregungen und Informationen von vielen Lesern eingearbeitet, von Stuttgarts Oberbürgermeister Manfred Rommel angefangen über den Schriftsteller Otto Heuschele bis zum ehemaligen SPD-Landesvorsitzenden Erhard Eppler. Und indem er den Grafen Eberhard im Titel besingt, lässt der eingeschworene Demokrat Thaddäus Troll auch seine heimliche Leidenschaft für die Monarchie durchschimmern: Den letzten württembergischen König Wilhelm, der mit seinen Hunden auf der Stuttgarter Königstraße spazieren ging, Kindern Süßigkeiten schenkte und den sie ansprechen durften: »Keenich, hosch mr nix?«, hält Troll in Wahrheit für einen Demokraten.

Das Bessere: »Witzig und henderom«.

So wenigstens erinnert sich Gerhard Raff, einer seiner besonders dankbaren Schüler. Denn auf seinen vielen Lesungen hat Troll oft den jungen Landeshistoriker aus der Schule des Tübinger Professors Hansmartin Decker-Hauff mitgenommen und dem Publikum als einen vorgestellt, »der einmal mein Nachfolger werden wird«. »Känguruh-Verfahren« nannten beide diese Huckepack-Manier, die Thaddäus Troll auch auf andere Nachwuchstalente angewandt hat. Und er hat Raff den Auftrag erteilt, er solle jedem »ois an Backe naschlage mit scheene Grueß vom Thaddäus Troll«, von dem er »ebbes Wüeschts über den ›Demokraten auf dem Königsthron‹« höre.

Thaddäus Troll, der schwäbische Schriftsteller

Thaddäus Troll, der schwäbische Schriftsteller

Bei den Fernsehaufnahmen für »Deutschland deine Schwaben« waren Thaddäus Troll und ein Fernsehteam auch beim damaligen Chef des Hauses Württemberg, Herzog Philipp Albrecht, in Schloss Altshausen und wurden dort sehr freundlich empfangen. Der 1975 verstorbene Herzog zeigte sich überrascht von der angenehmen Atmosphäre der Arbeiten und Thaddäus Troll dankte ihm später für seine Bereitschaft, an den Aufnahmen mitzuwirken.

Linke Seite: Troll bei den Fernsehaufnahmen zu »Deutschland deine Schwaben / Alles über Schwaben«, 1972.

Thaddäus Troll, der kritische Mundartdichter

Lange Zeit war Thaddäus Troll nicht das, wofür die Nachwelt ihn hält: ein Mundartdichter. Nur fünf seiner zahlreichen Bücher sind in schwäbischem Dialekt verfasst: das Aufklärungsbuch »Wo kommet denn dia kloine Kender her?« (1974), das Pubertätsbuch »Was isch eigentlich los mit mir?« (1978) und »D Gschicht von dr Schepfong – wia dr Herrgott d Welt gmacht hôt ond wia s de Mensche em Paradies ganga isch« (1980), die jeweils gleichzeitig auch in einer hochdeutschen Fassung erschienen sind, das Theaterstück »Der Entaklemmer« (1976) und, ebenfalls 1976 erschienen, »O Heimatland«, Trolls einziger Gedichtband.

Die Phase seiner Mundartdichtung beginnt 1973 mit dem Gedicht »Es herbstelet«. Freilich knüpfte Troll nicht an die Tradition der schwäbischen Mundartdichter wie Sebastian Sailer, August Lämmle, Alfred Weitnauer oder Paul Wanner an und verstieg sich auch nicht in die Darstellung eines »spätzlesmampfenden Disneylands«, wie der von seinem PEN-Kollegen Hermann Kesten übernommene Lieblingsausdruck Trolls lautete; vielmehr wandte er sich einer modernen, durchaus kritischen Form der Mundartdichtung

»O Heimatland« ist Trolls einziger Mundartgedichtband.

zu. Das Liebliche in der bisherigen Dialektdichtung verbannte er ziemlich rücksichtslos und er folgte auch nicht der bis dahin üblichen Vereinsmeierei. Jetzt tauchten plötzlich Begriffe wie »kernkraftwerk«, »kläralag«, »bauausschuß«, »Siemensaktzia« auf, Begriffe, die man sich zuvor in der Mundartdichtung ebenso wenig hatte vorstellen können wie den kritischen Ansatz, der auf ein soziales Gewissen schließen lässt.

Das titelgebende Gedicht in »O Heimatland« steht dafür. Da wird zunächst geschildert, wie »dr Herrgott« das schöne Schwabenland geschaffen hat und zum Schluss gemeint habe, »des sei fei gar net schlecht«. Aber dann legt Troll los:

dodruffna hot halt onser Herrgott
zum ausgleich d architekta gschickt.
ond weil em Schwobaland von alters her
de mendere meh hent z saga wia de gscheite
hot mer de liadriche meh ärbet gä
wia dene mo ihr gschäft verschtanda hent.

se send ans werk. de kloikarierte hent
kloikarierte siedlonga baut. heisla ois
wia s andere wenn d an balla hosch fendsch
nemme wo de wohnsch. verwachsene
Heisledubbel mit blende fenschteraigla
ohne wempera ond braua
ond s kappadach wi-a schtompets hiatle
uff-m-a uffblosena meckel. wem-mer s sieht
kennt mer grad moina dene derfer
sei s schlecht worda ond se hättet dia
siedlonga breckelesweis en s land neikotzt.

Und so geht es weiter. Die alten Straßen werden mit »paläscht aus glas und beto versaut«, in »Schtuagert hent se … zwoi tiafe schluchta durch da schtadtkern gschlaga«, andere hätten

> *s land mit maschta iberzoga*
> *mo s am schenschte isch hent se menschter ond dom*
> *fir kraftwerk ond fir d millverbrennong baut*
> *ond aus-m Neckerwasser hent se*
> *a reachte saichbriah gmacht. hent en da*
> *Bodasee neigschissa ...*

Aber der versöhnliche Schluss fehlt nicht: »mer sieht halt iberall wia s menschelet«.

Und wenn wir unseren Kindern zeigen wollten, wie schön das Ländle einmal gewesen sei,

> *no miasset mer halt ens Elsaß niber*
> *drweilsch s von Schwoba no net uffkauft isch.*

Ähnlich das »Volkslied«, ebenfalls von 1974, wo er das Lied »Jetzt gang i ans Brünnele« virtuos auf die Gegenwart umdeutet. Denn der Mann trinkt

> *aber net,*
> *weil ganz en dr näche*
> *von dem brennele*
> *d Gebriader Zaininger & Co*
> *ihren gifticha schlamm*
> *von dr aluminiumproduktzio*
> *hehlenga nachts*
> *en da bach neikippet.*

Auch seinen »herztausicha schatz« findet er nicht, weil der nämlich mit einem Porschefahrer geht, »dem wo d Cheerio-Bar gheert«, wo man muss

> *trihinken*
> *an Whisky soda om sechzeah mark*
> *oder an liedricha wei*
> *marke Ahr-Schwärmer*
> *d flasch om nainasechzich*

und der Schatz »em schtriptihs sei nackigs fiedla zoigt«.

An anderer Stelle charakterisiert Troll die »Stammeseigenschaften« der Schwaben:

Uffrichtich ond gradraus
– solang mer koin schada drvo hot –
guatmiatich bis dortnaus
– aber net wenn s om s geld goht –
wenn s sei muaß saugrob
– solang nex uff-m schpiel schtoht –
dees isch dr schwob.

Walter Jens, 1983. Der Tübinger Rhetorikprofessor und Freund Trolls interpretierte liebevoll dessen schwäbische Gedichte.

Ausgerechnet Troll-Freund Walter Jens, der gebürtige Hamburger, hat sich die Mühe gemacht, die schwäbischen Gedichte Thaddäus Trolls zu untersuchen. »Auf schwäbisch lässt sich sagen, was in der Hochsprache nicht mehr ausdrückbar ist«, resümiert Jens und nennt als Beispiel »eine Frau mit Dutt und Futt«, wobei Jens nur den »Dutt« als »Frömmigkeitsknoten« erklärt, nicht aber die »Futt«, das weibliche Geschlechtsteil. Ein etwas zu kurz geratener Nachkömmling wird »onser Zammeschärretse« genannt, was heißt: unser mit letzter Kraft Zusammengescharrter. Auch lasse sich anhand der Gedichte Trolls zeigen, wie man noch lutherisch-dreinfahrend reden könne. Da wird aus süßem Wein eine »Bombolesbriah«, aus Kleinholz werden »Spächele« und dem Blinden wurde auf die »Augedeckel gschissa«.

Anders als Sebastian Blau, der noch meinte, Liebesgeflüster sei im pragmatischen Schwäbisch nicht wiederzugeben, scheut sich Thaddäus Troll nicht, von »Täublesauga« und dem Lust machenden »Mäule« zu sprechen: »deine schläfa schemmeret wia pfirsichbäckla / dei hälsle isch wia dr Lichtaschtoi«. Andererseits, so Jens, werde Troll nicht müde, »die Ideologie zu entlarven und hinter den schönen Reden die bösen Taten sichtbar zu machen, um auf diese Weise die Elemente vom Kopf auf die Füße zu stellen«.

Als weiteres Beispiel weist Jens auf das Gedicht »Weltgeist unter sich« hin, in dem Troll auf das Angebot von

Ministerpräsident Filbinger an den verfolgten russischen Schriftsteller Alexander Solschenizyn parodistisch eingeht, seinen Wohnsitz in Baden-Württemberg zu nehmen. Dem hält Troll wütend entgegen, was die Schwaben früher alles mit leidigen Größen angestellt hätten:

Hans Filbinger im Oktober 1978, kurz nach seinem Rücktritt als baden-württembergischer Ministerpräsident.

da Mörike ond da Hölderlin
hent se hongera lassa
em Kepler sei muatter
hot mer wella als hex verbrenna
dr Schiller ond dr Hesse ond dr Bertolt Brecht
hent emigriera miassa
da Frischlin ond da Schubart ond sogar
da Berthold Auerbach hent se eigschperrt
da Jörg Ratgeb hot mer gvierteilt

Und die Altäre im Ulmer Münster wurden anno 1531 »zu kloiholz verhackt«, nachdem die Stadt Ulm zur evangelischen Konfession übergetreten war – Bilderstürmer als Zeugen für die illiberale Tradition in Schwaben.

ond wenn dr Solschenizyn
ganz dapfer vergessa sei will
no braucht r bloß
Ihr eiladong aznehma
en onser ländle der dichter ond denker

O heimatland!

Troll nimmt auch Ministerpräsident Filbinger direkt aufs Korn, der 1977 mit einer großen Stauferausstellung von sich reden machte. In einem schriftdeutsch gehaltenen Essay schildert er den »Fürst von Beutelsbach«, der in diesem Jahr seine Untertanen um sich scharte und »also zu ihnen sprach: Kommet her zu mir alle, ihr getreuen Bausparer, Spätzlesmampfer, Häuslesbauer, Radikalenjäger, Viertelesschlotzer und Kehrwöcherinnen, ich verkündige euch große Freude, denn mir sind erschienen in einer

Auf der CD »Scho gschwätzt« (1994) trugen fünf schwäbische Mundartautoren eigene Gedichte vor. Von Troll kamen Aufnahmen des Süddeutschen Rundfunks zum Einsatz.

Zentralschau die staufischen Ahnen.« Und da zitiert er einen Konrad den Dritten, der reicht dem Fürsten ein Schwert, mit dem er alle ausrotten möge, »die dir in der Partei, in der Fraktion, in der Regierung, in der Opposition Widerred geben«. Und Kaiser Friedrich der Rotbärtige »sprach zu mir: Hier nimm die Krone, die dich über alle Kurfürsten und -tisanen, Bischöfe, Generaldirektoren, Oberkirchenräte und Knöpflesmillionäre deines Landes erheben wird. Und er setzte mir die Krone auf, und die Aufsichtsräte von Mercedes, Allianz, Landesgirokasse, Salamander und Bosch beugten vor mir die Knie.« Und so geht es weiter, bis sich Troll in den Schluss steigert: »Ich staufe, du staufst, er sie es stauft, wir staufen, ihr stauft, sie staufen. Und es staufte, stuff und ward gestoffen im ganzen Staate Beutelsbach. Und einer sprach zu sich selber: Je staufer der Rummel, desto filbinger der Nutz.«

In einem nicht datierten Gedicht »Altersweisheit« beschreibt Troll auf Schwäbisch die Fahrt einer Familie »vo Graußaschpach ge Schtrempfelbach«. Dabei passiert ein Unfall, doch »gottlob isch neamerd nex passiert«. Zuerst krabbelt die Großmutter aus dem umgekippten Auto, »uff älle viere se hot sich uffgricht / hot s kloid ausklopft und hot gsagt / – dees hätt etzt au net sei miassa!«

Ab Mitte der 70er Jahre ist in Thaddäus Trolls Mundartgedichten eine auffallende Wendung weg von der kritischen Betrachtung der Menschen und der Umwelt zu sich selber, zu seiner hypochondrischen Veranlagung zu verspüren. Im Gedicht »Altersschub« etwa fühlt er sich durch die Bemerkung einer »albacha hutzel« in der Straßenbahn, man möge doch dem alten Mann einen Platz anbieten, an der Ehre gepackt. Denn

seither schtiert r manchmol vor sich na
seither trialt r manchmol en sich nei
krebselt seither nemme iber s zaile
schteigt r nemme iber s gartateerle
bleibt r schtanda noch dr zwoita trepp
weil r moint r kennt s nemme verschnaufa
legt r d hand am schtammtisch henter s ohr
weil r moint r kennt net älls vrschtanda
sieht em schnee r schloier vor de auga
traut sich nemme ema saubera mädle
zuazlächla ond a bißle mit ehra
z scharmutziera.

1975, wohl in der Nähe einer seiner vielen Depressionsschübe, schreibt er ein Gedicht über den Friedhof, auf dem er später beerdigt werden will, den Steigacker in Cannstatt, und überschreibt es »Steigacker-Idylle«:

Was fang e heit bloß mit mr a? s isch
samschtich ond mir isch s ganz mauderich.

Mir send femf alte manna en dr schtub
i ond dr Märte mo noch-m kaffee mit
koppa gar nemme uffheert s isch grad zom
drvolaufa. dr Gottliab der hockt do ond trialt
r hot a schlägle kriagt drom
isch r nemme ganz bacha.
ond dr Metzgers Schorsch der flennt bloß
vor sich na seitdem sei Lisbeth gschtorba isch
isch r ganz sirmelich ond wartet emmer no
daß se ehn bsuacht, dees glufagiaßa
aus seim gschnuder
kasch au net ällweil seha. dr Merz aus Backna
ka s nemme recht verheba.
älle schtond kommt d schweschter rei
schpritzt Tannodol aus-era schpreedos
na schmeckt s grad
wia wem-mer en da wald neigschissa hätt.

Und so wendet sich Troll sich selbst zu und seiner Tristesse:

au bsuacha tuat me neamerd meh seit mr
dr bruader gschtorba isch und dem sei frau
gang mr aweg! bloß manchmol kommt
dr Oppaweiler pfarrer dees isch
dr oizich mo a bißle mit mr schwätzt
ond net salbaderet.
der ma isch gaudich mer sott
gar net glauba dass so oiner katholisch isch.

Und dann wieder das Stöhnen: »was tu-r-e etzet bloß da ganza tag?«

1977, drei Jahre vor seinem selbstgewählten Tod, schreibt er unter dem von Psalm 130 entlehnten Titel »De profundis« (Aus der Tiefe schrei ich, Herr, zu dir) ein Gedicht, das sich wie ein gotteslästerlicher Abschied aus dem Leben liest und das sich wohl auf den Verzweiflungsbrief gleichen Titels von Oscar Wilde aus dem Gefängnis bezieht:

Klapp s buach zua
schmeiß s handtuach
leg da leffel weg
zend s haus a
leer s tablettarehrle
mach da rattakäfich uff
schtrack uff da boda
schtreck älle viere von dr
lass iber de wusla
deine gedanka
lass se de abnaga
dr d haut ronterziaga
s floisch von de knocha fressa
s bluat aussupfa
tonk triabsal ei
schluck s nonter
denn du bisch bei mir

*verzweiflong
dei schtecka ond schtab
isch iber me komma.*

Bernhard Hurm und Uwe Zellmer, die beiden Gründer und treibenden Kräfte des Theaters Lindenhof in Burladingen-Melchingen auf der Zollernalb, haben 1983 unter dem Titel »Kenner trinken Württemberger« ein Thaddäus-Troll-Bühnenprogramm zusammengestellt, das sich zu großen Teilen aus den Mundartgedichten des Bandes »O Heimatland« speist. Annähernd 1500 Vorstellungen haben die beiden damit absolviert, drei Fernsehaufzeichnungen, einen CD-Mitschnitt: Es wurde Europas meistgespielter Theaterabend. »Heidenei! Kenner zwei!«, heißt seit 2008 das Nachfolgeprogramm. Die beiden Theatermacher kommentieren: »Trolls kargschwäbische Lyrik ist zeitlos meisterhaft. Sein Humor grad und krumm, bös und gütig. Kommet, mir ganget, se kommet.«

Europas meistgespielter Theaterabend auf CD: »Kenner trinken Württemberger«.

Thaddäus Troll, der Funktionär

Im Jahr 1951 wird in Stuttgart, der Hauptstadt von Württemberg-Baden (Baden-Württemberg gab es erst ein Jahr später), der »Süddeutsche Schriftstellerverband« gegründet – vom Autor Otto Rombach, dem Journalisten und NS-Widerstandskämpfer Rudolf Pechel, dem Hörspielautor Hermann Kasack und Thaddäus Troll. Vorsitzender wurde später der Schriftsteller Werner Illing und Sekretär, um seinen Lebensunterhalt zu verdienen, für 20 Jahre dessen Kollege Hermann Lenz.

Illing hat 1977 beschrieben, wie es damals zuging im Süddeutschen Schriftstellerverband: »Das Verbandsgeschäft hatte noch keinen sportlichen Charakter gewonnen, es glich eher einem literarischen Kaffeekränzchen in der Biedermeierlaube. Scharfe Getränke waren erlaubt, das Verbandlich-Verbindliche wurde nach dem Mittagessen ohne Störung des inneren Gleichgewichts abgehakt.«

Gründungen in anderen Ländern und Regionen waren dem vorausgegangen. So war bereits 1945 in Berlin der »Schutzverband Deutscher Autoren (SDA)« entstanden, der im Oktober 1947 auch den einzigen gesamtdeutschen Schriftstellerkongress abhielt. Verbandsgründungen gab

Der Schriftsteller Werner Illing feiert seinen 80. Geburtstag, 12. Februar 1975. Von links: Thaddäus Troll, der SPD-Politiker Klaus von Dohnany, der Holzschneider HAP Grieshaber, Werner Illing.

es ebenso in Hessen und Hamburg. Auf Initiative von Theodor Heuss wurde 1952 ein loser Zusammenschluss aus der Taufe gehoben, die »Bundesvereinigung der deutschen Schriftstellerverbände« unter dem Präsidenten, Schriftsteller und Gerhart-Hauptmann-Mitarbeiter Gerhart Pohl. Diese Bundesvereinigung, zunächst als »Bundesbabberlesverein« verschrien, erlangte später nennenswerten Anteil an der Urheberrechtsgesetzgebung von 1965, als die Schutzfrist für Urheberrechte von 50 auf 70 Jahre nach dem Tod ausgedehnt wurde.

Zuvor, nämlich im Mai 1948, waren allerdings beim Schriftstellerkongress in Frankfurt am Main bereits die Gegensätze zwischen Ost und West ausgebrochen. Anwesend war auch Walter Jens, später ein enger Freund

Weiteres Foto von Illings Geburtstagsfeier. Von links: der Schriftsteller Otto Rombach, Troll, der SPD-Politiker Klaus von Dohnany.

Thaddäus Trolls, damals ein »kleiner Student, der stark opponierte«, wie Jens von sich bekannte.

Der Süddeutsche Schriftstellerverband wurde später in »Schriftstellerverband Baden-Württemberg«, dann in »Verband Deutscher Schriftsteller (VS) Baden-Württemberg« umbenannt. Seiner Rolle als leitender Funktionär in Baden-Württemberg verdankt Thaddäus Troll seine Mitgliedschaft ab 1959 im Rundfunkrat des Süddeutschen Rundfunks (SDR) und ab 1979 als Vorsitzender des Fernsehausschusses des SDR-Rundfunkrats. Darüber wird ab Seite 199 dieses Buches mehr berichtet.

Über Trolls Arbeit im Süddeutschen Schriftstellerverband ist wenig bekannt, zumal nicht alle Sitzungsakten des Verbands, der späteren IG Medien und der Gewerkschaft

Ver.di dem Archiv für Soziale Demokratie (AfS) in Bonn-Bad Godesberg übergeben worden sind. Wahrscheinlich haben wir es mit einem ähnlichen Effekt zu tun wie beim »Tisch der Dreizehn«: Die Kladde, in welcher die Anwesenheit der Mitglieder des Tisches und manche witzige Bemerkung regelmäßig notiert wurden, fehlt für die Zeit von Ende Dezember 1958 bis Juni 1966. Angeblich sei sie von einem trunkenen Mitglied in der Straßenbahn liegengelassen worden.

Nähere Details über seine Arbeit sind erst ab 1968 herauszufinden, als Thaddäus Troll in Stuttgart zum Vorsitzenden des Süddeutschen Schriftstellerverbands gewählt wurde. Er sollte es neun Jahre lang, bis 1977, bleiben. Zuvor hatte der Schriftsteller und Drehbuchautor Werner Illing (1895–1979) den Verband ebenfalls neun Jahre lang geleitet. Trolls Stellvertreter waren der Schriftsteller Otto Rombach und der Lektor und Journalist Karl Schwedhelm. Auch die Autorin Margarete Hannsmann wurde in die Verbandsspitze gewählt.

Ein typischer Funktionär war Troll nicht, erst recht kein Vereinsmeier. »Wenn er eine Sitzung leitete«, erinnert

Troll (links) im Gespräch mit dem Ex-Landtagsabgeordneten Tiberius Fundel, einem schwäbischen Original, 1970.

sich die Schriftstellerin Irmela Brender, »nahm die Tagesordnung Schaden, dafür gewann der Stil des Umgangstons.« Mit Bürokratismen sei er halt unbeholfen umgegangen, aber »seine Liebenswürdigkeit war unwiderstehlich«.

Wenn der VS in Baden-Württemberg eine Fahne hätte, so meinte Troll einmal, dann stünde darauf »Wider den Provinzialismus«. Sein »größter literarischer Erfolg«, sagte Troll später süffisant, sei ein Mahnbrief an die säumigen Beitragszahler unter seinen Kollegen und Mitgliedern gewesen, »der auf diese finanziell erstaunlich relaxierend wirkte«.

Einen seiner Stellvertreter in späteren Jahren hat Thaddäus Troll einmal besonders harsch beschrieben: Er habe ihm noch nicht gezeigt, »dass er auch menschliche Qualitäten besitzt. Ich halte ihn für einen ehrgeizigen Dilettanten, dem kein Mittel schlecht genug ist, um nach oben zu kommen.« Gemeint war der Lyriker und Redakteur des Süddeutschen Rundfunks Johannes Poethen (1928–2001), der Thaddäus Troll viel zu verdanken hatte. Dieser hat dafür gesorgt, dass er 1976 am »Tisch der Dreizehn« aufgenommen wurde, wo er nach den Worten Eberhard Jäckels »nicht immer einfach« war und teilweise nach längeren Abwesenheiten »die Aufnahme neuer Mitglieder verhinderte«. Auch im Schriftstellerverband hat Troll ihn als seinen Nachfolger aufgebaut, woran Poethen sehr interessiert war.

Nach dem Tod von Gerhart Pohl wurde 1968 Dieter Lattmann zum Präsidenten der Bundesvereinigung der deutschen Schriftstellerverbände gekürt. Er machte sich sofort daran, den Zusammenschluss der zehn regionalen Schriftstellerverbände zu einem starken Gesamtverband vorzubereiten. Dabei bezog er auch den Verband deutscher Übersetzer und den Verband deutscher Kritiker mit ein. »Einigkeit der Einzelgänger«, lautete das Motto. Die Initialzündung hatte im November 1967 Ingeborg Drewitz, die Vorsitzende des Berliner Schriftstellerverbands, mit einem Aufsatz in der »Zeit« geliefert. Unter der Überschrift »Alte Herren pflegen Heimatdichtung« übte

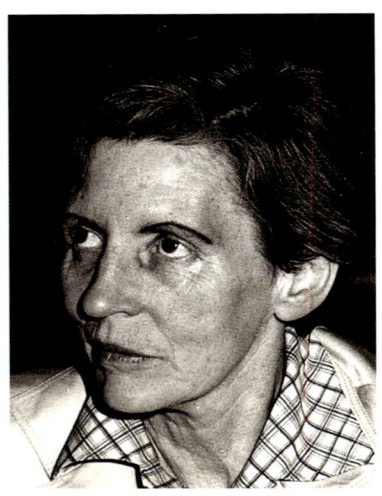

Ingeborg Drewitz (Foto um 1975) lieferte mit einem Aufsatz in der »Zeit« die Initialzündung für einen bundesweiten Schriftstellerverband.

sie harsche Kritik an der Bundesvereinigung wie an der Zersplitterung der Verbände im Regionalen.

Troll als Vorsitzender des Schriftstellerverbands Baden-Württemberg war sofort dabei. Er hatte, obwohl er aus dem Schwabenland schöpfte, der kulturpolitischen Autonomie der Regionen nie große Bedeutung eingeräumt. »Wir brauchen diesen gemeinsamen Verband«, sagte er zu Lattmann. Er sei bereit, mitzumachen.

Troll war in Berlin mit dabei, als die Vorsitzenden der einzelnen Verbände das Projekt ohne Gegenstimme beschlossen. Am 8. Juli 1969 folgt in Köln die Gründung des VS (der sich mit diesem Kürzel vom Studentenverband VDS unterscheiden will). Jetzt ist Thaddäus Troll Stellvertreter von Dieter Lattmann und sein Freund Helmut M. Braem ist neben Ingeborg Drewitz und dem Staufer-Forscher Eberhard Horst Vorstandsmitglied. Heinrich Böll hält bei dieser Gründungsversammlung eine programmatische Rede, in der er »das Ende der Bescheidenheit« ausruft. Es wird ein Zwölf-Punkte-Programm aufgestellt, in dem die Forderung nach einer Bibliotheksabgabe, nach Abschaffung der Umsatzsteuer für Autoren und die Streichung des Schulbuchparagraphen im Urheberrechtsgesetz gefordert wird, der anfangs noch die Vervielfältigung von Texten aus Schulbüchern ohne Vergütung erlaubte.

Diesen Paragraphen sollte das Bundesverfassungsgericht auf Klage des Schriftstellerverbandes bereits 1971 beanstanden, sodass von nun an Autoren zumindest einen Vergütungsanspruch bei der Veröffentlichung

ihrer Texte in Schulbuchanthologien haben – wenn sie auch bis heute nicht gefragt werden.

Ein Jahr nach der furiosen Gründungsversammlung, Ende November 1970, findet dann in der Stuttgarter Liederhalle die erste Zusammenkunft des neuen Verbandes statt. Inzwischen hatten sich die Machtverhältnisse in Bonn dramatisch geändert. Nach der Großen Koalition unter Kurt Georg Kiesinger (CDU) war aus den Wahlen die sozialliberale Koalition unter Willy Brandt (SPD) hervorgegangen. Zuvor schon war ein Traum Thaddäus Trolls in Erfüllung gegangen: Die Bundesversammlung hatte Gustav Heinemann zum Bundespräsidenten gewählt.

Der Konflikt zwischen konservativen Politikern und den Schriftstellern, die überwiegend den Machtwechsel beklatscht hatten, begann sich freilich zuzuspitzen. »Dieser auf dem Pegasus dahertrabende deutsche Oberdichter«, hatte Franz Josef Strauß 1969 Günter Grass in einem Zeitungsinterview verspottet. Zuvor hatte es im Blick auf die VS-Gründung bereits lebhaftes Interesse der politischen Kräfte an den berufspolitischen Forderungen gegeben. In Besprechungen mit den Bundestagsfraktionen wurde über die Novellierung des Urheberrechtsgesetzes und andere soziale und rechtliche Forderungen des neuen

Der VS-Bundesvorstand in den 70er Jahren, von links: Reinhard Baumgart, Dieter Lattmann, Justitiar Wilhelm Nordemann, Martin Gregor-Dellin, Thaddäus Troll.

Verbandes gesprochen. Im Stuttgarter Rathaus leitete Thaddäus Troll dazu eine Diskussion von VS-Autoren mit dem Chef des Bundeskanzleramts, Minister Horst Ehmke.

In der Tat mussten sich die bundesdeutschen Autoren im Unterschied zu Kollegen besonders in Skandinavien empfindlich benachteiligt fühlen: Sie wurden steuerlich als Unternehmer veranlagt, ohne dass ihnen deren Abschreibungsmöglichkeiten eingeräumt wurden; sie konnten ihr geistiges Eigentum, anders als ein Eigenheim, nur für 70 Jahre vererben; das Eigentum an ihren Texten wurde schon zu Lebzeiten mit Füßen getreten, wenn die Texte für einen Lesebuch-Nachdruck geeignet erschienen. Auch für die Ausleihe ihrer Bücher in Bibliotheken erhielten sie keine Vergütung; es gab keine Musterverträge für Buchpublikationen, keine Tarifverträge für Fernseh- und Rundfunkmitarbeit, keine Altersversorgung.

Bei den fehlenden Abschreibungsmöglichkeiten, die Troll immer wieder bemängelte, lag er allerdings falsch. Die steuerliche Förderung der Schriftsteller in Skandinavien mag besser sein. In Deutschland aber ist der Profi-Schriftsteller als Freiberufler von der Gewerbesteuer völlig befreit, ebenso wie von teuren Pflichtmitgliedschaften etwa bei der IHK, der Handwerkskammer oder der Berufsgenossenschaft, von der Bilanzpflicht und von der Pflicht zur doppelten Buchführung. Er kann im Rahmen seiner Einkommensteuererklärung eine Einnahmen-Überschuss-Rechnung vorlegen oder die einfachere Gewinnermittlung durchführen. Dabei werden die steuerlich »Betriebsausgaben« genannten Kosten von den »Betriebseinnahmen«, also den Honoraren, abgezogen. Zu den Betriebsausgaben zählen die Kosten von Fahrten, Flügen und Übernachtungen, die mit der schriftstellerischen Arbeit zusammenhängen, Recherchekosten, Papier, Schreibmaschine, Telefon, Porto, Fachliteratur, Versicherungen, Aufwendungen für Altersversorgung, Mitgliedsbeiträge etwa für den Schriftstellerverband, die Kosten des Steuerberaters und heutzutage natürlich PC und Software. Der geistige Aufwand allerdings kann steuerlich nicht geltend gemacht werden. Die Betriebsausgaben können mit 25 Prozent der Honorare auch pauschal abgezogen werden.

Stuttgart als Tagungsort des ersten Kongresses ging auf Thaddäus Troll zurück. Lattmann erinnert sich an seine Worte: »Stuttgart ist ein Klima für so etwas. Hier kommen die Leute. Es wird ein großer Abend.« Tatsächlich erfüllte sich im geistigen Elan jener Jahre seine Prophezeiung. Sensationell war der Auftritt von Bundeskanzler Willy Brandt (SPD). Erstmals war ein Kanzler zu den Schriftstellern gekommen und hatte dort – kurz vor seinem Auftritt in Warschau mit dem legendären Kniefall im Gedenken an die Opfer des Holocaust – den Satz hinterlassen, wonach er aus eigener Erfahrung die Gefahr der Schriftsteller kenne, zu »Randfiguren der holzverarbeitenden Industrie« zu werden.

Das Treffen in Stuttgart wurde zu einem Massentermin. 4000 Leute wollten nach Angaben Dieter Lattmanns den Kanzler sehen, nur 2500 fanden Einlass in die Liederhalle. Als die Türen wegen Überfüllung geschlossen werden mussten, drängten noch Leute von der Außerparlamentarischen Opposition (APO) in den Saal, setzten sich dann aber ganz brav aufs Podium.

Dort begann auch die Auseinandersetzung über die Frage, ob der Schriftstellerverband in die Industriegewerkschaft Druck und Papier oder in die Gewerkschaft Kunst eintreten solle, die jedoch das von den Schriftstellern geforderte Eigenleben nicht akzeptieren wollte. Auf dem Schriftstellerkongress prallten zwei Meinungen hart aufeinander: Günter Grass plädierte massiv für die IG Druck und Papier. Martin Walser argumentierte dagegen und sprach sich für das Fernziel einer IG Kultur aus. »Nur eine IG Kultur kann aus dem Grüppchen-Wesen eine Gruppe machen, die den Multimediakonzernen gewachsen ist«, rief er unter stürmischem Beifall aus.

Thaddäus Troll nahm in dieser Auseinandersetzung zunächst eine Position in der Mitte ein. »Mit der Gewerkschaft, aber nicht gleich in der Gewerkschaft«, war seine Auffassung.

Die Auseinandersetzung zwischen Martin Walser und Günter Grass spitzte sich jedoch zu. Walser hatte beim Kongress darauf hingewiesen, dass von den soeben frisch gewählten Vorstandsmitgliedern (Reinhard Baumgart, Thaddäus Troll, Helmut M. Braem, Ingeborg Drewitz) drei für ein Aufschieben des Eintritts in die IG Druck und Papier einträten. Gemeint waren wohl Troll, Braem und Drewitz. Und dies bedeute für ihn, Walser, dass die Majorität des Verbandes den Gewerkschaften gegenüber eine »eher negative Haltung« einnehme und deshalb die Teilnehmer der anschließenden Podiumsdiskussion – Carl Amery, Heinrich Böll, Günter Grass, der Politikwissenschaftler Kurt Sontheimer, Thaddäus Troll und der Lyriker Guntram Vesper – keineswegs repräsentativ für die Meinungen im Schriftstellerverband stünden. Grass widersprach heftig; Walser habe mit seiner Interpretation der Vorstandswahlen »bewusst falsche Information verbreitet und besonders Thaddäus Troll denunziert«.

Das führte drei Wochen nach dem Kongress zu einem Brief von Walser an Grass, in dem er dieser Auffassung entgegentrat. »Ich hätte den Wunsch, daß Du – zumindest bei Dir selbst – zurücknimmst, ich hätte Herrn Bayer denunziert. Diese Behauptung finde ich so miserabel, ich finde sie auch ehrenrührig und terroristisch und weinerlich«, schreibt er, denn »ich mag Herrn Bayer«.

Nach den Weihnachtsfeiertagen, am 29. Dezember 1970, reagiert Thaddäus Troll, dem Martin Walser seinen Brief an Günter Grass zur Kenntnis hatte zukommen lassen. Er habe sich von Walser auf dem Kongress nicht denunziert gefühlt, erklärt Troll. »Ich hatte an jenem Abend nur das Gefühl, in die rechte Ecke abgedrängt worden zu sein, in der ich nicht so recht heimisch bin.« Seine und die Meinung Walsers halte er nicht für unvereinbar, schreibt er Grass. Walser habe das erstrebenswerte Fernziel einer IG Kultur im Auge, während ihm, Troll, am »Nahziel der Versorgung für unsere alten Mitglieder, denen es zum Teil miserabel geht«, gelegen sei. Als Beispiel nennt er den Autor Kurt Heynicke, der am Ende seines Lebens schwer

VS-Bundesvorstand, 14./15. Juli 1972. Von links: Troll, Helmut M. Braem, Ursula Bräuning, die erste Geschäftsführerin des VS und Frau des Schriftstellers Herbert Bräuning, Reinhard Baumgart, Susanne Bayer.

sehbehindert war. »Ich bin auch den Gewerkschaften gegenüber vorsichtiger als Sie. Ich möchte zunächst wissen, was wir von ihnen zu erwarten haben, bevor ich in eine Gewerkschaft eintrete.« Ihn interessiere beispielsweise, ob sie sich für eine Gebührenerhöhung beim Rundfunk einsetzten.

Martin Walser antwortet kurz darauf unter Hinweis auf Trolls gerade erschienenen »Schwäbischen Schimpfkalender«, den Troll seinem Brief beigefügt hatte: »Meine 4 Töchter haben inzwischen von Ihrem Kalender unmäßig Gebrauch gemacht, sie benennen einander nur noch nach den auf den jeweiligen Geburtstag fallenden Namen, Sie haben es bei uns also geschafft, die jahrtausend alte christliche Trennung in Vor- und Familiennamen u. die spätere Trennung vom Heiligen des Geburtstages wieder aufzuheben!«

Beim Stuttgarter Schriftstellerkongress wird dann bei zwei Gegenstimmen und einer Enthaltung der Auftrag an den Vorstand verabschiedet, »in Kontakt mit dem DGB, andererseits mit der IG Druck und Papier sowie der

Gewerkschaft Kunst die Voraussetzungen zu klären, unter denen im Lauf der weiteren Entwicklung – arbeitnehmerähnlicher Status, Tariffähigkeit – aus der Phase der Kooperation der Anschluss an eine Gewerkschaft unter Wahrung der Selbständigkeit einer Fachgruppe hervorgehen kann.«

Bereits ein Jahr später, im November 1971, beschließt die VS-Delegiertenkonferenz in der Akademie der Künste in Berlin mit 26 von 32 Stimmen den Anschluss des VS an die IG Druck und Papier. Das löst Widerstand unter den Schriftstellern aus. Konservative Autoren wüten, der geplante Weg mit dem Beitritt zu einer »Richtungsgewerkschaft« führe »ins Chaos«. Etwa 50 Schriftsteller gründen 1973 in Bayern den »Freien Deutschen Autorenverband«, der heute unter dem Dach des Deutschen Kulturrats existiert. Doch die geplante Spaltung des VS gelang nicht.

Auch im Südwesten gab es Protest. Zwölf Autoren haben den Verband sofort verlassen, weil sie nicht Gewerkschaftsmitglieder werden wollten. Aber immerhin: Ende 1973 sind von 275 Mitgliedern im Südwesten über 100, also mehr als ein Drittel, in die Gewerkschaft eingetreten, kann der Vorsitzende Troll 1974 stolz verkünden.

Besonders geschmerzt hat Thaddäus Troll der Austritt der Reisejournalistin und Vertreterin des Landesfremdenverkehrsverbandes Anneliese Schuhholz. 1975 schreibt er ihr mit »traurigen Grüßen«, dass er »in den letzten und in den nächsten Monaten sehr damit beschäftigt war, bin und sein werde, das schwer angeschlagene Schifflein des VS in ruhiges Fahrwasser zu bringen, um dann den Kapitänsposten in jüngere Hände zu legen«. Warum er das tue? »Ich möchte einfach allen Schreibenden dieses Landes, welcher Couleur sie auch sein mögen, was sie auch schreiben, eine geistige Heimat, Nestwärme, Schutz vor dem Übermut der Ämter und vor der Profitsucht gewisser Verleger schaffen und erhalten.« Und wenn ihn seine Freunde »bei diesen Bemühungen, die doch bis jetzt gar nicht so fruchtlos waren, im Stich lassen, dann stimmt mich das besonders trist.«

Einer, der Trolls Weg scharf kritisierte, war der Journalist und Rechtsanwalt Dieter Schnabel, später Pflichtverteidiger im Baader-Meinhof-Prozess. In einem 1974 erschienenen Zeitungsartikel, den er noch 2003 in sein Buch »Zuweilen muss einer da sein, der gedenkt« aufgenommen hat, missbilligte er Trolls Kurs: Der Eintritt in die IG Druck sei »nicht gerade ein Weg der Liberalität des sich gern selbst als ultra-liberal bezeichnenden Schriftstellers. ... Und so werden ihm auf diesem Weg von der Mitte nach links auch nicht alle bisherigen Weggefährten folgen, darunter auch liberale Kollegen, die es nicht verstehen, daß der einmal auf seine schwäbische Liberalität so stolze ... Schriftsteller-Boß des Landes immer mehr auf den nicht gerade tradionell-liberalen Teil der sozial-liberalen Koalition setzt und sich immer mehr vor den Karren der einen Partei spannen lässt.«

Inzwischen hatte der VS bereits Erfolge erzielt: Mit Wirkung vom 1. Januar 1973 haben die Autoren einen Anspruch auf Honorare aus der Buchausleihe in öffentlichen Bibliotheken. Die Hälfte der Einnahmen aus der Bibliotheksabgabe soll dem Autorenversorgungswerk zufließen und somit sozialen Zwecken dienen. Dies war eines der großen Anliegen Trolls. Ein weiteres Ziel war die Tariffähigkeit des Verbandes innerhalb der Gewerkschaft. Das bewahrt Autoren davor, einer beliebigen Festsetzung von Honoraren ausgeliefert zu sein.

Werner Illing hat Trolls Arbeit im VS-Landesverband beschrieben. Er rühmt besonders die Bereitschaft Trolls, sich für einzelne Kollegen einzusetzen, »auch Hilfsquellen zu erbohren, die den eigenen Clan nicht belasten ...« Um unmittelbar Nützliches für andere zu bewirken, sei er auf Verbindungen mit Gruppen eingegangen, die seiner politischen Überzeugung ferner standen. Gleichzeitig habe er um neue Mitglieder geworben, um den Verband zu stärken. Illing erinnert aber auch an Trolls letzte Jahre im baden-württembergischen VS, an die »störenden Einflüsse, von denen ich glaube, dass sie auf einer Fehleinschätzung unserer Möglichkeiten in dieser unserer demokratischen

Gesellschaft beruhen«. Auf alte Verdrießlichkeiten möchte Illing dabei nicht zurückkommen, doch »soviel sei gesagt: Hier sind Kräfte verbraucht worden, die Besserem hätten dienen können.«

Gemeint ist die zähe Debatte über die politische Verantwortung von Autoren, die Walter Jens beim Schriftstellerkongress 1974 in Frankfurt am Main angesprochen hatte: »Wir Schriftsteller, die wir uns als bürgerliche Demokraten verstehen, sollten die Behauptung unserer Gegner, dass wir radikal seien, nicht als Beschimpfung, sondern als Ehrenerklärung verstehen.« Und Günter Wallraff fügte hinzu: Literatur müsse »an die Gewalten appellieren, die ihre Kraft beim Zerstören beweisen und an die Gewalten, die ihre Kraft beim Helfen beweisen. In diesem Sinne haben wir ›Radikale im öffentlichen Dienst‹ zu sein.«

Der Konflikt zwischen konservativen Politikern und Schriftstellern, die überwiegend den Machtwechsel 1969 beklatscht hatten, spitzte sich in den 70er Jahren immer mehr zu. Sie kumulierte darin, dass der bayerische Ministerpräsident Franz Josef Strauß (CSU) 1978 Schriftsteller wie Rolf Hochhuth, der Filbingers dunkle Vergangenheit als Marinerichter aufgedeckt hatte, und den damaligen VS-Vorsitzenden Bernt Engelmann als »Ratten und Schmeißfliegen« beschimpfte.

Hauptthema dieser Auseinandersetzung in den 70er Jahren war die öffentliche Diskussion um den Terrorismus der Baader-Meinhof-Bande, die sich »Rote Armee Fraktion« (RAF) nannte. Im Januar 1972 hatte Heinrich Böll mit einem Artikel im Nachrichtenmagazin »Der Spiegel« großes Aufsehen vor allem bei konservativen Politikern erregt. »Es kann kein Zweifel bestehen: Ulrike Meinhof hat dieser Gesellschaft den Krieg erklärt«, schrieb Böll, fuhr aber fort: »Es ist inzwischen ein Krieg von sechs gegen 60 Millionen. Ein sinnloser Krieg. Ulrike Meinhof will möglicherweise keine Gnade. Trotzdem sollte man ihr freies Geleit geben, einen offiziellen Prozess.« Das war zu einer Zeit, da die RAF die ersten Menschen erschossen hatte und einige Schauspieler und Psychologen der

RAF-Bande Wohnungen zur Verfügung gestellt hatten. Ulrike Meinhof war noch untergetaucht. Sie wurde erst im Juni 1972 festgenommen. Der damalige FDP-Innenminister Hans Dietrich Genscher kritisierte, dass »verschiedene Leute« die Anschläge der RAF »bagatellisiert und beschönigt« hätten.

Böll löste mit seinem Artikel scharfe Kritik aus. Der CDU-Abgeordnete Friedrich Vogel nannte im Bundestag die »Bölls und Brückners« intellektuelle Helfershelfer des Terrors. Gemeint war der Göttinger Psychologie-Professor Peter Brückner, der sich als radikaler Linker stark für die Studentenbewegung einsetzte und zwei Semester lang vom Dienst suspendiert worden war, weil er der Baader-Meinhof-Bande sein Wochenendhaus als Unterschlupf zur Verfügung gestellt hatte. Daraufhin wandten sich 14 deutsche Schriftsteller in einem offenen Brief an den Bundestag. Sie warnten »vor einer abermaligen Zerstörung der Keime einer freiheitlich demokratischen Grundordnung in Deutschland unter dem Vorwand ihrer Verteidigung. Die Verfolgung von definierbaren Straftaten wie Bombenanschlägen und sonstigem Terror ist eine Sache, die Diskriminierung politischer Gesinnung eine vollständig andere.« Heinrich Böll später: »Damit ist ein Klima der Denunziation geschaffen, in dem kein Intellektueller mehr arbeiten kann. Ich kann in diesem gegenwärtigen Hetzklima nicht arbeiten.« Zu den Unterzeichnern gehörten Alfred Andersch, Ernst Bloch, Walter Jens, Uwe Johnson, Wolfgang Koeppen, Günter Wallraff und Eckart Spoo. Thaddäus Troll war zu dieser Zeit (noch) nicht dabei. Er hat sich erst später indirekt in die Reihe der Kritiker eingereiht, nachdem er die Auseinandersetzung mit seiner politisch wachsam gewordenen Tochter Isabel durchgestanden hatte.

Gegen Ende der 70er Jahre ist nicht nur das Verhältnis zwischen Politik und Literatur sehr schwierig geworden, auch die Auseinandersetzungen innerhalb des VS werden aggressiver und sind jetzt oft mit persönlichen Verletzungen und Diffamierungen verbunden. In einer Geschichte des Verbands deutscher Schriftsteller heißt es: »Immer wieder neu stellt sich die Frage nach der Gewichtung in der VS-Arbeit: Sozialpolitik für die Autoren, allgemeine politische Stellungnahmen, ›reine‹ Literaturpolitik.«

Diskussionen und Auseinandersetzungen gab es auch im Zusammenhang mit dem Verhalten des VS gegenüber Schriftsteller-Dissidenten aus der DDR einerseits, gegenüber den offiziellen Schriftstellerverbänden beziehungsweise Regierungen in Osteuropa andererseits. Dem Vorsitzenden Bernt Engelmann und seinem Vorstand wird »Anbiederung an die östlichen Machthaber oder gar Klüngelei mit stalinistischen Verbrechern vorgeworfen, Vernachlässigung von aus der DDR ausgewiesenen Autoren (wie Reiner Kunze, Sarah Kirsch oder Hans-Joachim Schädlich), Verharmlosung des Terrors im Realsozialismus.« Tatsächlich betreibt Engelmann in auffälliger Weise eine Annährung an die offizielle DDR-Schriftstellerpolitik mit ihrem repressiven Charakter und vergleicht die Verfolgung von DDR-Autoren mit Vorgängen, »die wir in der Bundesrepublik als Schriftsteller leider auch gewöhnt sind«. Gerade diejenigen, die sich über die Ausschlüsse aus dem DDR-Schriftstellerverband am meisten aufregten, seien »diejenigen, die uns hier am meisten beschimpfen.« Erst 2004 wurde publik, dass Engelmann ab 1982 »Inoffizieller Mitarbeiter« der Stasi war.

Troll hat mit dem autoritären DDR-Regime wenig am Hut, obwohl dort eine populäre Rätselzeitschrift und ein Motorroller »Troll« hießen. Er fühlt sich bei seinen beiden DDR-Reisen – eine davon 1964 in das Krankenhaus seines Schwiegervaters in Sommerfeld bei Berlin anlässlich der Umbenennung in Hellmuth-Ulrici-Klinik – bestätigt. »Er kam immer sehr bedrückt aus sozialistischen Ländern zurück«, erinnert sich Eleonore Lindenberg. Er will auch seinen Lieblingschriftsteller seit Jugendzeiten, den Kommunisten Friedrich Wolf, kurz vor dessen Tod 1953 am Krankenlager in der DDR besucht haben, schreibt er dem ehemaligen Generalbundesanwalt Ludwig Martin, um seine positive Besprechung einer Wolf-Theateraufführung zu verteidigen.

Einmal hat Troll versucht, sein Buch »Deutschland deine Schwaben« seiner Bekannten Doris Grunt nach Neukieritzch südlich von Leipzig in der DDR zukommen zu lassen. Es kam nicht an, sondern wurde zurückgeschickt. Ihr schreibt er: »Die DDR sollte ich auch schon lange wieder einmal besuchen, aber ich muß gestehen, die Grenzformalitäten mit dem Durchwühlen der Bücher und Schriftsachen sind für mich so erniedrigend, daß ich immer wieder davor zurückhufe.« Die Staatssicherheit hat wenig Aufhebens von seinen wenigen Besuchen gemacht. Zwar hat die Firma »Horch und Guck« wohl registriert, dass Troll Kriegsberichterstatter gewesen war, doch findet sich in den Stasi-Unterlagen kein Hinweis auf einen »operativen Vorgang« in Sachen Troll beziehungsweise Hans Bayer.

Allerdings berichtet Troll Doris Grunt stolz, dass er in einem Humor- und Satire-Preisausschreiben des bulgarischen Volksjugendverlages den 1. Preis gewonnen habe und dies »vor einem sowjetrussischen und einem recht namhaften amerikanischen Kollegen«. Im Sommer 1972 reist er für drei Wochen als Gast des Verlags nach Bulgarien, kehrt aber auch von da ziemlich enttäuscht zurück.

In der Bundesrepublik dagegen fühlt sich Thaddäus Troll nach 1972 geehrt und betroffen zugleich, gemeinsam mit Heinrich Böll, Günter Grass und Walter Jens als Sympathisant der RAF verschrien zu sein. Dabei hat er sich zur »Roten Armee Fraktion« und ihrem in Stuttgart-Stammheim von 1975 bis 1978 laufenden Prozess gegen Andreas Baader, Gudrun Ensslin, Ulrike Meinhof und Jan-Carl Raspe gar nicht öffentlich geäußert. Auch in seinem Nachlass sind weder Briefe noch Gedichte zu diesem Thema zu finden.

Nicht einmal, als sein Arzt Joachim Schröder zusammen mit vier weiteren Ärzten im September 1975 in einem Gefälligkeitsgutachten den Angeklagten »beschränkte Verhandlungsfähigkeit« als Folge der zurückliegenden Hungerstreiks bescheinigte und so den Prozess zu

Troll zwischen Walter Jens (links) und Erwin Sylvanus (rechts von ihm) bei der PEN-Tagung in Budapest, April 1980.

gefährden drohte, äußert sich Thaddäus Troll. Theodor Prinzing, der später abgelöste Vorsitzende des Verfahrens, rettete den Prozess dadurch, dass er ihn ohne die Angeklagten fortsetzte.

Troll stellt sich allerdings an die Seite des Stuttgarter Theaterintendanten Claus Peymann, der durch einen Anschlag am Schwarzen Brett im Staatstheater zu einer Spendensammlung für eine Zahnbehandlung der in Stuttgart-Stammheim einsitzenden RAF-Terroristin Gudrun Ensslin aufgerufen hatte. Für Filbinger und seinen Kultusminister Wilhelm Hahn war dies Anlass genug, Peymann massiv unter Druck zu setzen und seine sofortige Ablösung zu fordern. Der Stuttgarter Oberbürgermeister Manfred Rommel stellte sich im gemeinsamen Theaterausschuss von Stadt und Land allerdings vor den Regisseur und erreichte immerhin, dass Peymann seinen Vertrag bis Ende 1979 erfüllen konnte. Hahn, selbst Mitglied im Theaterausschuss, stellt es in seinen Erinnerungen so dar: Peymann habe von sich aus angeboten, über seine Vertragslaufzeit hinaus in Stuttgart nicht mehr tätig sein zu wollen.

1977 war die Schriftstellerin Luise Rinser in Gerlingen als angebliche »Sympathisantin der RAF« von zwei CDU-Stadträten ausgeladen worden. Troll ist entsetzt. Er bittet die Kollegin um »Verzeihung für das, was in meinem Heimatland möglich ist«. »Ich schäme mich«, schrieb er Luise Rinser, »wenn ich daran denke, welche Schlüsse auf meine Landsleute Sie ziehen müssen nach all dem Provinzialismus, Tartuffismus, Denunziantentum, der Intoleranz, Geistfeindlichkeit, Inferiorität, die Ihnen von der Politbürokratie dieses Landes entgegengebracht worden sind.« Er erinnert an die Namen Frischlin, Ratgeb, Kepler, Schiller, Hegel, Hölderlin, Schubart, Mörike, Herwegh, Hesse und Brecht, mit denen »eine Addition von Schandtaten verbunden [war], denen diese meine Landsleute in ihrer Heimat ausgesetzt waren«. »Denn selten lebten in diesem Land die regierende Macht und der schöpferische Geist in Harmonie miteinander.«

Er rügt, dass Gemeinderäte verhinderten, dass der Arbeiterdichter Georg Herwegh Namensgeber für einen Literaturpreis werde, stattdessen sei eine Schule nach dem Nazibarden Hermann Burte benannt und verhindert worden, dass Heinrich Heine für eine Schule oder Ernst Bloch Namensgeber für einen Platz wurden, weil Letzterer sich »einer solchen Ehrung unwürdig gezeigt habe«.

Nicht im engeren Sinne als Funktionär, sondern als Mitglied wurde Thaddäus Troll 1971 in das PEN-Zentrum gewählt. Vier Jahre später rückt er allerdings ins Präsidium des PEN Deutschland auf und wird 1978, als Walter Jens Präsident ist, dessen Vize. Zu den PEN-Tagungen, die jedes Jahr in einem anderen Land stattfinden, reisen aus jedem Mitgliedsland zwei Delegierte – Troll gehört meist dazu. Er reist vom Nordkap bis nach Barbados, von Bombay und Singapur bis Australien, von Ägypten bis Rio de Janeiro. Aus Australien bringt er die berühmte Anekdote des Asperger Kühlgeräte-Herstellers Carl Fink (»Eisfink«)

mit, der nach einer Unternehmer-Reise auf dem Airport, auf das Flugzeug wartend, stöhnte: »Do hocksch jetzt en Sidney rom, ond drhoim sott ma d Bäum schpritza!«

Der Exzentriker Peter O. Chotjewitz spottet über die Veranstaltungen des PEN mit dem Ausdruck »Veteranentreffen«, aber das muss nichts besagen. Chotjewitz war selber Mitglied des PEN und im Vorstand des VS. Kurz vor seinem Tod wollte Troll noch zur PEN-Sitzung nach Rottach-Egern fahren, doch es kam nicht mehr dazu.

PEN Deutschland, der heute 708 Mitglieder zählt, ist eines von weltweit über 140 PEN-Zentren, die im Internationalen PEN vereint sind. Der PEN wurde 1921 in England als literarischer Freundeskreis gegründet. Schnell hat er sich über die Länder der Erde ausgebreitet und sich als Anwalt des freien Wortes etabliert – er gilt als Stimme verfolgter und unterdrückter Schriftsteller, eine Leidenschaft, der auch Thaddäus Troll besonders anhing. Kritisiert wird allerdings der britische Clubcharakter. Mitglied eines PEN-Zentrums kann nur werden, wer aus den Reihen der Mitglieder des betreffenden Zentrums für eine Zuwahl vorgeschlagen wird, außerdem muss der Vorschlag von mindestens zwei Bürgen aus dem Zentrum getragen werden. Voraussetzung für die Mitgliedschaft sind mindestens zwei eigenständige Publikationen.

Die drei Buchstaben standen ursprünglich für »Poets, Essayists, Novelists«, also Dichter, Essayisten und Romanschriftsteller beiderlei Geschlechts, außerdem erinnerte die Abkürzung natürlich an »pen«, das englische Wort für »Feder«. Heute steht die Vereinigung allen offen, die mit Text oder freier Meinungsäußerung zu tun haben; in Deutschland noch immer etwas eingeschränkter »Schriftstellern, Übersetzern, Herausgebern und anderen Personen, die sich bedeutende Verdienste um die Literatur erworben haben«, wie es in der Satzung des PEN-Zentrums Deutschland heißt.

Mitglieder des PEN, so heißt es in der Charta, die jeder Novize unterschreiben muss, »sollen jederzeit ihren ganzen Einfluss für das gute Einvernehmen und die

PEN-Tagung in Szentendre, Ungarn, 1980; Troll als Zweiter von links, Walter Jens Dritter von rechts.

gegenseitige Achtung der Nationen einsetzen. Sie verpflichten sich, mit äußerster Kraft für die Bekämpfung von Rassen-, Klassen- und Völkerhass und für das Ideal einer einigen Welt und einer in Frieden lebenden Menschheit zu wirken.« Und weiter: Der PEN stehe auf dem Standpunkt, »dass der notwendige Fortschritt in der Welt hin zu einer höher organisierten politischen und wirtschaftlichen Ordnung eine freie Kritik gegenüber Regierungen, Verwaltungen und Institutionen zwingend erforderlich macht. Und da die Freiheit auch freiwillig geübte Zurückhaltung einschließt, verpflichten sich die Mitglieder,

Thaddäus Troll, der Funktionär

solchen Auswüchsen einer freien Presse wie wahrheitswidrigen Veröffentlichungen, vorsätzlichen Fälschungen und Entstellungen von Tatsachen für politische und persönliche Ziele entgegenzuarbeiten.«

In seinen vier Rollen – als Vorsitzender des Schriftstellerverbandes in Baden-Württemberg, als Stellvertreter im VS-Bundesverband, als Vizepräsident des PEN-Clubs und als stellvertretender Vorsitzender im Rundfunkrat – hat Troll Dinge bewegt, die heutzutage selbstverständlicher Besitzstand der Autoren sind. Mit auf seine Initiative hin hat Bundeskanzler Helmut Schmidt am Ende seiner Amtszeit die Künstlersozialversicherung auf den Weg gebracht. Finanziert von den Unternehmen, die Kunst und Publizistik verwerten, sowie durch einen staatlichen Zuschuss, übernimmt sie die Hälfte der Mitgliedsbeiträge für die gesetzliche Kranken-, Pflege- und Rentenversicherung. Weitere Erfolge, an denen Troll großen Anteil hatte, waren die Bibliotheksabgabe, die Modifizierung des Schulbuchparagraphen im Urheberrecht und eine Pensionskasse für freie Mitarbeiter der Rundfunkanstalten.

Das Stuttgarter Schriftstellerhaus, für das sich Troll schon bei Ministerpräsident Hans Filbinger (CDU) und beim Liegenschaftsamt der Stadt Stuttgart massiv eingesetzt hatte, wurde erst von Filbingers Nachfolger Lothar Späth umgesetzt. Trolls Nachfolger an der VS-Spitze, der SDR-Abteilungsleiter Johannes Poethen, hat das Haus zu seiner Errungenschaft gemacht, obwohl der Anstoß dazu von Thaddäus Troll stammte. Das »Häusle« in der Stuttgarter Kanalstraße dient – bundesweit einmalig – seit 1983 als Autorentreffpunkt, Veranstaltungs- und Tagungsort; es beherbergt Wohn- und Arbeitsraum für Stipendiaten und ermöglicht auswärtigen Schriftstellern und Übersetzern eine kostengünstige Übernachtung.

1974 schließlich wagt sich Troll in die Höhle des Löwen. Zusammen mit einigen Kollegen vom »Verband deutscher Schriftsteller in Baden-Württemberg« besucht er Ministerpräsident Hans Filbinger. Zwei Jahre zuvor hatte der CDU-Mann gerade die absolute Mehrheit im »Ländle«

gewonnen, und nun plant er eine engere Kooperation zwischen den damals noch selbständigen Rundfunkanstalten Saarländischer Rundfunk (SR) in Saarbrücken, Süddeutscher Rundfunk (SDR) in Stuttgart und Südwestfunk (SWF) in Baden-Baden.

Darunter könnten die Autoren, die für mehrere Anstalten arbeiten, leiden, monieren die Schriftsteller. »Durch die Kooperation wird nicht nur das kulturelle Angebot drastisch reduziert, die ausübenden und reproduzierenden Künstler, Schauspieler, Sprecher, Komponisten, Musiker und Autoren haben auch einen großen Teil ihres Marktes verloren«, warnt Troll den Regierungschef. Und da »die Autoren sozial nicht abgesichert sind, bedeutet das für viele ein Absinken unters Existenzminimum«. »Die Schriftsteller dieses Landes, soweit sie nicht zu den Erfolgsautoren gehören, leben in ständiger Existenzbedrohung und Existenzangst.« Mildtätigkeit ist es aber nicht, was Troll von der Landesregierung erwartet. Entscheidend müsse es darauf ankommen, »den von der Kooperation betroffenen Kollegen neue Arbeitschancen« zu geben.

Zuvor hatte Thaddäus Troll während der Gründungssitzung des »Förderkreises deutscher Schriftsteller in Baden-Württemberg« in Heidelberg Details mitgeteilt: Durch die Zusammenlegung der Kulturredaktionen der drei Sender sinke das Honorar von bisher 200 beziehungsweise 150 Prozent für Erst- und Zweitsendungen auf 120 Prozent für alle Sendungen in den drei Anstalten. Dabei betrage die Einsparung bei den kooperierenden Sendern nur ein Prozent des Haushaltsplans.

Auch die Bibliotheksabgabe ist noch nicht in trockenen Tüchern, weil noch Verfassungsklagen von Verlagen anstehen. Verwaltet wird die Abgabe damals von den vier Verwertungsgesellschaften Wort, Wissenschaft, Bild-Kunst und GEMA. Ein festgelegter Anteil fließt in Sozialwerke, bei der VG Wort ins »Autorenversorgungswerk«, das Altersvorsorge und Krankenversicherung bezuschusst – damit »der VS von der demoralisierenden Aufgabe befreit wird, für seine alten und kranken Mitglieder bei den

Wohlfahrtsorganisationen betteln zu müssen«, wie Troll in einem Brief an Filbinger nach der Begegnung schreibt.

Als ihn Filbinger aber für das Bundesverdienstkreuz vorschlagen will, lehnt er süffisant ab. Ein solcher Orden passe nicht zu Thaddäus Troll, schreibt er dem zuständigen Beamten im Staatsministerium, zumal »ich keinen Frack habe, um den Orden zur Geltung zu bringen«.

Gleichzeitig – und das spricht für die Bescheidenheit Trolls – bittet er darum, seine Ablehnung geheim zu halten. »Über dpa publizierte Zurückweisungen von Orden kommen mir viel eitler vor als Annahmen.«

Eine weitere Institution hat Thaddäus Troll mit aus der Taufe gehoben: Im November 1973 wurde in Heidelberg der »Förderkreis deutscher Schriftsteller in Baden-Württemberg« unter Vorsitz des Heidelberger Schriftstellers und Kino-Kritikers Gert Kalow gegründet. Stellvertretender Vorsitzender: Thaddäus Troll.

Als Vorsitzender des Schriftstellerverbands klopfte Troll auch beim Kultusministerium an, um Fördermittel zu erbitten – diesmal nicht für soziale Zwecke, sondern um »literarische Begabungen im Lande aufzuspüren und ihnen Starthilfe zu leisten«. Außerdem sollte die, wie Troll sagte, »lähmende Stille« um manchen verdienten Autor aufgehoben werden, »der sich im konzentrierten Presse- und Verlagswesen nicht mehr zurechtfindet.« »Es könnte ja ein Kafka in diesem Lande wohnen«, meinte er.

Doch die Kultusministerkonferenz hatte irgendwann beschlossen, Mittel zur Förderung der Kunst sollten nicht Berufsverbänden zugewendet werden. Dahinter stand das Misstrauen, die Berufsverbände könnten damit Standespolitik machen, ungebundene Künstler dabei nicht zum Zug kommen oder mittelbar zum Beitritt genötigt werden. Das Kultusministerium war der Meinung, die Kunst sei frei; die Förderwürdigkeit von Kunst dürfe nicht von irgendeiner Mitgliedschaft ihres Urhebers abhängig sein.

Egbert-Hans Müller, Literaturförderer im Ministerium (ab 1978 im neu gegründeten Ministerium für Wissenschaft und Kunst) und als »Reinhard Gröper« selbst

Romanautor, erinnert sich, dass Thaddäus Troll in mancher Augen als rotes Tuch anhing, dass er sich für einen »potentiell so aufsässigen Haufen wie die Schriftsteller engagierte, selbst eine scharfe Klinge führte und gar noch für die SPD eingetreten war«.

Wenn der Schriftstellerverband also keine Fördermittel bekommen konnte, dann musste man eben eine Institution gründen, die dazu in der Lage war. Dies war der Förderkreis. Er übernahm vor dem Eintritt des Süddeutschen Schriftstellerverbandes in die IG Druck und Papier dessen Vermögen in Höhe von 10 500 D-Mark, erhielt ferner Unterstützungsgelder des Landeswohlfahrtsverbandes und eröffnete vor allem die Möglichkeit, in die Förderpolitik der Landesregierung aufgenommen zu werden. Tatsächlich steigt die Fördersumme aus der Landeskasse von anfangs 20 000 auf 100 000 D-Mark und erreicht damit die Höhe, die Troll Ministerpräsident Hans Filbinger als Ziel genannt hatte. Heute sind es übrigens 100 000 Euro.

Der Rundfunkredakteur Martin Blümcke, Förderkreis-Vorsitzender 1989 bis 2001, hat festgestellt, in der Satzung des jungen Vereins finde sich »unverkennbar« die Handschrift Trolls wieder, vor allem in Paragraph 2, der den Zweck beschreibt:

»Der Verein dient im Geist von Toleranz und Demokratie, von Völkerverständigung und Friedenswillen der Förderung der Volksbildung und des literarischen Lebens in Baden-Württemberg. Der Verein bemüht sich um Mittel, verwaltet und vergibt sie zur Förderung von Schriftstellern, die ihren ständigen Wohnsitz in Baden-Württemberg haben. Der Verein bemüht sich weiterhin um die Unterstützung von Schriftstellern, die aus persönlichen, wirtschaftlichen oder sozialen Gründen der Hilfe bedürfen.«
Auf Verlangen des Ministeriums wurde der Passus aufgenommen: »... um alle in Baden-Württemberg wohnhaften Schriftsteller, ob organisiert oder nicht organisiert, zu fördern und zu unterstützen.«

Dieser Förderkreis, dessen Vorsitz Troll 1979 übernimmt, entwickelt sich über seine engere soziale Aufgabe hinaus zu einer literarischen Institution. Im Wilhelmspalais, der damaligen Heimat der Stadtbücherei Stuttgart, finden regelmäßig »Forum« genannte Leseabende von jungen Schriftstellern statt, die sich auf diese Weise bekannt machen und denen der Förderkreis ein anständiges Honorar für ihren Auftritt bezahlt. Thaddäus Troll ist fast regelmäßig dabei, moderiert die Abende und wettert beispielsweise im Stauferjahr 1977 gegen die Fusion von Rundfunkanstalten und Zeitungen. »Die Vielfalt der Meinungen entwickelt sich zur Einfalt«, sagt er, und: »Aus dem Fass der Kreativität wird geschöpft, ohne dass es nachgefüllt wird.« Dem wolle der Förderkreis entgegenwirken. »Er will jedem in diesem Lande lebenden Schriftsteller, ob Eingeborener oder Reig'schmeckter, ob Staufer oder Welfe, ob organisiert oder nicht organisiert, Starthilfe bieten, eine Chance geben, zu Wort zu kommen, sich mitzuteilen, um dem verödeten Markt neue Produkte zuführen zu können.«

Die Sindelfinger Schriftstellerin Irmela Brender erinnert sich an einen Abend, an dem ein Autor »las und las, über die vorgesehene Zeit hinaus, immer noch und immer noch ein Kriegserlebnis«. Da sprang Thaddäus Troll, sonst im Ton eher zurückhaltend, auf und bat den Autor herzlich um Gnade für das Publikum, das doch auch mit dem Ende einer Veranstaltung rechnen dürfe.

Der Auftakt dieser Lesereihe war allerdings von einem Misston begleitet: Er wurde als Veranstaltung des VS angekündigt, was im Ministerium als Provokation empfunden wurde.

1980 verankerte der Förderkreis auch den Thaddäus-Troll-Preis zum Andenken an Hans Bayer in seiner Satzung. Er ist inzwischen mit 10 000 Euro dotiert und wird vor allem an jüngere Autoren vergeben; in der Regel an einen der Stipendiaten des Förderkreises.

Die Initiative ging noch von Thaddäus Troll selbst aus. Am 23. Januar 1980 hatte er auf einer Vorstandssitzung angeregt, einen Förderpreis ins Leben zu rufen; Anfang März informierte Troll als Vorsitzender des Förderkreises die Presse von dem neuen Preis. Troll selbst berief die erste Jury mit Ekkehart Rudolph als Vorsitzendem, Rosemarie Tietz und Christoph Lippelt.

1981 wurde der Thaddäus-Troll-Preis erstmals verliehen – an Manfred Esser für seinen »Ostendroman«. Preisträger 1985 war der Landeshistoriker Gerhard Raff, den Troll immer wieder auf seine Lesungen mitgenommen und ihn als »mein Nachfolger« vorgestellt hatte. Raff hat zum 80. Geburtstag von Thaddäus Troll eine Festrede gehalten und als Honorar dafür verlangt, dass zehn Jahre lang zum Geburtstag und zum Todestag ein Blumenstrauß an Trolls Grab auf dem Steigfriedhof in Cannstatt niedergelegt werden sollte. »Bis heute ist nichts ›ausbezahlt‹ worden«, klagt Raff.

Thaddäus Troll und die Meinungsfreiheit

Im Jahr 1959 wurde Thaddäus Troll vom Schriftstellerverband Baden-Württemberg, dessen Vorgängerorganisation »Süddeutscher Schriftstellerverband« er 1951 mitgegründet hatte, in den Rundfunkrat des Süddeutschen Rundfunks delegiert. »Gewählt« wäre der falsche Ausdruck, denn im Unterschied zu den Rundfunkanstalten in der ehemals französischen und der britischen Zone setzten die Amerikaner durch, dass die Aufsichtsgremien der Sender ihrer Zone nicht vom Landtag oder von den Landesregierungen beschickt wurden, sondern von den »gesellschaftlich relevanten Gruppen«, wie es im SDR-Rundfunkgesetz hieß. Dazu zählten Publizistik, Kultur, Bildung, Kirchen, Gewerkschaften, Vertriebene, Arbeitgeber- oder Frauenverbände. Zwar hatten die Parteien dieses System immer wieder zu unterlaufen versucht, indem sie ihnen genehme Mitglieder über die Verbände ins Spiel brachten; Thaddäus Troll jedoch gehörte nicht dazu.

Aufgabe des Rundfunkrats war es, als Vertreter der Allgemeinheit die Satzung der Rundfunkanstalt zu bestimmen, den Intendanten zu wählen, die Programmgestaltung zu begleiten und den Haushalt und den

Troll (rechts, mit Bart) im Gespräch mit dem Intendanten des Süddeutschen Rundfunks, Hans Bausch, Januar 1974.

Jahresbericht zu beschließen. Hauptsächlich aber galt es, auf die Unabhängigkeit des Programms gegenüber allen politischen oder kommerziellen Einflüssen zu achten.

Troll war von nun an eines von 33 Mitgliedern des Rundfunkrats, Mitglied im Fernsehausschuss, im Ausschuss »Unpolitisches Wort« und im Künstlerhilfe-Ausschuss. Ein Teil der großen Schlachten um die Unabhängigkeit und Meinungsfreiheit des Süddeutschen Rundfunks waren zu dieser Zeit schon geschlagen. So etwa die Auseinandersetzung um das SDR-Fernsehspiel von 1958 »Besuch aus der Zone« des erst 30-jährigen Autors Dieter Meichsner. Weil der zweite Teil Deutschlands darin angeblich zu positiv wegkam, protestierten das Bundeskanzleramt von Konrad Adenauer, die Union und das Bundespresseamt gegen das Fernsehspiel. Doch der SDR-Rundfunkrat und der gerade frisch gewählte Intendant Hans Bausch stellten sich hinter Meichsner.

Aber auch auf Thaddäus Troll sollten Herausforderungen zukommen. Seine Rolle hat er nach vier Jahren Amtszeit so beschrieben: Er habe sich vor allem um eine bessere Honorierung der Autoren bemüht. Dies sei schwierig gewesen angesichts der finanziellen Belastungen des Senders durch ein weiteres Fernsehprogramm und durch den großen Neubau an der Stuttgarter Neckarstraße 230. Allerdings habe er auch wenig beweiskräftiges Material über zu niedrige Honorierung aus Kreisen seiner Schriftstellerkollegen bekommen, weil diese sich aus Sorge um ihre kleinen Honorare scheuten, Angaben zu machen.

Im Mittelpunkt seiner Bemühungen im Rundfunkrat stand aber, die Unabhängigkeit des Rundfunks zu wahren. Er hatte im Intendanten Hans Bausch einen starken Mitstreiter. Das Abfangen von Pressionen sei im SDR einfacher, weil der Rundfunkrat ständisch und nicht politisch gegliedert sei, schreibt er einmal an einen Freund. Legendär wurde der Fall des Hörspiels »Die Falle oder Die Studenten sind nicht an allem schuld« des Autors Peter O. Chotjewitz, das der SDR gemeinsam mit dem Westdeutschen Rundfunk (WDR) 1968 produziert und Anfang 1969 gesendet hatte. Das Hörspiel vermischt in einer Collage Originalaufnahmen aus den Berliner Studentenunruhen des Jahres 1967 mit Aufnahmen der Sprechergruppen »Bürger« und »Polizisten«, die von Schauspielern gesprochen wurden.

Der Zufall wollte es, dass der damalige Kultusminister Wilhelm Hahn (CDU) von einer Studentendemonstration in Heidelberg zurückfuhr und im Autoradio auf das Hörspiel stieß. In der Annahme, Studenten würden der Obrigkeit abermals Scherereien bereiten, meldete sich andertags der Pressesprecher Hahns beim SDR und forderte das Tonband an. Programmdirektor Peter Kehm schickte ihm das Band, nicht ohne aber einen Kommentar beizufügen: »Wir legen Wert darauf, dass das Stück im zutreffenden Rahmen gesehen und gehört wird: als Bestandteil nämlich des 2. Programms, für das Publikum des literarisch anspruchsvollen und häufig auch experimentellen Hörspiels. Diesen Rahmen kennzeichnet auch die Ansage: Dieses Hörstück fasst sich nicht in erster Linie als Dokumentation auf, sondern als künstlerische Collage im Medium des Funks, die den Entstehungsprozess der studentischen Demonstrationen aus der Perspektive eines bewusst Engagierten vermitteln möchte.«

Doch dies beruhigte die Kritiker nicht. Insbesondere die Polizeigewerkschaft gab sich entrüstet, weshalb nach 14 Tagen die Landesregierung der Großen Koalition von CDU und SPD unter Vorsitz von Hans Filbinger beschloss, das Hörstück sei mit den Aufgaben und Satzungen einer öffentlich-rechtlichen Rundfunkanstalt nicht zu vereinbaren. Diese Auffassung müsse auch dem Rundfunkrat zur Kenntnis gebracht werden.

Jochen Schmale, damals Chefdramaturg und für »Sendung« verantwortlich, erinnert sich: Zunächst gab es im Politischen Ausschuss einen von außen gesteuerten heftigen Krach. Thaddäus Troll war nicht anwesend. Als der Fall aber im Plenum des Rundfunkrats erneut aufs Tapet kam, rief Troll aus: »Keine Zensur, bitte!« Da auch Intendant Hans Bausch auf Seiten seines Chefdramaturgen stand, ließ er den Ministerpräsidenten wissen, die Grenze für die Meinungsfreiheit des Rundfunks lasse sich nicht nach dem Denkmodell bestimmen: Polizei und Justiz sind öffentliche Einrichtungen zum Schutz und für die Ordnung der Demokratie, deshalb müsse auch der Rundfunk als öffentlich-rechtliche Anstalt diesem Gesetz folgen. »Eine solche gouvernementale Einstellung übersieht die Aufgaben des Rundfunks als eines publizistischen Instruments.« Ein Abteilungsleiter des Staatsministeriums schrieb dagegen in einem Rundbrief an die Verwaltung und öffentliche Repräsentanten, »Die Falle« sei so einseitig und so primitiv, dass der gebührenpflichtige Hörer sich die Frage stelle, ob der Intendant den Paragraphen des Rundfunkgesetzes gerecht werde.

Unter maßgeblichem Einfluss Thaddäus Trolls aber beharrte der Rundfunkrat auf dem Recht der freien Meinungsäußerung. Nach kurzer Debatte wurde zwar beschlossen, dass die konservative Mehrheit im Gremium das Stück ablehne, die gleiche Mehrheit aber die Meinung habe, man müsse auf die Barrikaden gehen, um die Freiheit der Sendung eines solchen Stücks zu wahren. Nach innen freilich erinnerte Hans Bausch seinen Chefdramaturgen Schmale sehr wohl daran, dass er den für das Programm verantwortlichen Intendanten vorher hätte informieren müssen: »Sie haben Ihre Sorgfaltspflicht verletzt!«

Als der Evangelische Pressedienst (epd) in einem Leitartikel zu dem Fall 1969 behauptete, die Affäre sei nur denkbar durch den Einfluss der politischen Parteien auf die Rundfunkräte, da meldete sich Thaddäus Troll zu Wort. In einem zweiseitigen Schreiben an die epd-Redaktion wies er darauf hin, dass er nicht der Einzige gewesen sei, der sich gegen die Intervention des Staatsministeriums gewandt habe. Vielmehr öffne das den Amerikanern zu verdankende baden-württembergische Rundfunkgesetz keineswegs den »Vertretern der sogenannten staatstragenden Kräfte« Tür und Tor, wie epd dies angenommen habe. Vielmehr wies Thaddäus Troll auf die ständische Struktur des Rundfunkrats hin. Auch die wenigen vom Landtag delegierten Mitglieder wirkten keineswegs als »verlängerter Arm der Regierung«. So leite der CDU-Abgeordnete und Vorsitzende die Sitzungen unparteiisch, zurückhaltend und souverän und werde jedes Jahr einstimmig zum Vorsitzenden gewählt. Ebenso wenig sei die Spitzenpositionen des Süddeutschen Rundfunks von politischen Funktionären besetzt.

Der Programmdirektor des ARD-Fernsehens, Hans Abich, hat Trolls Auftreten im Rundfunkrat beschrieben: »Es fehlte nicht an der leisesten Aufmerksamkeit, wenn er sich zu Wort gemeldet oder einen Zwischenruf getan hatte. Denn manchmal war bittere, bündige Schärfe in seiner Analyse, wenn er das Qualitätsdefizit eines Programms oder die Langeweile eines ganzen Fernsehabends ausgemacht hatte. Und es gab kein verschlossenes Ohr, wenn er Ermutigung und Schutz für jene Programme reklamierte, die es schwerer hätten und gerade deshalb notwendig seien für Minderheiten, die nicht verachtet oder unbeachtet bleiben sollten. Er konnte geduldig sein und aufbrausend, er konnte eine Sache geruhsam vertiefen und spontan aus ihrem Schatten herausheben. Seine Nachdenklichkeit und

Kurt Heynicke im Jahr 1958.

sein Witz dauerten allemal über die Tagesordnung solcher Treffen hinaus, waren zugleich sein Wunsch und seine Erlaubnis, am Abend ein Gläschen Wein mit ihm und auf die Dinge seiner Sorgen und seiner Pläne zu trinken.«

Die Wahrung der Meinungsfreiheit zieht sich wie ein roter Faden durch Trolls Agieren im Rundfunkrat. Immer wieder zitierte er den Satz von Voltaire: »Herr Abbé, ich verabscheue, was Sie schreiben, aber ich würde mein Leben dafür hingeben, dass Sie weiter schreiben können.« (Voltaire 1770 an Abbé M. le Riche) Er will Rundfunk und Fernsehen vor fremden Einflüssen bewahren, und dies durchaus auch im umgekehrten Sinn: Als der Freiburger Hans Filbinger dem in der Nähe von Freiburg lebenden Autor Kurt Heynicke (1891–1985) zu dessen Freude zusichert, er werde sich dafür einsetzen, dass alemannische Mundartstücke ähnlich häufig im Fernsehen gezeigt werden wie etwa das Ohnsorg-Theater in Hamburg mit Heidi Kabel, da wettert Thaddäus Troll in einem Brief von 1977 gegenüber seinem Schriftstellerfreund: »Sowohl der Schriftstellerverband als auch der Rundfunkrat wachen mit Argusaugen darüber, dass staatliche Institutionen die Finger vom Rundfunk lassen, die sie gar zu gerne drin hätten.« Herrn Filbingers Versprechen sei rundweg gesetzeswidrig. Deshalb hätte das alemannische Theater Filbinger sofort widersprechen müssen. Das ist Konsequenz bis zum Äußersten.

So urteilt Troll über Baden-Württemberg: »In unserem bis zum Schwachsinn harmlosen, spätzlesmampfenden Disneyland von einer an Stumpfsinn grenzenden Harmlosigkeit« sei es »nicht immer eine Lust zu leben.« 1979 war Filbinger schon ein Jahr nicht mehr Ministerpräsident, und Thaddäus Troll äußert sich nach dem Amtsantritt Lothar Späths erleichtert: »Inzwischen scheint sich das politische Klima ja verbessert zu haben.«

Anlass für seine Kritik ist auch der Radikalenerlass, der es DKP-Mitgliedern und anderen Extremen auf der Linken und Rechten wegen Zweifeln an ihrer Verfassungstreue verwehrte, Beamte zu werden. Thaddäus Troll schimpft über diesen Erlass. Als bei einer Mitgliederversammlung des baden-württembergischen Schriftstellerverbandes im Januar 1980 darüber diskutiert wurde, ob die Autoren gegen die Kündigung eines Fernmeldebeamten, der Mitglied der DKP war, demonstrieren sollten, sah der Telefontechniker Thaddäus Troll auf seiner Seite. Troll gerät dabei in Konflikt mit seiner Verehrung für Willy Brandt und seiner Wahlhilfe für die SPD. Denn der Erlass war 1972 von Bund und Ländern unter Vorsitz von Bundeskanzler Willy Brandt vereinbart, allerdings auf Bundesebene 1976 wieder aufgekündigt worden. Außerdem gab es die krassen Ablehnungsfälle gar nicht nur im CDU-regierten Baden-Württemberg, sondern in Nordrhein-Westfalen oder Hessen, wo die SPD an der Macht war.

Seine Aversion gegen Filbinger hängt auch damit zusammen, dass im Februar 1978 Details aus der Vergangenheit des Ministerpräsidenten als Marinerichter in Norwegen, seine Teilnahme an einer Exekution und seine Todesurteile gegen Deserteure bekannt wurden. Für Empörung sorgte damals vor allem Filbingers Umgang mit den Enthüllungen. Mehr als ein halbes Jahr lang gab er immer nur dann etwas zu, wenn hieb- und stichfeste Beweise dafür vorlagen; er leugnete Todesurteile oder hatte sie einfach vergessen; er kündigte seinen Rücktritt an für den Fall, dass ein weiteres Todesurteil gefunden würde, und blieb dann doch im Amt, als dieser Fall eintrat, und er zeigte keinerlei Schuld- oder Unrechtsbewusstsein. Durch sein Verhalten verlor Filbinger schließlich sogar den Rückhalt seiner Partei, der CDU, sodass seine Abdankung im August 1978 unumgänglich war. Er sah sich jedoch als Opfer einer Rufmordkampagne: »Es ist mir schweres Unrecht angetan worden«, sagte er noch in seiner Rücktrittserklärung.

»Troll hat sich immer wieder entrüstet darüber gezeigt, dass so ein Mann Ministerpräsident werden kann«, berichtet Eleonore Lindenberg. Schriftlich hat er dazu nichts hinterlassen, zumal er in dieser Zeit immer wieder wegen seiner Depressionen in Behandlung und später drei Monate lang Stadtschreiber in Soltau war.

Ein bitterer Zufall wollte es, dass Thaddäus Troll die grundlegende Überarbeitung seines Bestsellers »Deutschland deine Schwaben« – jetzt »im neuen Anzügle« – im Juli 1978 abschloss, just zu einer Zeit, als die Debatte um Filbingers Todesurteile auf dem Höhepunkt angelangt war und am 7. August mit der Rücktrittserklärung des Ministerpräsidenten einen vorläufigen Abschluss nahm. Troll rechnet mit Filbinger und seinem Regiment auf der Villa Reitzenstein, dem Sitz des Staatsministeriums, noch einmal ab. »Zeigt ein Ministerium oder ein staatliches Institut, wozu vom Staatsministerium auch Staatstheater und Südwestfunk gerechnet werden, eigenen Willen, so entsendet die Villa Reitzenstein einen Feuerwehrsamariter (gemeint ist Pressereferent Benno Bueble), um den Abweichler wieder auf den richtigen Weg zu bringen. Gelingt dies nicht, wird er weggelobt oder geschasst.« Er rügt auch Manfred Rommel, der als persönlicher Referent Filbingers den Wahlslogan »Freiheit statt Sozialismus« erfunden hatte. Später, als Rommel im Stuttgarter Rathaus seine Liberalität unter Beweis stellte, indem er sich vor Claus Peymann stellte und sich für die Beerdigung der RAF-Terroristen Baader und Ensslin auf dem Stuttgarter Dornhaldenfriedhof einsetzte, hat ihn Troll bewundert.

Troll erinnert auch an den »Schwabenstreich«, wonach die RAF-Terroristen Baader, Ensslin und Raspe im Gefängnis von Stuttgart-Stammheim mit Hilfe ihrer Anwälte ein Waffen- und Sprengstofflager anlegen konnten, was zum Spott der Leute führte, »die Besenkammer in Stammheim sei das sicherste Versteck für eine Geisel«. Immerhin, betont Troll, gebe es auch Landräte, Bankpräsidenten, Oberbürgermeister und Intendanten, die, sobald sie sich aus dem direkten Machtbereich des Staatsministeriums entfernten, auch als CDU-Angehörige »erstaunlichen Widerstand gegen den Absolutismus« erkennen ließen. Gemeint

25 Jahre Deutsches Fernsehen, Stuttgart-Killesberg 1979. Von links: der Stuttgarter Urheberrechts-Experte Ferdinand Sieger, Susanne Bayer, Troll, Martin Walser.

ist damit der Widerstand beispielsweise des Stuttgarter Oberbürgermeisters Manfred Rommel und des Vorstandsvorsitzenden der Landesgirokasse Stuttgart, Walther Zügel, die, obwohl beide Mitglieder der CDU, sich gegen Pläne einer Bankenfusion stemmten. Der Südfunk-Intendant Hans Bausch war ebenfalls ursprünglich CDU-Landtagsabgeordneter. Da es außerdem in den Ministerien noch eine Anzahl geschickter und intelligenter Referenten gebe, die Schlimmeres verhinderten (gemeint ist wohl der Kunstabteilungsleiter im Kultusministerium Wolf Donndorf und ab 1974 dessen Nachfolger Hannes Rettich), sehe er die Zukunft des Ländles nicht allzu schwarz.

1980 sollte Troll sich dann noch im Auftrag der Landesregierung mit der Zukunft des Ländles oder zumindest seines eigenen Berufsstands beschäftigen. Er war nämlich in die »Expertenkommission Neue Medien in Baden-Württemberg« berufen worden, die sich ab Februar 1980 unter der Leitung des Juristen Hans Schneider ein Jahr lang mit Bildschirmtext, Videotext, Datex-P, Kabelfernsehen, Pay-TV und Privatrundfunk beschäftigte. Die Vorstellung des dreibändigen Abschlussberichts, der den Grund für das spätere Landesmediengesetz legte, erlebte Troll nicht mehr.

Thaddäus Troll und seine Wahlkampfhilfe

Bis 1967, als sein Erfolgsbuch »Deutschland deine Schwaben« erschienen war, hatte sich Thaddäus Troll politisch nur im Schriftstellerverband und im Rundfunkrat des Süddeutschen Rundfunks bemerkbar gemacht. In diesen Gremien kämpfte er allerdings für die Interessen der Schriftsteller und für die Staatsunabhängigkeit des Senders.

»Ausgewogenheit« – dieses Schlagwort der konservativen Rundfunkkritiker dieser Zeit war für ihn ein Schreckwort. Nicht weil Troll gegen Pluralismus gewesen wäre, sondern weil die Konservativen forderten, alles und jedes müsse ausgewogen und innerhalb auch des kürzesten Fernsehbeitrags müssten immer alle Meinungen und Standpunkte vertreten sein. Statements von Parteipolitikern bewerteten sie mit der Stoppuhr statt mit dem Verstand. »Inzwischen tun die politisch eingefrorenen Rundfunkgebühren, die den Wert der Leistung weit unterschreiten, und das obszöne Wort *Ausgewogenheit* = Langeweile alles, um das Kreative auf kleiner Flamme zu halten, die Ausbildung von Nachwuchs zu erschweren und Experimente und Minderheitenprogramme

Zusammen mit dem Regisseur Franz Ulrich Gass vom Süddeutschen Rundfunk, dem Stuttgarter Journalisten Rudolf Pechel und mit dem Kabarettisten Werner Finck (rechts Mitte) gründete Troll 1949 die nicht ganz ernst gemeinte Partei »Die radikale Mitte«.

zu erschweren«, schimpft Troll in »Deutschland deine Schwaben«.

Nur einmal verließ Hans Bayer scheinbar die Bühne des unabhängigen Beobachters. Zusammen mit Werner Finck, dem Mitbegründer des »Wespennests«, hob er 1950 die Partei »Radikale Mitte« aus der Taufe. Ursprünglich sollte sie, weniger paradox, »Deutsche Gegenbewegung« heißen. Es handelte sich um eine Eulenspiegelei des Kabarettisten Finck mit dem Satiriker und Kabarettautor Troll; die Partei war als »Verein wider den tierischen Ernst der Zeit« eingetragen.

Die Parteifahne war ein weißes Tuch, das Parteiabzeichen eine Sicherheitsnadel, die für den Fall der Fälle an verborgener Stelle getragen werden musste. Zu den grotesken Kernaussagen zählte: »Wir sind für die Saarfrage«, »Ein Volk, ein Bund, ein Misserfolg«, »Gegen Kompromisslosigkeit« oder »Für Aufrüstung der Toleranz«.

»Gegen Schalter und Uniformen, gegen Bürokratismus, Sturheit der politischen Formen im Parlament und

Thaddäus Troll und seine Wahlkampfhilfe

in der Behörde, gegen die angebliche Heiligkeit der Ämter und gegen den pathetischen Ernst der Dogmatiker«, begründete Werner Finck bei der Gründung in Berlin seinen Schwenk ins Politische. Diese Aussage hätte auch von Troll stammen können. Aber immerhin sollen bei der »Radikalen Mitte« auch Leute wie der Spielleiter des Südfunks Franz Ulrich Gass und der ehemalige Widerstandskämpfer und Stuttgarter Journalist Rudolf Pechel engagiert gewesen sein. Finck bemerkte einmal, im Unterschied zu anderen Politikern habe man bei ihm schnell bemerkt, dass er Unsinn rede.

»Es wurde gelacht, fast pausenlos gelacht«, berichtete die Wochenzeitung »Die Zeit« von der Gründungsversammlung. »Dennoch erklärte der Kabarettist Finck gleich zu Beginn, dieser Abend solle keine Kabarett-Vorstellung sein. Es war schwer, dies von vornherein zu glauben. Es war hinterher noch schwerer.«

Ein Parteiprogramm hat die »Radikale Mitte« nicht, dafür erhebt sie umso mehr Forderungen. Den Politikern fehle es an Unernsthaftigkeit. Alle Politiker mit Magen- und Gallenleiden müssten sofort zurücktreten, verlangt Finck. In Anspielung auf die laufenden Entnazifizierungsverfahren heißt es auf der Mitgliedskarte der Partei: »Ich trete der ›Radikalen Mitte‹ bei, vorausgesetzt, daß meine Mitgliedschaft bei späteren Fragebögen nicht als Belastung angesehen wird.«

Eintrag im Hinterrohrbacher Hüttentagebuch: »Werner Finck Start zur Amerika Tournee«.

Nach all den »Wortspielen und Witzattacken« bei der Gründungsversammlung sollen Hunderte diese Mitgliedsanträge unterschrieben haben (Monatsbeitrag: 50 Pfennig). Ganz im Sinne Trolls heißt es abschließend in der »Zeit«: Das Publikum »fühlte, daß der Humor tatsächlich eine gute Waffe gegen Diktatur und Unterdrückung aller Arten ist: auch gegen jene, die bei der Habachtstellung vor dem Schalterbeamten beginnt.«

Trolls politische Enthaltsamkeit sollte im Sommer 1969 enden, als ihn der zwei Jahre zuvor auf einen Lehrstuhl an die Universität Stuttgart berufene Historiker Eberhard Jäckel anrief. Jäckel hatte zusammen mit Günter Grass und Siegfried Lenz schon 1967 in Schleswig-Holstein eine Wählerinitiative für den SPD-Kandidaten Jochen Steffen betrieben, der damals allerdings gegen Helmut Lemke (CDU) nicht zum Zuge kam. Davor, 1965, war Grass bereits als Wahlhelfer für die SPD aufgetreten. Das Vorbild für die Wählerinitiative stammte aus den USA, wo ebenfalls Leute von außerhalb einer Partei Wahlkampfhilfe für einen bestimmten Kandidaten oder eine Partei organisierten. Im Jahr 1969 reiste Günter Grass von März bis September durch die Republik, trat bei 60 Veranstaltungen zwischen Kleve im Norden und Bad Tölz im Süden auf und sprach 60 000 Menschen an. Der Schriftsteller verarbeitete seine Erfahrungen mit diesem politischen Engagement, das zum Wahlsieg von Willy Brandt beitrug, 1972 in seinem Roman »Tagebuch einer Schnecke«.

Für den Bundestagswahlkampf 1969 »erhielt ich den Auftrag, auch in Baden-Württemberg« nach Mitstreitern zu suchen, erinnert sich Jäckel. »Das war nicht einfach«, sagt er, da er im Land nur wenige Leute kannte. Ein Mitarbeiter der SPD-Landtagsfraktion schließlich empfahl ihm den gerade als schwäbischer Schriftsteller berühmt gewordenen Thaddäus Troll als Leitfigur. »Ich rief ihn an, und er erklärte sich, als ob er auf den Anruf gewartet hätte, sofort bereit.« Über die Motive lässt sich rätseln. Aber wahrscheinlich waren es die berühmten Schriftstellernamen wie Günter Grass und Siegfried Lenz, »die ihm schmeichelten«, wie Jäckel offen vermutet. Eleonore Lindenberg dagegen nennt ihn einen »politischen Menschen«, dessen Kampf um Freiheit schon immer einen politischen Charakter gehabt habe.

Aus seinen Artikeln lässt sich dies freilich lange nicht entnehmen. Nur in einem Brief äußert er sich einmal am Rand kritisch über die Führung der baden-württembergischen SPD des Innenministers Walter Krause, der 1968 einen heftigen Kampf gegen die »Rotkehlchen« auf dem Kehler SPD-Landesdelegiertentreffen führte. Die »Rotkehlchen« unter Führung des späteren Bundestagsabgeordneten Peter Conradi wehrten sich gegen eine Fortsetzung der 1966 mit der CDU Hans Filbingers eingegangenen Großen Koalition in Baden-Württemberg nach der Landtagswahl von 1968.

Jedenfalls warf sich Troll leidenschaftlich in den Wahlkampf. 15 Veranstaltungen umfasste sein Einsatz. Bis zu drei Wahlreden hielt er an einem Tag, »bis hin zur körperlichen Erschöpfung«, meinte der spätere Bundestagsabgeordnete Peter Conradi. Troll brachte seinen »Tisch der Dreizehn« in Stuttgart fast vollzählig dazu, einen Wahlkampfaufruf für Willy Brandt zu unterschreiben, und meldete sich, wie viele andere auch, mit einer selbstfinanzierten Anzeige samt Foto zu Wort: »Ich wähle SPD, weil sie die besseren Köpfe hat.« Zum Beweis nennt er Gustav Heinemann, der im Mai desselben Jahres zum Bundespräsidenten gewählt worden war.

Thaddäus Troll hatte zuvor schon in einer bemerkenswerten, privat finanzierten Briefaktion bei den Mitgliedern der Bundesversammlung für die Wahl Heinemanns geworben, »um durch Intelligenz eine Wende in der deutschen Politik anbahnen zu helfen«. Gewählt wurde Heinemann (im dritten Wahlgang mit nur sechs Stimmen Vorsprung vor seinem Gegenkandidaten, dem CDU-Verteidigungsminister Gerhard Schröder) allerdings nicht wegen Trolls Wahlhilfe, sondern weil in der Politik stets Machtfragen vor den geistigen Fragen rangieren: Der SPD-Vorsitzende Willy Brandt hatte der FDP von Walter

Willy Brandt wurde 1969 Bundeskanzler – Troll hatte sich im Wahlkampf stark für die SPD engagiert.

Scheel zugesichert, in der SPD/FDP-Koalition von den mit der Union vereinbarten Plänen abzurücken, das für die Liberalen existenzbedrohende Mehrheitswahlrecht einzuführen.

»Ein Stück Machtwechsel« hatte Heinemann seine Wahl genannt, bevor ein halbes Jahr später Willy Brandt tatsächlich an die Macht kam. Troll empfand diesen Regierungswechsel als Erlösung für die schöpferische Intelligenz, die er aus ihrer Aschenputtelrolle befreit sah.

Was ihn gerade zu Heinemann hinzog, den er einmal zum Linsen-Essen in seine »Klause« nach Hinterrohrbach einlud, war wahrscheinlich dessen Karriere, die voller

1969 wurde Bundesjustizminister Gustav Heinemann (SPD) zum Bundespräsidenten gewählt.

Erfolge, aber auch voller Rückzüge und unkonventioneller Äußerungen war. Schon in der Bekennenden Kirche, in der Heinemann Ämter hatte, legte er sie einmal aus Protest nieder, weil er um den Zusammenhalt zwischen Kirche und Gemeinden fürchtete.

Heinemann war noch CDU-Mitglied, als er ins erste Kabinett Adenauer berufen wurde – aus Proporzgründen, denn Heinemann war Protestant. 1950 trat er zurück, als Adenauers Pläne zur Wiederaufrüstung bekannt wurden. Er gründete zusammen mit Erhard Eppler, dem späteren SPD-Landesvorsitzenden in Baden-Württemberg, die Gesamtdeutsche Volkspartei (GVP), löste sie aber nach

Thaddäus Troll und seine Wahlkampfhilfe

einem Misserfolg bei der Bundestagswahl von 1953 wieder auf, als SPD-Chef Erich Ollenhauer ihn und Eppler für die SPD geworben hatte.

1968, als der junge Hilfsarbeiter Josef Bachmann auf den Studentenführer Rudi Dutschke schoss und ihn schwer verletzte (Studenten skandierten: »›Bild‹ hat mitgeschossen!«), verteidigte Heinemann als Justizminister der Großen Koalition die studentische Jugend gegen Angriffe des CDU-Bundeskanzlers Kurt Georg Kiesinger mit dem berühmten Zitat: »Wer mit dem Zeigefinger allgemeiner Vorwürfe auf den oder die vermeintlichen Anstifter oder Drahtzieher zeigt, sollte bedenken, dass in der Hand mit dem ausgestreckten Zeigefinger zugleich drei andere Finger auf ihn selbst zurückweisen.«

Mag sein, dass Troll auch die Arbeit Heinemanns an der Großen Strafrechtsreform beeindruckte, mit welcher der Homosexuellen-Paragraph 175 und die Strafbarkeit des Ehebruchs abgeschafft wurden. Mehr Gefallen als an Sachthemen fand er aber sicher an den funkelnden Formulierungen Heinemanns – man könnte geradezu meinen, Troll habe ihm als Ghostwriter gedient: »Die Schule der Nation ist die Schule«, »Der Ernstfall ist nicht der Krieg, sondern der Frieden«, oder, auf seine Vaterlandsliebe angesprochen: »Ach was, ich liebe keine Staaten, ich liebe meine Frau.«

Troll nennt in der erwähnten Unterstützer-Anzeige auch Willy Brandt, Karl Schiller, Horst Ehmke, Helmut Schmidt, Georg Leber, Erhard Eppler, Alex Möller, Adolf Arndt. Aber, so erwähnt er ebenfalls darin, dies sei »kein Abonnement auf meine Stimme«. Auch sei er, wie andere prominente Wahlhelfer, nicht SPD-Mitglied. Genau dies war allerdings 1969 das Geheimnis der SPD-Wählerinitiative: Nicht-Mitglieder wie Günter Grass, der Ex-General Wolf Graf von Baudissin, Schöpfer des Konzepts der Inneren Führung, die Schauspielerin Inge Meysel oder der Kabarettist Dieter Hildebrandt sprachen sich für die Wahl der SPD aus.

Die erste Veranstaltung mit Thaddäus Troll, erinnert sich Jäckel, fand in Winnenden statt, und mit dabei war

auch jener SPD-Landtagsabgeordnete Joachim Schröder, der später Trolls engster Freund und Arzt werden sollte. In den Wahlkämpfen von 1972 im Bund und in Baden-Württemberg engagiert Troll sich, wie er stolz bekennt, sogar mit Mitteln aus der eigenen Tasche.

Eine enge Freundschaft entwickelte sich auch mit Günter Grass, den er nicht nur als Schriftsteller, sondern genauso als Skatbruder und Weinliebhaber schätzen gelernt hatte. Auf dieser Freundschaft sollte später auch der Kampf um den Übergang des Schriftstellerverbands in die Gewerkschaft Druck und Papier, heute Ver.di, aufbauen. Ebenso entstand aus der Wählerinitiative auch die Freundschaft mit Siegfried Lenz, für den der Hobby-Koch eine Pastete kreierte.

Im Wahlkampf von 1972 engagiert sich Thaddäus Troll auch für Peter Conradi, der als Nachfolger des »Denkmals

SPD-Mitglieder und Wahlhelfer jubeln im Stuttgarter »Ratskeller«, als die ersten Hochrechnungen der Bundestagswahl 1972 einlaufen. Das Bild zeigt in der vorderen Reihe von links Peter Conradi, Herbert O. Hajek, Thaddäus Troll und Ernst Haar.

der schwäbischen Sozialdemokratie« (Conradi), Erwin Schoettle, für den Bundestag in Stuttgart antrat. Conradi erinnert sich: »Ich sollte in einem großen Altenheim am Rand von Stuttgart sprechen ... Da war der Saal voll mit Leuten, die mich skeptisch musterten. Aber da saß Thaddäus Troll mit Heinke Jaedicke (der Geschäftsführerin der SPD-Wählerinitiative) an einem Tisch. Troll hatte wohl meine Unsicherheit bemerkt und sagte, er werde mich einführen, dann werde es schon laufen. Genauso kam es. Ich sei ein ›Wahlschwabe‹ sagte er, einer, der Schwaben als Heimat gewählt habe und der sich bemühe, von den Schwaben gewählt zu werden. Das gefiel den Leuten, die Stimmung wurde

freundlicher. Ich sagte also mein Sprüchlein, und die Leute hörten höflich zu, aber eigentlich wollten sie den Troll hören ... Das gefiel ihnen besser.« Oft habe Troll auch an der Sozialdemokratie gelitten. »Wir waren ihm zu brav, zu angepasst, zu spießig. Er verlangte von der SPD Mut statt Anpassung, Voraussicht statt Vorsicht, Entschiedenheit statt Taktiererei.«

Conradi schildert, wie es Troll verstand, den Schwaben in »freundlichem Schwäbisch« seinen Zorn und seine Trauer über die Schwaben erkennbar werden zu lassen. »Er hielt ihnen wie ein mittelalterlicher Bußprediger den Spiegel vor und zeigte ihnen die Engstirnigkeit, die Bigotterie, den Geiz und die oft unmenschliche Tüchtigkeit im Ländle ... Mit dem Schwäbisch aber bezog sich Thaddäus Troll selbst in seine Darstellung der Schwaben ein, er liebte dieses schwäbische Volk und litt an ihm.«

Thaddäus Troll und seine Wahlkampfhilfe

Im März 1974 diskutierten Mitglieder der Sozialdemokratischen Wählerinitiative mit der SPD-Bundestagsfraktion. Von links: Heinrich Böll, Herbert Wehner, Thaddäus Troll, Günter Grass und Bundeskanzler Willy Brandt.

Am 13. März 1974, fünf Tage vor Trolls 60. Geburtstag und zwei Monate vor dem Rücktritt Willy Brandts im Zuge der Guillaume-Spionageaffäre, trat Thaddäus Troll »als Senior« neben dem knapp vier Jahre jüngeren Heinrich Böll und Günter Grass (Jahrgang 1927) vor der Bundestagsfraktion der SPD auf. Es war die Zeit der Ölkrise, von der Thaddäus Troll denkt, sie sei »zum nationalen Unglück hochgejubelt« worden. Es war aber auch die Zeit der innerparteilichen Kämpfe der verschiedenen Kreise, der Widersprüche in der Troika Brandt-Schmidt-Wehner und der berühmten Äußerung Herbert Wehners über den SPD-Vorsitzenden: »Er badet gerne lau.«

Troll indessen bedankt sich bei der SPD, dass seit ihrer Regierungsübernahme »die Mauer zwischen Politik und Geist in der Bundesrepublik abgetragen« werde und Schriftsteller nicht mehr als »ganz kleine Pinscher«

denunziert würden wie noch 1965 von Bundeskanzler Ludwig Erhardt (CDU), der 25 deutsche Autoren so beschimpft hatte, die sich für einen Regierungswechsel stark gemacht hatten. Er anerkennt auch, dass es sich die SPD erlaube, sich mit drei so unbequemen Gesprächspartnern auseinanderzusetzen und ihnen erlaube, »so unverblümt ... Bedenken vorzutragen«. Er bekennt sich zum demokratischen Sozialismus »als bester Form des gesellschaftlichen Zusammenlebens«. Die vorgezogene Bundestagswahl von 1972, als die SPD stärkste Fraktion im Bundestag wurde, sei für ihn »eine Station auf dem Weg zum Lebensziel«. Einer, der sein ganzes bewusstes Leben in der Opposition verbracht habe, »war für einen Augenblick eins mit der wählenden und gewählten Mehrheit«.

Aber dann geht er mit der SPD ins Gericht: Sie rede mit vielen Zungen, die nicht aufeinander abgestimmt seien. Der Wähler habe ein Recht darauf, »auf Fragen wie Steuererhöhung oder -ermäßigung, Postgebühren, Energieeinsparung, Tarifverhandlungen, Maßnahmen gegen die Inflation und Tempo-Limit eine klare, verständliche Antwort der Bundesregierung zu bekommen.« Als Wähler der SPD habe er nicht das Vertrauen in die Partei verloren, »aber das Zutrauen schwindet mit der Minderung dessen, was Sie sich selbst zutrauen«.

Er habe Wahlhilfe geleistet, nun bitte er um Argumentationshilfe. Er frage sich angesichts der »parteipolitischen Pornographie« der Indiskretionen aus dem Kabinett manchmal: »Warum trinken die nie ein Bier miteinander?« Er appelliert an die SPD, den Bürger für mündig zu halten, ihm die Wahrheit zu sagen, »auch wenn die Lage ernst, und die Richtung, auch wenn sie kühn ist«. Und er fordert die Abgeordneten unverblümt auf, sich abzugrenzen vom Staatskapitalismus und von den »vom Modergeruch sozialistischen Aberglaubens umdünsteten Systemveränderern«. Er lehnt Parteibuchkarrieren ab, weil sich die SPD erlauben könne, den besten Fachmann an den richtigen Platz zu setzen. Und er schloss mit den Worten: »Ich bitte Sie nicht nur um verbale, sondern auch um tatkräftige

Troll (links) auf dem Podium mit dem Landtagsabgeordneten Jo Schröder, seinem Freund und Arzt, Stuttgart-Stammheim, 9. März 1976.

Argumente, die für den Wähler so überzeugend sind, dass sie meine Wahlhilfe überflüssig machen.«

Mit Professor Joachim Schröder, dem Stuttgarter SPD-Landtagsabgeordneten und ärztlichen Direktor im Stuttgarter Bürgerhospital, entwickelt sich die Wahlkampfhilfe ab 1971, als die SPD aus der Großen Koalition mit Hans Filbinger heraus in den Wahlkampf für die Landtagswahl 1972 geht. Thaddäus Troll hält nicht viel von der SPD-Parteispitze, vor allem nichts vom Vorsitzenden Heinz Bühringer, Bürgermeister der 4000 Einwohner zählenden Gemeinde Bittenfeld bei Waiblingen. Er stellt sich aber gleichwohl am 21. Oktober in einer Lesung mit »Kapuzinerpredigten für sie und ihn«, für die sich Jo Schröder, damals noch per Sie, herzlich bedankt.

Im Landtagswahlkampf von 1976 sind er und die Wählerinitiative völlig engagiert. Erhard Eppler, der Vordenker der SPD, ist 1973 als Nachfolger Bühringers Landesvorsitzender geworden, und dafür lohnt es sich aus Sicht Trolls zu kämpfen.

»Liebe Mitbürgerinnen, liebe Mitbürger« – so lädt er zum 16. März 1976 nach Stuttgart-Botnang ein, um »Ihnen Neues aus meinen Arbeiten vorzulesen«. Natürlich ist er bereit, auch »mitgebrachte Bücher« zu signieren und »mich mit Ihnen zu unterhalten«. Und weiter: »Ich mache diese Veranstaltung für meinen Freund, den Landtagsabgeordneten Professor Jo Schröder, Chefarzt im Bürgerhospital, der für die SPD bei der Landtagswahl am 4. April kandidiert. Er wird dabei sein, Fragen beantworten und ein paar Gratisexemplare meines Buches ›Deutschland deine Schwaben‹ verlosen. Es kostet Sie nichts außer einem Stündle Zeit, und wir wollen Ihnen auch nicht unbedingt mit Politik auf die Nerven fallen.« Mit dem gleichen Programm ist er einen Tag später auch in Weilimdorf.

Sein Einsatz für die SPD hat allerdings wenig genützt. Filbinger erhöhte die Stimmenzahl der CDU von ehemals 52,9 im Jahr 1972 auf 56,7 Prozent, die SPD sank um 4,2 Prozentpunkte auf 33,3 Prozent. Die Freundschaft zu Schröder als Mensch und Arzt blieb gleichwohl erhalten, im Gegenteil: Sie wurde intensiver, je häufiger sich bei Thaddäus Troll die Depressionen meldeten.

Seinen Namen gab Thaddäus Troll in den 70er Jahren auch für den »Presseausschuß Demokratische Aktion« – später »Presseausschuß Demokratische Initiative« (PDI) – des ehemaligen österreichischen Kommunisten Kurt Hirsch her, der mit der Staatssicherheit der DDR in engem Kontakt stand und öffentlich gegen die NPD und andere rechtsgerichtete Organisationen, aber auch gegen konservative Unionspolitiker vorging. Wohl weil dort auch Martin Walser, Heinrich Böll, Bernt Engelmann, der VS-Vorsitzende von 1977 bis 1987, und viele andere linke Schriftstellerinnen und Schriftsteller wie Ingeborg Drewitz, der Kabarettist Dieter Hildebrandt, Rhetorikprofessor Walter Jens oder der SPD-Bundestagsabgeordnete Dieter Lattmann engagiert waren, hatte auch Thaddäus Troll unterschrieben. Der Anlass war vermutlich die Äußerung des CSU-Vorsitzenden Franz Josef Strauß über »Ratten und Schmeißfliegen« in der westdeutschen Schriftstellerszene. Auch mit der SPD arbeitete der PDI streckenweise zusammen, wie der Mitarbeiter der Stasi-Behörde Hubertus Knabe nach der Wende herausfand, doch distanzierte sich die Partei 1987 von der PDI, als ruchbar wurde, dass Hirsch im Dienst der DDR stand und seine Aktivitäten mit insgesamt 300 000 bis 500 000 D-Mark von der Stasi finanziert worden waren. Ein Ermittlungsverfahren gegen Hirsch nach der Wende wurde aus Krankheitsgründen eingestellt.

Dies alles dürfte Thaddäus Troll nicht bekannt gewesen sein. Er engagierte sich, weil die linke Schriftstellerszene mit von der Partie war.

Thaddäus Troll – Gesammeltes

Thaddäus Troll war ein leidenschaftlicher Ideen-Sammler. In der Württembergischen Landesbibliothek und im Archiv des Süddeutschen Rundfunks war er Stammgast, ließ seine Mitarbeiterin Eleonore Lindenberg stapelweise Bücher hin- und herschleppen. Seine Einfälle trug er in ein stets mitgeführtes kleines Soennecken-Ringbuch ein, wobei er hin und wieder snobistisch den Satz von sich gab: »Schade, dass es keine Pille gegen Einfälle gibt, ich würde sie einnehmen.«

Aber auch Kassenzettel und Papierservietten dienten ihm im Notfall als Schreibunterlage. Sein Erfolgsbuch »Deutschland deine Schwaben« tippte er ins Konzept auf seiner »Erika«-Schreibmaschine, fügte viele handschriftliche Ergänzungen und Korrekturen hinzu und übergab das Manuskript dann seiner Sekretärin Eleonore Lindenberg zur Reinschrift. Sie hat sich nicht getraut, mit Vorschlägen aufzuwarten.

Nicht einmal mit dem Druck war für Troll ein Buch abgeschlossen. So bekennt er im Vorwort zur überarbeiteten Neuausgabe »Deutschland deine Schwaben im neuen Anzügle«: »Bei jeder der 17 Neuauflagen habe ich dem Setzer und dem Verlag Kummer mit Korrekturen und Textänderungen gemacht, und so unterscheidet sich die inzwischen zu einer bibliophilen Rarität gewordene 1. gründlich von der 18. Auflage. Als aber die 19. fällig war, beharrte ich auf einer gründlichen Überarbeitung ...«

Schwer bedrückte Troll allerdings die Unfähigkeit zu schreiben in seinen depressiven Phasen.

Dennoch ist sein Leben voller Anekdoten, die er leidenschaftlich sammelte. So kamen seine berühmten Aussprüche zur Geltung wie etwa:»Die Abtreibung wäre ein Sakrament, wenn Erzbischöfe Kinder bekämen.«

Im Vorgänger des Dreifarbenhauses in Stuttgart, dem legendären Bordell der Landeshauptstadt, beschwerte sich im Mai 1945 die Leiterin beim französischen Stadtkommandanten über das Draufgängertum der marokkanischen Soldaten. »Wisset Se«, meinte die Chefin, »meine Mädle wöllet ruhig schaffe.«

Von einer Fahrt mit der »Ulmer Schachtel« brachte er die Äußerung eines 70-jährigen Handwerkers mit, der noch einmal Vater eines Sohnes geworden war und geprahlt habe, »wie i den no neig'noddlet hau«.

Der Pater Beda Müller wollte Thaddäus Troll 1978 zu einer ökumenischen Werkwoche im Kloster Neresheim einladen. Er sollte über das Thema »Gehört Humor zum Christenleben?« referieren, wozu er auch bereit war. Doch der Leitungskreis der Werkwoche hatte Bedenken, die Müller auch ganz offen dem Eingeladenen mit der Absage mitteilte. »Wann hat sich Thaddäus Troll eindeutig als Christ bekannt?«, wurde da gefragt und gemutmaßt, dass Troll seine Beziehungen zum Kloster Neresheim nur benutze, um im nächsten Wahlkampf die sturen Katholiken, die immer noch CDU wählten, umzustimmen. Anstoß erregte beim Leitungskreis auch sein neuestes Werk »Was isch eigentlich los mit mir?« Das könne vielleicht einige sexuelle Verklemmungen überwinden. Letztlich fehle dem Buch zum Thema Pubertät aber der »elementare Zusammenhang zwischen Sexus und Liebe«.

Troll mit seiner Freundin und Sekretärin Eleonore Lindenberg bei der Premiere des Stücks »Die Orgelmacher« im Naturtheater Hayingen, 1973.

Als Beispiel für die Kritik, der sich Thaddäus Troll immer wieder ausgesetzt sah, möge ein Kommentar im CSU-Organ »Bayernkurier« vom 23. November 1974 dienen. Der mit C. W. gezeichnete Kommentar kritisiert natürlich Trolls Eintreten im Wahlkampf für die SPD und nennt »Deutschland deine Schwaben« ein »Zettelkasten-Opus«: »Denn die meisten hier erzählten, ach so charakteristischen Anekdoten sind längst bekannt, und der durchschnittliche schwäbische Volkscharakter lässt sich allemal gern mit den gängigen Hinweisen auf seine Abgründigkeit und seine ›dialektische‹ Verfassung (jeder ein kleiner Hegel) schmeicheln.«

»Im Gegensatz zu seinem literarischen weist das politische Schicksal des 60-jährigen eher Mitläuferzüge auf«, fährt der »Bayernkurier« fort. »Der in Leipzig promovierte

Eine Ulmer Schachtel wird 1964 auf den Namen »Stadt Wien« getauft.

ehemalige PK-Leutnant spielte zur Wahl 1972 einen schwäbischen Günter Grass: Immer vorne dran bei Wählerinitiativen, immer als freier Geist gegen die ›Schwarzen‹ und für den wunderbar anständigen Brandt.« Und im Weiteren: »Der Wahlhelfer wird immer mehr zum Trostspender; die Mundartsprüche schlagen dialektisch in linke Zusprüche um – vielleicht zum Vorteil gegenwärtigen schwäbischen Selbstverständnisses, das sich dadurch von dem Profi(t)-Schwaben Bayer weiter emanzipieren dürfte.«

Unter einer »Ulmer Schachtel« versteht man ein flaches, einfach konstruiertes Boot, eine Zille, mit der man in früheren Jahrhunderten einmalig donauabwärts fuhr und am Ende wurde der Kahn als Nutzholz verkauft. Ende Juni 1972 fuhr Thaddäus Troll mit einer solchen »Ulmer Schachtel« von der Gesellschaft der »Donaufreunde Ulm e. V.« sieben Tage auf der Donau von Ulm bis Wien. Er war vom späteren Ulmer Oberbürgermeister Hans Lorenser (CDU) eingeladen worden, der im Krieg als Gefreiter der Vorgesetzte des Soldaten Bayer gewesen war und den Troll in einem seiner Bücher als »Muster an Friedfertigkeit und Freundlichkeit« beschrieben hatte. Vor der Flussreise war Thaddäus Troll voller Zuversicht. Im Rundfunk sagte er, die Fahrt sei für ihn ein Teil seiner alljährlichen Schwabenreise, »denn staatsrechtlich befinde ich mich ja auf schwäbischem Boden«. Auch im »feindlichen Ausland« Bayern sei er ruhig: »Ich bin unter Schwaben und ich bin unter Ulmern.«

Von Teilnehmern der Fahrt wird er allerdings als mürrisch und übel gelaunt beschrieben. Er wurde deshalb für künftige Fahrten nicht mehr eingeladen. Am 7. Juli 1972 schrieb er für die Ulmer »Südwest Presse« einen ganzseitigen Artikel über die Fahrt, der in großer Offenheit über die Stimmung an Bord berichtet, über die Ladung – 32 ausschließlich männliche Passagiere und 2232 Flaschen – sowie die Trinksitten (»die Donau war an diesem Tag die einzige, die sich nicht brach«) und anhaltende Männerwitze, »deren Text ich erst erzähle, wenn die Kinder im Bett sind«. Er beschreibt die Mischung aus »kleinkarierte[m] Zünftlerdenken und reichsstädtischer Großzügigkeit« und sagt von den Ulmern, ihre »einzige Wollust [sei] die moralische Entrüstung«. Erst unterhalb von Regensburg hört er den ersten anständigen Witz, »der sogar gut war«.

Wahrscheinlich hatte sich bei der Fahrt wieder einmal ein depressiver Zustand eingestellt, der bewirkte, dass sich der sonst so gesellige Autor in sich zurückzog. Seine Ankündigung, die Reise in gedruckter Form auf den Markt zu bringen, hat er in mehreren Zeitungen umgesetzt, aber seine Prophezeiung, die Schachtelfahrt verführe »auf ein andermal«, ging nicht in Erfüllung.

Vom Stadtnamen Ulm jedenfalls hat Thaddäus Troll an anderer Stelle mal abfällig geschrieben, er klinge so, wie wenn jemand mit einem Knödel im Mund spreche. Und im Merian-Heft über Ulm schrieb er 1969: »Die Sprache der Ulmer ist knorrig und kantig. Es klingt, wie wenn ein Möbelpacker mit einem Renaissance-Schrank im Treppenhaus gegen die Wände stößt.«

Das Grabmal des Schriftstellers Wilhelm Hauff auf dem Stuttgarter Hoppenlaufriedhof, 2012.

Im gleichen Jahr hatte sich eine Verehrerin aus Bremen an Troll gewandt: Das Grab des romantischen Schriftstellers Wilhelm Hauff (1802–1827) auf dem Hoppenlau-Friedhof in Stuttgart befinde sich in einem recht verwahrlosten Zustand. Da müsse doch jemand die Ärmel hochkrempeln. Thaddäus Troll tat es. Er ging auf den Friedhof, jätete das Unkraut, nicht ohne zuvor einen Zeitungsreporter für die schlagzeilenträchtige Aktion des »Schwaben« zu mobilisieren. Ein Friedhofswärter sprach ihn an: »Wenn Se schon dabei send, no könnet Se au glei die Rosastöck ausschneide.« Troll fügte sich.

1979 entwarf der Künstler und Lehrer Hans K. Schlegel von der Fachhochschule für Druck in Stuttgart eine »Hasenfahne« zu Ehren des Autors von »Deutschland deine Schwaben«: Im Kreis springende, kontrovers hüpfende, unkonventionelle Hasen neben einem sitzend reflektierenden Hasen, ergänzt von vielfarbigen, im Winde sich drehenden Bändern. Ob das eine Anspielung auf Trolls familiären Spitznamen »Hase« war, lässt sich nicht mehr herausfinden. Jedenfalls geht Troll in seinem Dankschreiben auch darauf nicht ein. Ende Oktober 1979 schreibt er: »Als ich aus meiner Klausur einen kleinen Seitensprung nach Hinterrohrbach machte, da hat ... mich der Herbst mit seinen schönsten Farben begrüßt. Aber das Tüpfele auf dem I des Entzückens war Ihre Fahne, die so fröhlich und lustig und wesensgleich mir entgegenwehte.«

Vier Monate später ergänzte er seinen Dank mit vertieften Gedanken über die Hasenfahne, die schon die melancholische Stimmung des späten Troll erahnen lassen: »Ich freue mich auf die ersten Frühlingstage, wenn ich mit meiner Stimmung zusammen die neue Hasenfahne wieder hochziehen kann.« Er erinnert an seine schlimmen Erfahrungen mit der Fahne in der Hitler-Zeit und stellt dem

Abendlicher Blick von der Terrasse ins Haus in Hinterrohrbach.

gegenüber: »Nun muss sie [die Fahne] nicht mehr gegrüßt werden, sie selbst grüßt den Nachbarn, den Gast, den Wanderer. ... Ein friedfertiger Hase, Gefährte der Liebesgöttin, ist mein Symboltier, das auf der Fahne zwei Seelen offenbart, den extrovertierten Springinsfeld und den meditierenden Mümmelmann. Die graphische Lösung in ihrer Leichtigkeit, das Allegretto der reizvoll komponierten Farben, die schlanke Stoffbahn, die sich im Bänderspiel verliert: das bedeutet für mich Einstimmung in die behagliche Atmosphäre meiner Klause.«

Im Jahr 1972 engagierte sich Thaddäus Troll auch für die Erhaltung des Hauses, in dem der Lyriker, Dichter und Kleinbauer Christian Wagner (1835–1918) gelebt hatte. Eine Gesellschaft zur Erinnerung an den Dichter war zuvor gegründet worden, und in Kirchheim unter Teck gab

Troll engagierte sich für den Erhalt des Christian-Wagner-Hauses in Leonberg-Warmbronn (Aufnahme von 2011).

der USA-Rückkehrer Jürgen Schweier in seinem neu gegründeten Verlag Werke des bis dahin vergessenen Autors heraus. Das Geburts- und Wohnhaus Wagners im heutigen Leonberger Stadtteil Warmbronn sollte abgerissen und das Grundstück mit einem Supermarkt und einer Straßenerweiterung überbaut werden. Das hat die gerade gegründete Gesellschaft aufgebracht und mit ihr Thaddäus Troll. Zehn Jahre dauerte der Kampf um die Erhaltung des Hauses. Seine Einweihung 1983 hat Troll nicht mehr erlebt. Heute ist es ein Kulturzentrum für Lesungen und Werkstattgespräche und zeigt eine Ausstellung, die vom Literaturarchiv in Marbach eingerichtet wurde.

Thaddäus Troll war auch ein leidenschaftlicher Fußballfan. Insbesondere der in Bad Cannstatt beheimatete VfB Stuttgart hatte es ihm angetan. Als die ARD noch die Übertragungsrechte an Fußballspielen hatte und die Hörer nicht auf die samstägliche Bundesligaschaltkonferenz angewiesen waren, da gab es im Radio komplette Fußballreportagen über das ganze Spiel hinweg. Troll hat die Reportagen mit Feuereifer verfolgt, erzählt seine Freundin und Sekretärin Eleonore Lindenberg.

Der mittelgroße Mann, der in den letzten Lebensjahren seine Haare von links nach rechts über die freien Stellen gekämmt hat, war auch genüsslicher Zigarrenraucher. Nachschub bestellte er kistenweise bei der alteingesessenen Tabakwarenfabrik Karl Mailänder in Stuttgart.

Als Cannstatter war Troll natürlich VfB-Fan: Vereinswappen des VfB Stuttgart von 1949 bis 1994 (und ab der Saison 2014/15).

Troll um 1975.

Thaddäus Troll – Gesammeltes 233

Troll spielte gerne Skat – wie hier in den Fernsehstudios des Süddeutschen Rundfunks bei der Aufzeichnung der Sendung »Omnibus«, 1969.

Auf ein Kistchen Zigarillos, das er bei einem Freund hatte liegen lassen, konnte er wiederum problemlos verzichten.

Thaddäus Troll spielte gerne Skat, aber nicht gut. Wenn er mit seiner Frau und Tochter Manuela zusammensaß, verlor er meistens, ohne sich darüber zu grämen. Die Aufschriebe von den Spielrunden sind noch erhalten und beweisen seine Niederlagen.

Eine Anekdote berichten Trolls Töchter Manuela und Eva-Suzanne. Wenn sich Hans Bayer, wie er sich bei Theaterkritiken nannte, nach einer Premiere im Stuttgarter

Staatstheater mit Hellmuth Karasek vom »Spiegel« traf, so vermieden beide peinlichst, ihre jeweiligen Eindrücke von der Inszenierung einander mitzuteilen. Vielmehr redeten sie über das Wetter, über Frauen, Wein, Autos, Hunde und allerlei Alltäglichkeiten. Keiner der beiden wollte den anderen ahnen lassen, wie er zu der Premiere stand. Für Hans Bayer war dies typisch. Er wollte sich schriftlich äußern, nicht mündlich. Und er wollte Hellmuth Karasek an seinen Gedanken keinesfalls teilhaben lassen.

Seite aus dem Hinterrohrbacher Hüttentagebuch mit den Ergebnissen des Silvesterskats 1960. »M« steht für Manuela, »Hd« für »Hund«, den Spitznamen von Susanne Bayer, und »Hs« für »Hase«, den familiären Kosenamen Trolls.

Thaddäus Troll – Gesammeltes

Troll unterwegs, 1978.

Eine seiner großen Leidenschaften war das Reisen. Dies insbesondere, nachdem sein Buch »Deutschland deine Schwaben« ein so großer Erfolg geworden war und infolgedessen das Portemonnaie etwas lockerer saß. Aber auch vor 1967 fuhr er mit seiner Frau und allen drei Töchtern aus seinen beiden Ehen immer mal wieder in andere Länder.

1958 reiste er nach Sparta, um zu spüren, was ihm sein Lehrer, den er in diesem Zusammenhang »Professor Palmbach« nannte, zu den kämpferischen Tugenden »voll Schwertgeklirr und Wogenprall« versucht hatte beizubringen. Aber wie groß war die Enttäuschung, als er in einem »wahrhaft spartanischen Marktflecken: Sparta« angelangt war. »»Dieses Sparta sah so ärmlich und nichtssagend wie ein Eisenbahnknotenpunkt aus, obgleich es von keiner Eisenbahnlinie einer Berührung wert gehalten wird.«

»Das also ist Sparta. – Während das in den Augen der Spartaner verweichlichte, degenerierte Athen noch heute floriert, ist das vom Heldenruhm übrig geblieben. So also sieht das Ergebnis heroischer Ideale aus«, lästert er in einem Reisebericht und fühlt sich völlig entschädigt dafür, dass ihn der Lehrer damals verächtlich einen »Athener« statt einen »Spartaner« genannt hatte.

Das erste Auto der Familie war ein VW Standard – links mit Manuela, 1954, rechts mit Manuela (stehend) und Eva-Suzanne Bayer, 1957.

Drei Jahre zuvor, am 21. Juni 1955, stand Hans Bayer mit seiner Frau in Mariefred in Schweden am Grab eines Mannes, der eines seiner Vorbilder war: Kurt Tucholsky. Der Dichter hatte sich 1935 in dem kleinen schwedischen Städtchen Hindås aus Gram über die politische Entwicklung in Nazi-Deutschland das Leben genommen. Im Jahr darauf hatte man ihn auf dem Friedhof von Mariefred nahe dem Schloss Gripsholm beigesetzt, das er 1931 in seiner »leichten Sommergeschichte« so hübsch beschrieben hat.

Troll hat ja später in einem seiner vielen Späße, deren Wahrheitsgehalt man durchaus bezweifeln darf, behauptet, er habe sich das Pseudonym »Troll« zugelegt, weil er in autorenalphabetisch sortierten Bibliotheken links von Tucholsky habe stehen wollen. Jedoch hat er viel mehr Verbindungen als das Alphabet zu dem großen 20er-Jahre-Journalisten und Schriftsteller gefunden. 1955 erinnert Troll an den Satz, den Tucholsky mit 16 Jahren geschrieben hat und der zu seinem wie zu Trolls Lebensmotto wurde: »Aufgabe des Menschen ist es, in einem heiteren Lebensgenuss, der in ›Leben und leben lassen‹ ausklingt, wunschlos glücklich zu sein.«

»Da haben wir es schon«, kommentiert Troll, »was Kurt Tucholsky auszeichnet: Toleranz, Harmonie und

Griechenlandreise Sommer 1967, Weingut bei Patras. Von links: Isabel, Susanne, Hans, Manuela Bayer.

Der Grabstein von Kurt Tucholsky in Mariefred (Schweden) mit dem Faust-Zitat »Alles Vergängliche ist nur ein Gleichnis«.

Genußfähigkeit.« Er habe es verstanden, »die ernstesten Dinge mit heiterer Miene zu sagen«, ein Bekenntnis, das auch Trolls Leitmotiv für seine schriftstellerische Arbeit in den Anfangsjahren wurde. Auch in scheinbar widersprüchlichen Sätzen wie »Heul nicht – die Sache ist viel zu ernst zum Weinen!« findet Troll viel Gemeinsames mit Tucholsky. »Hinter seiner Heiterkeit kauert die Melancholie, hinter seinem Witz die Verzweiflung« – das könnte auch eine Vorausschau auf Trolls Schicksal sein.

Während eines vierwöchigen Badeurlaubs 1953 in Spanien hatten die Bayers auf Initiative des weiblichen Familienoberhaupts auch Andorra, »das kleine Bergvolk mit seinen fünftausendfünfhundert Seelen«, besucht. Sie wurden freundlich aufgenommen, aber plötzlich entdeckte Susanne Bayer einen Wolf. Doch am französischen Schlagbaum kam das Tier auf sie zu, »wedelte mit dem Schwanz, gab Pfötchen und bettelte Zucker«. – »Schade«, sagte er zu seiner Frau, die er Barbara nennt, »jetzt wird uns kein Mensch mehr den Wolf von Andorra glauben.«

Römische Ruinenstadt Volubilis in Marokko, 1970. Von links: Manuela, Isabel, Susanne, Hans Bayer

1972 ist die Familie wiederum in Spanien und sucht dort nach den Gebeinen der Barbara Blomberg, einer Tochter des Bürgermeisters von Regensburg, die Kaiser Karl V. ein Knäblein geboren hatte, einen Bastard gewiss, aber einen Mann, der unter dem Namen »Don Juan de Austria« die Türken in der Seeschlacht von Lepanto besiegte, milder Statthalter der Niederlande wurde und die Befreiung der Maria Stuart plante. Auf den Stoff war 1948 bereits Carl Zuckmayer gestoßen, der ihn in einem unbedeutenden Bühnenstück verarbeitet hatte, über das Thaddäus Troll vermutlich auf die Geschichte gestoßen ist.

Auf den Spuren der Barbara kommt die Familie am Ende östlich von Santander in ein verwunschenes Kloster namens San Sebastián de Anó. Dort präsentiert ihnen ein Klosterbruder eine mit violettem Samt ausgeschlagene »Kreuzung aus Koffer und Cellokasten«, aus dem Gebeine, Elle und Speiche sowie ein kleiner Schädel herauskullern. Das also ist Barbara Blomberg, »die vom Hintergrund eines spanischen Klosters kräftig in der spanischen Politik mitgemischt hatte«.

»Ich empfand die Vergänglichkeit dessen, was einmal ein Stück Weltgeschichte gewesen war, während der Franziskaner die Gebeine mit der Hand zusammenrechte und sie in den violett ausgeschlagenen Behälter zurückkullern

Zu Ostern 1968 unternahm die ganze Familie eine Mittelmeerkreuzfahrt. Hier Susanne und Hans Bayer vermutlich im Hafen von Genua.

ließ.« Barbara Blomberg starb allerdings nicht in einem Kloster, sondern auf ihrem Landgut, das ihr vom spanischen Hof eingeräumt worden war.

Thaddäus Troll war 1977 am Nordkap, von wo er ein hübsches Gedicht in Schwäbisch mitgebracht hat. An die andere Seite der Welt, »zu den Eisbären« in der Antarktis, wie Thaddäus Troll seiner Tochter Eva-Suzanne am Telefon geschildert hatte, war 1980 ebenfalls eine Reise geplant. Doch fand sie nicht statt, weil sich Troll einen Tag später das Leben nahm.

1976 fuhr er mit dem Kreuzfahrtschiff auf der Donau bis zu deren Mündung ins Schwarze Meer und hat dort den ehemaligen Leibkoch Josef Stalins kennen gelernt, von dem er für den eigenen Gebrauch einige Rezepte übernommen hat.

1978 ist Troll auf einer Reise durch Apulien auch auf das Schlachtfeld von Cannae gekommen, wo Hannibal den Römern eine vernichtende Niederlage beigebracht hat. Zwar hat Hans Bayer als Schüler die Jahreszahl 216 im Unterschied zur 333 (»vor Issus Keilerei«) nie gemocht, aber auch da hat sein Lehrer (er nennt ihn Palmbach) immer wieder versucht, den Schülern den Wert von »Ruhm, Held, Ehre und Schlacht« beizubringen. Auch sein Taktiklehrer an der Kriegsschule in Potsdam kam ihm wieder in den Sinn, der die Schlacht von Cannae am Sandkasten auswendig schlug – und zwar »mit der selbstverständlichen Eleganz, mit der Böhm den Figaro auswendig dirigiert«.

Aber auch in der Ebene zwischen San Ferdinando di Puglia und Barletta, wo die Landkarte den einstigen Schlachtenort als »Canne della battaglia« ausweist, gibt es eine große Enttäuschung. Ein Stacheldraht verwehrt der Familie den Zutritt, und als die Bayers später durch den Zaun schlüpfen, entdecken sie Planen über Skeletten und Scherben. »Uns war richtig flau zumute.« Sie stellten fest, »dass die Menschheit in fast zweitausendzweihundert Jahren nicht viel dazugelernt hat«.

Mittelmeerkreuzfahrt, Ostern 1968: an Bord der »Moledet«, von links: Manuela, Hans, hinten Susanne, vorn Isabel Bayer, rechts Elsa Bayer, Trolls Mutter, genannt »Oma Cannstatt«.

Mittelmeerkreuzfahrt, Ostern 1968: Manuela (links) und Isabel Bayer in Haifa, Israel.

1979 war Thaddäus Troll für drei Monate »Stadtschreiber« des 20 000 Einwohner zählenden Städtchens Soltau mitten in der Lüneburger Heide. Das ist nichts Besonderes, zumal seit 1947 viele deutsche Städte diese Art der Literaturförderung pflegen, so München, Mainz, Tübingen oder Rottweil. »Bürger auf Zeit, Mieter zum Nulltarif im zweiten Stock einer Mühle, die sich zur Bibliothek ausgewachsen hat«, schildert Troll seinen Aufenthalt in Soltau, »mit einem Arbeitsstipendium von monatlich fünfhundert Mark bin ich dabei: einer der zehn Anwärter verschiedensten Geschlechts auf den mit zehntausend Mark dotierten

Soltauer Autorenpreis«. Er hat ihn nicht bekommen, aber er hat ein wunderschönes Porträt über die Lüneburger Heide und deren Zerstörung durch das Militär des Truppenübungsplatzes und durch den Tourismus geschrieben.

Hin und wieder flüchtet Troll aus der Kleinstadt, in der die Debatten um deren braune Vergangenheit toben. Er fährt nach Hamburg, Hannover, Bremen, Berlin oder Kopenhagen. Aber nach spätestens drei Tagen ist er wieder zurück. In seinem Feuilleton distanziert er sich zum ersten Mal auch von seiner schwäbischen Heimat. »Wenn Heimat Vergangenheit und Zukunft, Ziel von Erinnerungen und Wünschen ist, wenn Abschied von ihr Heimweh macht, dann ist mir meine Klause, die Stadt Soltau, die Heide, zur Heimat geworden.«

Troll 1979 in seiner Klause als Stadtschreiber von Soltau in der Lüneburger Heide.

Thaddäus Troll, der Koch

Wie Thaddäus Troll eine Berühmtheit als schwäbischer Koch wurde, dazu gibt es verschiedene Lesarten. Sekretärin Eleonore Lindenberg meint, die Küchenleidenschaft habe er sich wohl in seiner Studentenzeit zugelegt. Tatsächlich findet sich in seinem Kriegstagebuch nur ein sehr bescheidener Hinweis, wonach er einmal Eipulver aus Wehrmachtsbeständen mit Beute-Wodka zu einem Eierlikör vermischt habe. Von Kochen ist da jedoch nicht die Rede. Dies beginnt erst mit dem Einzug in seine »Hütte« in Hinterrohrbach. Dort hat er immer gekocht, nicht dagegen in der Stadtwohnung in der Traubergstraße 15 in Stuttgart.

Die Bände »Wohl bekomm's! Das Buch der Getränke«, das er 1957 zusammen mit der fleißigen Ratgeberautorin Gertrud Oheim verfasst, sowie »... und dazu guten Appetit! Das Buch vom guten Essen« (1961) enthalten kaum Koch- oder Mixanleitungen, vielmehr vor allem kulturgeschichtliche Skizzen.

1967, zu Beginn seiner Kochleidenschaft, wird er zum ersten Mal einer breiteren Öffentlichkeit bekannt, als er bei einem Wettbewerb des Fernsehkochs Horst

> **Coq au vin**
>
> Butter
> Speck
> 1 große Zwiebel
>
> Hähnchen anbraten
>
> Sauce: Einbrenne +
> Glas Rotwein
> + Glas Fleischbrühe
>
> Tomaten (mark)
> 1 Knoblauch
> Gewürzsträußchen
> 10' Sicomat
>
> Champignons
> Thymian
> ~~1 Knoblauch~~ (wenig)
> Paprika

Scharfenberg den ersten Preis für einen »Heilbuttauflauf mit Hechtklößchen« erhält und dabei mehrere erfahrene Hausfrauen aus dem Feld schlägt. Das Rezept sieht allerdings nicht so aus, als ob es von einem Bocuse, einem Witzigmann oder einem anderen Starkoch kreiert wäre. Denn Thaddäus Troll macht es sich leicht: Die Hechtklößchen entnimmt er, wie er später bekennt ... einer Konserve.

Auch bei Artischockenböden plagt er sich nicht mit dem Herausschneiden des Heus. Er greift lieber zur Dose. 1969, zwei Jahre nach dem Erscheinen von »Deutschland deine Schwaben«, kommt sein erstes Rezeptbuch auf den Markt: »Kochen mit Thaddäus Troll«.

Immer wieder bekennt Troll sich zu seiner Eitelkeit: »Wenn ich für meine Gäste koche, will ich gelobt werden.« Und er stellt Ansprüche an sich. Hier wie in seinem selbstverfassten Nachruf meint er – wohl ironisch –, eine misslungene literarische Arbeit schmerze ihn nicht so sehr wie ein misslungenes Gericht. Manchmal lobe er sich selbst. Andererseits mag er nicht, wenn Gerichte anerkannt werden, die nicht ganz gelungen sind. Und er erzählt die Geschichte eines Kriegskameraden namens Werner Tamms, den sie im Krieg seiner düsteren Ansichten wegen den »Reichspessimistenführer« genannt hatten. Troll servierte ihm bei einem Besuch im Schwäbischen Wald eine aus seiner Sicht delikate Krebssuppe. Die Krebse dazu hatten die Töchter eigenhändig für

Rezept für Coq au vin aus dem Hinterrohrbacher Hüttentagebuch.

> **Heilbuttauflauf mit Hechtklößchen**
>
> Eine Form mit Butter bestreichen. Portionsstücke Heilbutt (tiefgefroren). Salzen und pfeffern. Umlagern mit einer Büchse Hechtklößchen. Dünn Fischbrühe mit Weißwein als Sud. Darüber eine Schicht Pilze. Mit Aromatwürze. Zwei bis drei Eier, Rahm, Käse, Petersilie, Muskat ruinieren. Darüber schütten. Bei 300° 30' im Ofen.
> Dazu Reis und Salat.

20 Pfennig das Stück im Bach bei Hinterrohrbach gefangen. Aber der Gast lamentierte nur über seine Ehemisere, ohne ein Wort über die Suppe zu verlieren. Auch mehrfache Einwürfe des Kochs – »Weißt du auch, was du isst? Das sind Perlen, Perlen ...« – blieben ohne Resonanz.

Seine Kochphilosophie hätte von dem Altmeister der französischen Küche, Auguste Escoffier (1846–1935), stammen können. Er hat sie im Buch »Kochen mit Thaddäus Troll« hinterlassen: »Den guten Koch erkennt man an der Qualität seiner Saucen, die als Solo von feinster Wesensart sein müssen; jedoch dem Fleisch oder Gemüse beigestellt, dessen Eigengeschmack sie nicht übertönen dürfen. Soßen – im Gegensatz dazu mit oß geschrieben – sind eine kräftige Begleitmusik zu Fleisch, Fisch und Gemüse. Tunken (ein scheußliches Wort) sind entweder wässrige, charakterlose Beigaben oder ebenso aufdringliche wie im wahrsten Sinne des Wortes überflüssige Bespülungen des Hauptgerichts. Hüten Sie sich vor Lokalen, die ein Wiener Schnitzel in Tunke servieren; vor Frauen, die Gemüse mit einer Mehlsoße verunstalten; vor Köchen, die Päckchensoße verwenden; vor Unmenschen, die eine Sauce Hollandaise mit Mehl strecken.«

Troll war ausnehmend gastfreundlich. Er bewirtete viele Gäste, ausschließlich in seinem Haus in Hinterrohrbach.

Rezept für Heilbuttauflauf mit Hechtklößchen im Hinterrohrbacher Hüttentagebuch.

Dort hatte er eine »fulminante Kochbuchsammlung« stehen, wie sich die Schriftstellerin und Übersetzerin Irmela Brender an ihren ersten Besuch als Lektorin in Trolls »Hütte« erinnert. Den Bundespräsidenten Gustav Heinemann überraschte er mit Linsen und Spätzle, für Siegfried Lenz schuf er eigens eine Pastete aus gewürztem Hackfleisch und Rauchfleisch in einem Blätterteigmantel. Er verwöhnte natürlich zuerst seine Familie, kochte aber auch für seine vielen Freundinnen, etwa für Lieselotte (»Lilo«) Reutter, die Frau des Musikhochschuldirektors Hermann Reutter, und weitere, die er nur mit Vornamen nennt: Gisela, Barbara (so nennt er in Feuilletons und im Kochbuch seine Frau Susanne) oder Annegret. Er traute sich sogar, Katinka Mostar zu bewirten, die fünfte Frau des Publizisten Herrmann Mostar, die selbst etliche Kochbücher veröffentlicht hatte.

Seine Schriftstellerkollegen Walter Jens und Martin Walser, den Maler Reinhold Nägele, den Theatermann

Eintrag des Stuttgarter Komponisten und Musikhochschulrektors Hermann Reutter im Hinterrohrbacher Hüttentagebuch: »Herzlichen Dank für einen ganz reizenden Abend«.

Thaddäus Troll, der Koch

In Hinterrohrbach auf der Terrasse. Troll serviert. Am Tisch hinten von links: Susanne, Isabel, Trolls Bruder Erich Bayer, vorn links Manuela, rechts Trolls Mutter Elsa Bayer, 1962. Aufnahme für die Zeitschrift »Schöner wohnen«.

Siegfried Melchinger, den Kriegskameraden bei der »Constanze« Hans Huffzky und wohl auch Günter Grass lud er nach Hinterrohrbach ein. Für seinen Lektor bei Hoffmann und Campe, Hermann Josef Barth, zelebrierte er einen Fasan. Willy Brandt konnte der Einladung nach Hinterrohrbach im Anschluss an den Schriftstellerkongress 1970 in Stuttgart aus Zeitgründen nicht folgen, obwohl er dann in der Landeshauptstadt bis weit nach Mitternacht mit einigen Autoren beim Châteauneuf-du-Pape zusammensaß, darunter auch mit Thaddäus Troll. Wenn Siegfried Lenz zu Gast war, wurde Eleonore Lindenberg als Fahrerin des Citroën eingesetzt.

In einem lustigen Geburtstagsbrief zum Fünfzigsten am 16. Oktober 1977 erinnert Troll seinen »Bruder in clausura et in res publica« Günter Grass an einen Fasten-Aufenthalt im Kloster Schussenried, wo Grass angeblich keinen Butt, sondern allerlei Süßwasserfische wie

Von links: Isabel, Manuela, Hans, Eva-Suzanne Bayer, Hinterrohrbach, ca. 1962.

Felchen, Waller, Brassen oder Karpfen zubereitet hat. Dazu tranken die Fastenden üppig Weine vom Bodensee. Troll selbst war für den Kräutergarten zuständig und lieferte Majoran, Oregano oder Rosmarin, »so die Größe des Zäpfleins verbessert«. Grass habe »das Fasten zum Festen« gemacht, schreibt Troll in mittelalterlichem Deutsch an seinen Schriftsteller-Freund, den er inzwischen duzt.

Schon zuvor, nämlich 1961, fährt der Feuilletonist, wohl auf Einladung des New Yorker Schwabenclubs,

Troll kocht – sonst nur in Hinterrohrbach, für die Fotografin ausnahmsweise in der Traubergstraße. 1976.

anlässlich eines Gastspiels des Düsseldorfer »Kom(m)ödchens« mit dem französischen Dampfer »Liberté« in die USA. Über den Auftritt des »Kom(m)ödchens« schreibt er für 47 deutsche Zeitungen. In einem Brief an die »Lieben selbdritt«, nämlich an Frau und Töchter, beschreibt er schwelgend ausführlich ein Galadiner auf dem Schiff um 21.30 Uhr:

»Zunächst gab es getrüffelte Strassburger Gänseleber, ganz dicke Scheiben. Der Gaumen schlug einen Salto vor

Vergnügen. Armer Hund« – das war im Familienjargon eine der Anreden für seine Frau Susanne –, »wenn Du hättest sehen müssen, was davon abgetragen wurde – wir hätten ein halbes Jahr Gänseleber gegessen! Der Amerikaner am Nebentisch schnitt die Trüffeln mit dem Messer heraus, als sei es Käserinde. Dann gab es eine Madrider Suppe! Ein Punkt für mich – das kann ich besser! Im Suppenkochen sind die Franzosen Dilettanten. Aber dann – aber dann: Les Délices de Sole de Douvres Deauvillaise. Kinder, Kinder!!! Der Himmel jubilierte in dieser Seezunge. Nichts gegen Hundis Hollandaise – es war auch keine Hollandaise, es war ein hintergründiges, vielschichtiges Wunderwerk. Darin badete eine gratinierte Seezunge, ganz zart mit Käse überbacken – einem Hauch Käse – begleitet von den Cellotönen eines frischen Hummers und vom lustigen Schlagzeug der superbesten Meertiere. Ich weiß, dass der Superlativ superbest doppelt ist. Es ist der erste doppelte Superlativ den ich anwende – aber es muss sein! Die Sprache reicht nicht aus, um diese Seezunge zu schildern. Meister, habe ich in Gedanken zum Koch gesagt, ich bin ein lächerlicher Dilettant. Ich lege meinen Kochlöffel nieder. Nie wieder! Dann kam eine Platte mit Spargelköpfen, etwas leichengrün, wie die französischen Spargeln sind, mit einer Sauce, die sich wieder der Schilderung entzieht. ... Anschliessend eine Poularde, nun da konnte ich mithalten. Dazu Artischockenböden und grüne Bohnen exzellent, aber die Kartoffeln dazu, die mache ich besser. – Ein Salat aus Lattichherzen, vor dem ich mich auch nicht zu verstecken brauche, dann wieder ein Höhepunkt Pfirsich Melba, so gut wie ich es noch nie gegessen – nam, nam, nam!«

So stellte man sich 1972 einen appetitanregenden Buchumschlag vor: »Schöner essen mit Thaddäus Troll«.

Ob er damit seine Familie trösten wollte, weil er, durchaus ehrgeizig, die Leistungen des französischen Schiffskochs immer wieder mit seinen eigenen vergleicht? Denn es waren im Leben Thaddäus Trolls und seiner Familie noch nicht die Zeiten nach Erscheinen von »Deutschland deine Schwaben«, als der Wohlstand ausgebrochen war. Nach wie vor musste sich Troll als freier Schriftsteller und Journalist durchschlagen. »Das Warten auf den Geldboten war an der Tagesordnung«, wie Eleonore Lindenberg meint.

Die Schilderung des Diners lässt also durchaus ahnen, dass es im Hause Troll wesentlich bescheidener zuging. Jedenfalls nennen die Töchter Manuela und Eva-Suzanne die Zeiten vor und nach 1967 durchaus als zwei sehr unterschiedliche Etappen im Wohlstand der Familie.

Wie kreativ der Satiriker Speisen zubereitet, hat er in seinem Buch »Kochen mit Thaddäus Troll« selbstironisch beschrieben: »Verfasser von Kochbüchern klauen wie die Raben, müssen klauen, weil ich keinen Koch kenne, der ein neues Rezept von der Grundsubstanz bis zur Vollendung erfunden hat. Als Koch lebt man von der Variation des Überkommenen, Erlernten, Erlesenen. Ich koche ohne Methodik. Zum Beispiel die Wildente in meinem Kühlschrank: Ich habe mich noch nie an einem solchen Tier probiert.« Bevor er sie koche, lese er in prominenten

Eintrag im Hinterrohrbacher Hüttentagebuch: »Um des Hasen Linsengericht würde ich ohne weiteres meine (imaginäre) Erstgeburt verkaufen! Wamse Meiningen jr. Eberhard Jäckel«. »Hase« war der Kosename Trolls in der Familie und wohl auch unter Freunden. »Wamse« nannte sich der Journalist und langjährige Vorsitzende des Deutschen Journalistenverbands, Ernst Müller-Meiningen junior.

Thaddäus Troll, der Koch 253

Kochbüchern »und im handgeschriebenen Kochbuch, das meine Mutter als junges Mädchen in der Kochschule mitgeschrieben hat.« Das also ist das Schwäbische an seiner Art zu kochen.

Andererseits lobt er die Kochkunst in den höchsten Tönen, sie sei den anderen Künsten gleichwertig. »Ein gutes Gericht ist zwar viel vergänglicher als ein Lied, ein Feuilleton, eine Zeichnung, diesen aber in meinen Augen durchaus ebenbürtig.« Gleichzeitig präsentiert er sich als fantasievoller Pragmatiker. Ein guter Koch werde nie einen Speisezettel für eine Woche entwerfen. »Er lässt sich von dem beflügeln, was er auf dem Markt, im Geschäft, im Kühlschrank findet.« So könne zum Beispiel ein Rest Rotwein ein Vorwand für ein köstliches Linsengericht sein.

Er räumt ein, dass er, wenn er wenig Zeit hat, durchaus auch den Dampfkochtopf einsetzt, allerdings nur für Hülsenfrüchte, Bouillon, Siedfleisch, Gulasch und ähnliches. Und wenn er Fleischbrühe, nicht Bouillon meint, so könne die auch aus Würfeln stammen. Den schwer zu knetenden Nudelteig für die Maultaschen macht er nicht selbst, sondern kauft ihn beim Bäcker. Ohnehin, so Tochter Manuela, habe er selbst nie Maultaschen gemacht. Im Kochbuch findet sich auch nur ein Rezept für die Füllung.

Troll bekennt sich zum Knoblauch. In seiner Klause in Hinterrohrbach werde reichlich mit diesem Gewürz gekocht: »Ehegattinnen, die bei uns zu Besuch waren, wurden deshalb von ihren Männern verstoßen, Familienväter wurden in die Quarantäne gesteckt, und wenn ich von einer Reise zurückkam und meinen damals noch zarten Töchtern einen Kuss gab, so trieb mich ihr Knoblauchodem fast wieder in die Fremde.« Er halte auch nichts davon, eine Salatschüssel nur mit Knoblauch auszureiben, erst recht nichts von der Mär, wonach französische Edelköche eine Knoblauchzehe zerbissen und dann über den Salat hinweghauchten, nein: Er schätzte »dreiste Gaben« von Knoblauch.

Auch Mengen- und Zeitangaben behandelt er recht großzügig. Die Töchter können ein Lied davon singen:

»Ungefähr 2 Kilo«, gibt er an; den Herd auf »gute Hitze« anheizen und »solange schmoren, bis die Wildente weich ist«. »Garzeiten kann ich nicht angeben, sie sind zu verschieden.« Nur beim Wein ist er präzise: Pro Person sieht er »eine Flasche« vor.

Wer allerdings meint, Thaddäus Troll sei ein typisch schwäbischer Koch gewesen, der sieht sich getäuscht – oder er glaubt jenen Verlegern, die Bücher mit Titeln wie »Kochen wie die Schwaben« herausgaben (verfasst von Thaddäus Troll gemeinsam mit dem Journalisten Hermann Freudenberger alias »Knitz« und der Schauspielerin Erika Wackernagel). Zwar finden sich in seinen Kochbüchern natürlich Rezepte für Maultaschen, Spätzle, saure Nierle, Kutteln oder schwäbischen Kartoffelsalat. Aber die machen nur einen Bruchteil seiner Vorschläge aus. Auf die schwäbische Mehlschwitze verzichtet er meistens. Einmal bekennt er sogar, dass er dem richtigen schwäbischen Sonntagsessen mit Kalbsbraten und Kartoffelsalat, den es bei seiner Konfirmation gab, nicht viel abgewinnen könne.

Viel lieber hält er es weltmännisch mit dem Leibkoch Josef Stalins, den und dessen Rezepte er auf einer Flusskreuzfahrt die Donau hinunter bis ans Schwarze Meer kennengelernt hat, und tischt Nasi Goreng, provenzalische Schweineleber oder Toulouser Cassoulet auf. Am Herd ist Troll ganz Weltmann und Genießer. Einmal

Eintrag von Troll im Hinterrohrbacher Hüttentagebuch, September 1960: »Sa. 24. – Mo. 26. Sept. Herbstlich, am ersten Abend kühl, Feuer im Kamin und Ofen auf Hochtouren. Skat, Pilze gesucht, Sonnensonntag. Schweinefilet mit Majoran und Knoblauch; Pilze in Rahm, Reis. Kritik über ›Einer von uns‹ geschrieben. Am Montag um 15°«.

Thaddäus Troll, der Koch

255

Rechte Seite:
Troll beim Bier,
Ende der 50er Jahre.

flunkert er auch, wie dies nun mal seine Art ist. Er sei mit einer Preußin verheiratet, welche die besten Maultaschen mache. Dazu die Tochter Manuela: »Meine Mutter hat nie im Leben Maultaschen zubereitet!«

Sein Bekenntnis zu Kochen und Essen hat Troll 1978 in dem kleinen Feuilleton »Der gebildete Magen« abgelegt. Essen sei fast das Gegenteil von Nahrungszufuhr, was auch in der Wortwahl erkennbar sei. »Diese wird von stümperhaften Köchen mit Gerichten betrieben, die schon durch Bestimmungswörter wie *Jäger-, Hirten-, Pußta-* und *Zigeuner-* vor dem Verzehr warnen. Bei dem Wort *Hawaii* weiß der Kundige, dass hier Kirschen, Bananen und Ananas fleischliche Geschmacksunzucht treiben. Vor Hormonvögeln, die nur noch als Kaumasse hingenommen werden können, warnt das Wort *Henderl.*«

Jede Form von Ideologie in der Küche ist ihm jedoch zuwider. »Wer aus der neuen Küche, pardon: Nouvelle cuisine eine Weltanschauung macht, wer neben Bocuse keinen anderen Gott duldet, wer die Küche in einen Tempel verwandelt, Rezepte wie ein Tedeum zelebriert und aus einer Mahlzeit ein Pontifikalamt macht, der ödet mich an.« Und er fährt mit einem Seitenhieb auf bestimmte Gourmetjournalisten fort: »Ob Lachs über Holz von Stradivarigeigen geräuchert ist oder nur über Holz von schlichten Violinen aus Cremona – ich vermag das nicht zu unterscheiden.«

Sein Aber gegen die englische Küche hat Troll in einem Feuilleton unter der Überschrift »Die Hüte von Shrewsbury« 1976 beschrieben, in dem es um einen Besuch mit seinen beiden Töchtern in dem kleinen Städtchen dieses Namens geht, das durch Schillers »Maria Stuart« Berühmtheit erlangte: »Wir betraten ein Restaurant, wo eine freundliche alte Dame unsre Wünsche zu befriedigen versprach. Sie servierte ein Bier, das durch keinen Schaumhut verunstaltet war und ungefähr die gleiche Temperatur hatte wie die Suppe, die wiederum darauf hinwies, dass England von Wasser umgeben ist. Das Roastbeef stammte von einem Altersgenossen des Grafen Shrewsbury und

wäre, sofern es genießbar gewesen wäre, von der Soße ungenießbar gemacht worden. Die falben Teile des Strohhuts in dünner Brühe wurden als Kohl deklariert, und grünliche Kartoffeln waren uns zu Ehren ganz frisch aufgewärmt. Die Erbsen hatten die Härte, die Elisabeth der schottischen Maria gegenüber bewies, aber die Größe von Kirschen. Man konnte mit ihnen höchstens die Gesetze des freien Falls demonstrieren ...«

Wenn von Trolls angeblicher Vorliebe für Brackenheimer Lemberger und andere Württemberger Weine die Rede ist, dann verengt das den Blick auf seine Leidenschaften. Sein letzter Tropfen war keineswegs ein Trollinger, sondern ein französischer Rotwein. Thaddäus Troll hat Weine – vor allem Rotweine – aus aller Herren Länder genossen, wenn sie nur trocken ausgebaut waren. Und das stand damals noch keineswegs auf der Tagesordnung der Kellermeister. Insbesondere den Trollinger, der auch den Trauergästen bei Hans Bayers Beerdigung serviert wurde, hat man in den 60er Jahren noch häufig mit »Süßreserve« (Traubensaft oder Zuckersirup aus Traubenmost) aufgemischt.

Der Wein war Trolls Lebenselixier. Lieblingsweine wie Riesling und Müller-Thurgau bezog er von einem Wengerter in der Nähe von Oppenweiler. Ob am Stammtisch der Dreizehn in der Restauration »Kiste« oder in seiner »Klause« Hinterrohrbach, eine oder mehrere Flaschen Dôle, Burgunder oder auch Lemberger und Schwarzriesling waren immer dabei. Als Troll 1977 einmal wegen einer Gelbsucht in Behandlung ist, freut er sich auf nichts mehr als auf den Tag, an dem er wieder eine Flasche öffnen darf.

Im Frühjahr 1978 bereitet Troll die Neuausgabe »Deutschland deine Schwaben im neuen Anzügle« vor. Als »Kraftstoffverbrauch des Schneiders« während der Arbeit am »Neuen Anzügle« listet er auf: »Pro Meter 37 Flaschen folgender Provenienzen: 1977er Allmersbacher Schiller, Altenberg, Weinbau Herbert Schwarz [Trolls Lieblingswinzer und Freund]; 1969er Château Pontet-Canet, Appellation Pauillac contrôlée; 1976er Horrheimer Stromberg,

Trollinger mit Lemberger (WZG); Rosé de Loire, Chatelain-Desjacques, Appellation contrôlée.«

Sein Lieblingswein war aber kein Württemberger, sondern ein Pinot noir (Spätburgunder) aus dem Weinörtchen Pommard in Burgund. Auch in seinen späten, melancholischen Mundartgedichten, in denen er über das Alter sinniert, greift er hin und wieder zum Pommard.

In einem Feuilleton von 1959 unter dem Titel »Wein ist ein königliches Getränk« gibt Troll eine Kostprobe sowohl von seiner Kennerschaft als Weinschlotzer wie von der Breite und Tiefe seiner sprachlichen Fähigkeiten: »Wie unter Menschen, so gibt es auch unter den Weinen die verschiedensten Charaktere und Temperamente: fade Süßlinge; derbe und fröhliche Gesellen; schwere, gehaltvolle alte Herren; sauertöpfische Krätzer; bäuerliche Kumpane; feurige Draufgänger, witzige Sauser, flache Blender, die hinten im Gaumen nicht halten, was sie vorn, auf der Zunge, versprechen; allzu leichte Bitzler; kompakte Philosophen; wohlerzogene Aristokraten; in der Gärung gestoppte Kastraten ohne Kraft und Saft; stahlige, nervige Burschen und fade Gesellschafter.«

Thaddäus Troll und seine Freunde

Im Rückblick«, so hat Thaddäus Troll als 50-Jähriger geschrieben, »erscheint mir die Reihe meiner Freunde als wesentlicherer Lebensgewinn als die Reihe meiner Bücher.« Dieser Gedanke taucht anfangs immer mal wieder auf, nicht zuletzt in seinem »Nachruf zu Lebenszeiten«. Doch schränkt Troll auch ein, was die Art der Freunde betrifft: »Trotz aller Toleranz muss ich allerdings bekennen, dass ich schwerlich mit jemandem befreundet sein könnte, der die NPD wählt, die Todesstrafe fordert, keinen Humor hat oder der Ansicht ist, die heutige Jugend tauge nichts.«

Im Folgenden sollen einige seiner engsten Freunde vorgestellt werden.

Zu seinen frühesten Freunden gehören gewiss die Mitglieder des »Tischs der Dreizehn«, einem seit 1950 bestehenden Stuttgarter Stammtisch literarisch Beflissener, den Thaddäus Troll mitgegründet hat und dem er in der Anfangszeit auch als Sekretär dient. Am 17. Dezember dieses Jahres trafen sich die fünf Herren zum ersten Mal in Stuttgart im »Weinhaus Zippel«. Der Name »Tisch der Dreizehn« kam erst einige Jahre später auf. Eberhard

Am »Tisch der Dreizehn«, von links: Hans Joachim von Held, Troll, Alfred Günther, in den 50er Jahren.

Jäckel, Zeithistoriker an der Universität Stuttgart und seit 1973 Mitglied, hat zum Stiftungsfest 2008 ein schönes Büchlein über den »Tisch der Dreizehn« verfasst, dem wir diese Angaben entnehmen.

Jäckel will keinen Vergleich mit den berühmten Berliner literarischen Stammtischen ziehen, von denen einer in Theodor Fontanes Autobiographie auftaucht. Dem stehen schon die lockeren Regeln und die Entspanntheit der Treffen entgegen. Am Stuttgarter Stammtisch saßen als Gründungsmitglieder neben Bayer der damals recht bekannte Schriftsteller Ernst Glaeser, der Generalintendant der Württembergischen Staatstheater, Walter Erich Schäfer, der Journalist Georg Böse und der Leiter der Hauptabteilung Unterhaltung beim Süddeutschen Rundfunk, Fritz Ludwig Schneider.

Der Feuilletonist und Kabarettist Herrmann Mostar (bürgerlich Gerhart Herrmann) war bei der Gründungsversammlung verhindert und wurde als »telefonierendes Mitglied« aufgenommen. Troll nannte ihn ausdrücklich seinen Freund und zitierte ihn hin und wieder. So habe Mostar aus dem adeligen Winzer Graf Neipperg den »Grafen Kneippberg« entwickelt und kurz nach dem Krieg auf die Stadt Schussenried »einen der schönsten Schüttelreime gemacht, die ich kenne«.

Als Ruth von ihrem Russen schied,
Da kehrt' sie heim nach Schussenried.
Dort drang aus aller Risse Schutt.
Das Leben ist beschissen, Ruth!

Weitere Teilnehmer des »Tischs der Dreizehn« waren der Schriftsteller, Rundfunksprecher und legendäre »Abendlied-Onkel« des Süddeutschen Rundfunks Curt Elwenspoek, der Schriftsteller Alfred Günther, der Pianist Hubert Giesen und der Grafiker Heinrich Klumbies. Die Zahl der Mitglieder wurde 1951 durch einen Numerus clausus auf 13 beschränkt, doch zeigte sich bald, dass es Mitglieder mit der Nummer 13a, 13b und so weiter geben musste, weil der Andrang die Vorsätze der Gründer bei weitem übertraf. Später kamen Leute wie der Stuttgarter Architekt und Hochschullehrer Max Bächer, der Maler Wolf Schwamberger, der Illustrator Karl Rössing, der Übersetzer Helmut M. Braem, die Kulturbeamten Wolf Donndorf und Hannes Rettich, der Verleger Ulrich Frank-Planitz, der Bosch-Pressesprecher Wolfgang Knellesen, der

Am »Tisch der Dreizehn«, links Hermann Mostar, rechts Troll, Anfang der 50er Jahre.

Thaddäus Troll und seine Freunde

Theatermann Siegfried Melchinger, die Journalisten Friedrich Sieburg und Hellmuth Karasek, der Schiller-Bibliothekar Wilhelm Hoffmann, der frühere CDU-Kultusminister und Schriftsteller Wolfgang Storz sowie der Direktor der Landesbibliothek Claus Zoege von Manteuffel hinzu, um nur einige zu nennen.

Obwohl der Stammtisch kein eingetragener Verein war, gab er sich doch Regeln, die am 17. Dezember 1950 als »Entschlüsse der Gründungssitzung« von Schriftführer Hans Bayer festgehalten wurden:

1) Der Stammtisch wurde zum Zweck der Unterhaltung (von der wissenschaftlichen Diskussion bis zum Klatsch) gegründet. Er tagt jeden Freitag um 18 Uhr.
2) Er besteht aus Mitgliedern, telefonierenden Mitgliedern und Gästen.
3) Ein Antrag des telefonierenden Mitglieds G. H. Mostar, die den Mitgliedern jeweils zugehörigen Damen zuzulassen, wurde bei einer Enthaltung (aus Höflichkeit) abgelehnt.
4) Im übrigen ist der Stammtisch ein »Stammtisch pour Stammtisch«. Er verfolgt keine anderen geistigen, künstlerischen und politischen Ziele, als solche, die zwanglos im Gespräch angeschnitten werden.
5) Seine Mitglieder haben weder Rechte noch Pflichten. Das Einzige, was der Stammtisch von seinen Mitgliedern erwartet, ist etwas Humor.

Bayer fühlte sich wohl in diesem Kreis. Nur mit Friedrich Pfäfflin, dem Mann vom Literaturarchiv in Marbach, vertrug er sich nicht so recht. »Er unterstellte mir, dass ich mich nur mit Schiller und Mörike beschäftigte und nicht mit einem wahren Schriftsteller wie Thaddäus Troll«, spottete Pfäfflin später.

Dass Humor an erster Stelle stand, bewies Thaddäus Troll gegenüber dem Pianisten Hubert Giesen etwa am

Troll um das Jahr 1955.

3. Januar 1969. Der Stammtisch traf sich damals im Nobelrestaurant »Alte Post« in der Friedrichstraße, in der Nähe von Giesens Wohnung in der Stitzenburgstraße. Unter dessen Absender schickte er dem Wirt des Lokals folgenden Brief: »Sehr geehrter Herr Riegger – da mir der Arzt betreffs eines latenten Leidens meinerseits strikt für dieses Jahr allen Alkohol verboten hat, ich aber von mir nicht mit Gewissheit sagen kann, ob nicht eine gewisse Schwäche eintritt, die mich das Gebot des Arztes missachten lässt, bitte ich Sie inständig, mir beim Stammtisch der Dreizehn keineswegs alkoholische Getränke servieren zu lassen, auch wenn ich sie in einem Anfall der Leichtfertigkeit verlange. Herr Ludwig, oder wer immer für uns sorgt,

möge dann, wenn ich Lauffener etc. bestelle, stillschweigend ein Fachinger bringen, was mich auf diskrete Weise an das gesundheitliche Versprechen erinnert, das ich meinem Arzt anlässlich meines Siebzigsten in die Hand versprochen habe.« Der Ober hat dieser Aufforderung natürlich keine Folge geleistet.

Zu seinem Freund Hubert Giesen hatten Troll und die Stammtischrunde wohl ein besonders spöttisches Verhältnis. Nachdem Giesen 1972 mit Hilfe eines Ghostwriters seine Memoiren veröffentlicht hatte, wurde er immer wieder mit der Frage gehänselt: »Hubsie, wie hieß noch der Mann, der deine Memoiren geschrieben hat?« Die Antwort des Betroffenen bestand regelmäßig in einem abfälligen Wort aus der Gosse, das aus Höflichkeit hier nicht wiedergegeben werden kann.

Mit dem Übersetzer Helmut M. Braem (1922–1977) verband Thaddäus Troll bis zu dessen frühem Tod eine besondere Freundschaft. Die Witwe Braems schreibt: »Begonnen hatte die Freundschaft der beiden Kollegen wohl am Tisch des ›Clubs der 13‹ in der Stuttgarter ›Kiste‹, wo die beiden – eher Schweiger als Redner in privater Runde – in brüderlichem Einvernehmen die Welt betrachteten. Dabei wurde TT für hmb mehr und mehr zum Mentor in jenen Aktivitäten, denen sich beide bis zu ihrem Lebensende und oft über ihre Kraft zugewandt haben.« Gemeint ist die Arbeit im VS-Schriftstellerverband, deren stellvertretender Bundesvorsitzender Helmut M. Braem war.

Auch mit »Wamse«, dem legendären rechtspolitischen Redakteur der »Süddeutschen Zeitung« Ernst Müller-Meiningen jr. (1908–2006), verband Hans Bayer und seine Familie eine enge Freundschaft. Während Troll 1975 mit einer Gelbsucht im Krankenhaus lag, schrieb er »Wamse« einen längeren Brief zu dessen 67. Geburtstag. Darin sinniert er über sein Alter und wünscht dem Jubilar vor allem Gesundheit. »Man muß sich in unserem Alter damit auseinandersetzen«, schreibt er, »daß die Lebenszeit, vor allem aber die Schaffenszeit bemessen ist, und daß sich nicht mehr alles realisieren läßt, was wir einmal vorgehabt haben.« Zum Trost weist Troll »Wamse« auf dessen Ehrenamt im Bayerischen Senat hin, einer Art zweiter gesetzgebender Kammer, die bis zum Jahr 2000 bestand und deren Mitglied Müller-Meiningen jr. viele Jahre war.

Zu seinen Freunden zählte Thaddäus Troll auch den Murrhardter Maler und Grafiker Reinhold Nägele (1884–1972), Mitbegründer der »Stuttgarter Sezession« (1923). Nachdem die Nazis ihn wegen seiner Ehefrau als »jüdisch versippten Künstler« diffamiert hatten, emigrierte Nägele 1939 nach New York, von wo er erst nach dem Tode seiner Frau 1963 in sein »Häusle« in Murrhardt zurückkehrte. Troll beschreibt ihn: »Wenn seine künstlerische Wirksamkeit auch den Rahmen der Heimat, des Stammes sprengt, so repräsentiert doch seine menschliche Erscheinung den musischen Schwaben in der ganzen Weite seines Spektrums, in der ganzen Vielschichtigkeit seines Wesens. Schon äußerlich tarnt der Künstler hinter einer manchmal räßen und unwirschen Fassade den unpathetischen, freundlichen, gescheiten und verwundbaren Künstler.«

Reinhold Nägele.

Für seine »Hinterbliebenentreffen« in der Urlaubszeit im Sommer in seiner Klause in Hinterrohrbach, Haus Nummer 42, oder in der Traubergstraße 15 in Stuttgart verschickte Troll an seine Freunde vorgedruckte Einladungen, für die er vier verschiedene Formulare verwendete. Version Nummer eins war hochoffiziell und lautete: »Thaddäus Troll und Susanne Ulrici würden sich freuen, …« Die übrigen gaben als Adresse »Dr. phil. Hans Bayer« an, ferner »Hans Bayer« oder »Thaddäus Troll«, je nachdem, welchen Charakter das Treffen haben sollte. Jedenfalls sei das Formular mit »Dr. phil.« selten zum Einsatz gekommen, wird berichtet. Auch einen lustigen Briefumschlag verwendete er hin und wieder. Darauf stand als

Troll in Hinterrohrbach, 19. August 1962.

Adresse: »Thaddäus Troll, Institut zur Vermeidung von Sendepausen, weißen Stellen in Zeitungen und schmerzlich empfundenen Lücken auf dem Buchmarkt, Stuttgart, Traubergstraße 15«. Auch der Tübinger Politik-Professor und Universitätsrektor Theodor Eschenburg war Gast in Hinterrohrbach.

Als Troll 1978 »Deutschland deine Schwaben im neuen Anzügle«, die Überarbeitung seines Bestsellers, fertiggestellt hatte, verschickte er handgeschriebene Karten an viele Ratgeber und Informanten, die ihn bei diesem Buch unterstützt hatten: »Dankbar für Ihre stille oder tätige Mithilfe als Stofflieferant, ohne die dieses neue Anzügle nicht so geworden wäre, wie es ist, grüßt Sie ganz herzlich Ihr Thaddäus Troll«.

Die Karte muss wohl an mehr als 30 Leute gegangen sein, die ihm mit Rat und Tat beigestanden waren oder deren Bücher und Aufsätze er benützt hatte und die er im Anhang seines Buches namentlich nennt. Dazu gehörten etwa der SPD-Landesvorsitzende Erhard Eppler, die Redakteure Walter Hähnle vom »Radius« sowie Kurt Roschmann, Wolfgang Ignée und Friedrich Weigend-Abendroth von der »Stuttgarter Zeitung«, der Mundartdichter Georg Holzwarth, Professor Walter Jens, der Kritiker Hanns-Hermann Kersten, der Cannstatter Unternehmer Hermann Mahle, der Reiseschriftsteller Werner Skrentny oder der Literaturwissenschaftler Gero von Wilpert.

Eine seltsame Freundschaft bestand zu dem schwäbischen Mundartdichter und Mundartforscher Friedrich E. Vogt (1905–1995). Der neun Jahre ältere Gymnasiallehrer scheute sich nicht, seinem »Freund und Bundesbruder« Thaddäus Troll in einem nachgerade oberlehrerhaften Ton Ratschläge über das Schreiben des richtigen Schwäbisch zu geben. Trolls Schwäbisch sei im Unterschied zu seinem, Vogts, »leider noch zu wenig ›lokalisierbar‹«. Es sei »nicht ganz stuttgarterisch, aber auch nicht ganz sonstwo existierend«.

Der Mundartdichter Friedrich E. Vogt bei einer Lesung im Dezember 1978.

Von daher würden auch Angriffe auf Troll gestartet, »was mir nicht passieren kann, weil ich als ›der‹ Fachmann gelte«. So gebe es in Stuttgart nicht: »ra (dafür: ronter), ondersche (dafür: nonderzuas), kheia (das wäre: reuen, dafür: schmeißa)«. Außerdem sei einiges an Trolls Transkription (»mehr als an meiner!«) anfechtbar: »hoar ist eben (hoar) und nicht ›Haar‹, deshalb wähle ich: hòòr. mog ist eben (mog) und nicht ›mag‹: ich wähle: ma´g. au ist der Ausruf ›au!‹; für ›auch‹ muß man wählen: ao«.

Schließlich rät Vogt ihm auch ab, schwäbische Gedichte mit schwarzem Humor und politischem Unterton zu schreiben. Ein Klassenkamerad habe dafür schon das Wort »pervers« verwendet. Er warne ihn davor, solche Themen anzugehen, »wenn Du Dir nicht absichtlich

Thaddäus Troll und seine Freunde

Troll an seinem 60. Geburtstag, 18. März 1974.

Gegnerschaft zuziehen willst«, schreibt Vogt, der eher der FDP und ihrem früheren Ministerpräsidenten Reinhold Maier nahestand als der SPD.

Thaddäus Troll antwortet dem »lieben fif«, er schreibe Mundartgedichte, weil es ihn einfach dränge. Im Dialekt habe man ein paar Farben mehr auf der Palette. Im Übrigen sei er es gewöhnt, wegen seiner politischen Tätigkeit angegriffen zu werden, »das hält mich von nichts ab«.

Was die geringe Lokalisierbarkeit seines Schwäbisch betreffe, so habe er sowohl in seinem Aufklärungsbuch wie im »Entaklemmer« bewusst einen gemäßigten Dialekt gewählt, »der darauf Rücksicht nimmt, daß ihn auch der Nichtschwabe versteht«. Die Gedichte wolle er »dem Schauplatz gemäß sprachlich ... fixieren: sie geraten oberschwäbisch, wenn sie dort angesiedelt sind, und stuttgarterisch beziehungsweise cannstatterisch, wenn sie hier spielen.« Und da bestehe durchaus ein Unterschied, »denn in Stuttgart sagt man ronter, wir sagten in Cannstatt in unserer Jugend ra, und statt schmeißen sagten wir auch kheien.«

Strenge Regeln über den Wortgebrauch gebe es ohnehin nicht und »wenn es sie gäbe, würde ich sie auch aus sprachlichen Gründen da und dort überschreiten«. Er verlasse sich darauf, dass der Leser den Klang im Ohr hat und dass er ihn beim Lesen hört, begründet er seine Abneigung, in Gedichten den Apostroph zu verwenden. Darin ist er sich mit dem Mundartdichter Sebastian Blau einig, der ebenfalls argumentiert hatte, dass man die schwäbische Schreibweise nicht übertreiben dürfe, weil der Schwabe ohnehin wisse, wie gesprochen werde.

Zu einem nahen Freund wurde auch Gerhard Raff, der Landeshistoriker und schwäbische Schriftsteller. Unter der Überschrift »Trolliges« beschreibt Raff, dass er Troll lieben gelernt habe seit der Aufführung von dessen »Schwejk« 1955 in der Stuttgarter »Komödie im Marquardt« mit Willy Reichert in der Hauptrolle. Troll wiederum begann ihn zu schätzen, seit er Raffs Artikel über Gottlieb Daimler gelesen hatte. Raff wurde in den Schriftstellerverband eingeladen und sie hätten »mitnander geschirret«, wie Troll schreibt. Als Raff ihn 1975 im Krankenhaus besucht, wo Troll eine Gelbsucht ausheilt, fordert ihn Troll auf, sich wie Pontius Pilatus die Hände in Sagrotan zu waschen. Aber Raff sagte: »Ach Herr Doktor Bayer, wenn i von Ihne a Gelbsucht kriege dät, no wär des grad so schee, wie wenn a Mädle a Kend kriegt vom Roy Black.«

Gerhard Raff 2003.

Die Urfassung des »Entaklemmers« bekam Raff zum Gegenlesen, und Troll fügte zum Dank für die Arbeit in die Schlussfassung den Ausruf des Geizigen ein, »dass ganz Degerloch verhaftet g'hairt«. »Ond so«, schreibt der Degerlocher Raff weiter, »isch der Flecke s erstmol seit Mörike ond'm Musil wieder in der Weltliteratur ufftaucht.«

Thaddäus Troll und seine Freunde

Troll stiftete den Titel »Exilregierung Deger-Loch«, den Raff in allen seinen Büchern mit dem Locher und handschriftlich vermerkt. Seinen Bestseller »Deutschland deine Schwaben« signierte Troll für Raff mit den Worten: »Meim alde Freund Gerhard, dem wo sei Degerloch grad so vo dene Sau-Stuegerter verkasematuckelt wird wie mei liebs Cannstatt«. Und sie vereinbarten, wie Raff sich erinnert, für den Fall, dass Cannstatt und Degerloch eines Tages »wieder frei sein« sollten, »da kriegt Cannstatt en Quadratmeter Degerlocher Wald gschenkt ond mir en Quadratmeter Neckerufer«.

Als Raff gegenüber einem Spaichinger Pfarrer am ersten Julisonntag 1980 bekannte, der liebe Gott und Thaddäus Troll würden schon ihre schützenden Hände über ihn, den freien Schriftsteller, halten, »da hat'r scho nemme g'lebt«. Mitgenommen hat Raff von Troll auch die Aufforderung, keinem Arschloch zu »flattiere«, sondern »a Arschloch a Arschloch hoiße, au wenn's Nochtoil brengt«.

Raff erzählt auch von Trolls Verehrung für den letzten württembergischen König Wilhelm II. Zu dessen 130. Geburtstag am 25. Februar 1978 habe Troll einen Kranz aufs Grab gelegt mit der Aufschrift auf der Schleife: »Dem wahrhaft liberalen Landesvater. Seine getreuen Württemberger«.

Auch sonst zeigte Thaddäus Troll manchmal monarchistische Neigungen. 1970 rückte er im Auftrag des Süddeutschen Rundfunks mit einem Team zu Aufnahmen für den Fernsehmehrteiler »Deutschland deine Schwaben« in Schloss Altshausen bei Herzog Philipp Albrecht von Württemberg an, dem 1975 verstorbenen Chef des Hauses Württemberg. Anschließend zeigte sich Troll tief beeindruckt von der Persönlichkeit dieses Mannes, der auf seinen Anspruch auf den württembergischen Thron nie verzichtet hatte. Ein Freund wurde der Herzog natürlich nicht, aber auch Philipp Albrecht war angetan von der Art, wie Thaddäus Troll seine Fragen zum Schwabentum stellte. Das Fernseh-Interview wurde mit Philipps Sohn Carl vereinbart mit der Einschränkung, dass Philipp sich das

Troll mit Philipp Albrecht Herzog von Württemberg bei den Fernsehaufnahmen zu »Deutschland deine Schwaben / Alles über Schwaben«, 1972.

Ergebnis hinterher anschauen und dann entscheiden dürfe, ob er es freigebe oder nicht. Er gab es frei, und Troll bedankte sich nachgerade unterwürfig bei der »Königlichen Hoheit«, nicht nur für den »vorzüglichen Wein, mit dem Sie uns verwöhnt haben«, sondern auch für die gute Atmosphäre in Schloss Altshausen »und Ihre freundliche Aufnahme«. Der Herzog bedankte sich seinerseits bei Troll und lud ihn für den Winter 1971 wieder nach Altshausen zu einem Besuch ein, über den sich »auch die Herzogin, meine jüngste Tochter«, sehr freuen würde. Gemeint war die 2004 im Alter von 67 Jahren verstorbene Marie Antoinette von Württemberg, die jüngste Schwester von Herzog Carl, dem heutigen Familienoberhaupt.

Zu Trolls engeren Freunden zählte auch der 2013 verstorbene Tübinger Rhetorik-Professor Walter Jens, den wir in anderen Zusammenhängen schon mehrfach erwähnt

Trolls Freund
Walter Jens, 1974.

haben. Jens war es wohl, der Thaddäus Troll 1971 zum deutschen PEN-Zentrum brachte, dessen Präsidiumsmitglied Troll 1975 und dessen Vizepräsident er 1978 wurde. Jens und Troll, später beide wegen Depressionen in ärztlicher Behandlung, reisten gemeinsam zu PEN-Veranstaltungen in aller Welt. Jens hat die schriftstellerische Qualität Trolls erkannt und seine Sorgfalt im Umgang mit der Sprache anerkennend beschrieben.

»Troll hatte, was die Angemessenheit sprachlicher Äußerung, das in bestimmter Situation Geziemende angeht, ein absolutes Gehör«, schreibt er nach Trolls Tod, »darum schwieg er lieber still, als etwas zu schreiben, das, halb- oder dreiviertelgelungen, für ihn, den Schriftsteller von höchstem Selbstanspruch, unpassend war.« Er sei eben nicht nur ein gemüthafter Meister der Kleinkunst, ein einfallsreicher Feuilletonist oder schwäbischer Poet gewesen, sondern ein »Artist und poeta doctus« (ein gelehrter Dichter), »einer der letzten großen Impressionisten deutscher Sprache, ein Mann, der Worte ... zum Leuchten bringen kann, der mit einer lyrisch-melodischen Prosa Atmosphäre veranschaulicht«.

Jens begutachtet aber auch den anderen Thaddäus Troll, den politischen Schriftsteller, »den Nachfahrn der Rebellen vom Asperg und den Anwalt jener besseren deutschen Geschichte, die nicht die Sieger, sondern die Besiegten geschrieben haben«. Er sei ein »sehr leiser, aber eben deshalb unabweisbarer Ankläger gewesen« und ein »bedeutender, wenngleich noch immer unterschätzter Schriftsteller«.

Einen schöneren Freundschaftsdienst als diese Worte kann es kaum geben.

Anhang

Bibliografie

Selbständige Veröffentlichungen

Bücher

A mosaic of Europe siehe → Europäisches Mosaik.

Auf ewig dein! Memoiren einer Jungfrau. Aufgefunden und herausgegeben von Thaddäus Troll. Unter Benutzung der Postkartensammlung von Franziska Bilek. Verlag Bärmeier und Nikel, Frankfurt am Main 1961 (1.–5. Tausend) (Ein Schmunzelbuch). 64 Seiten. – *Neuausgabe: Liebste Emilie!* Eine Postkartengeschichte aus alter Zeit. [Unter Benutzung der Postkartensammlungen von Franziska Bilek und Thaddäus Troll.] Hoffmann und Campe Verlag, Hamburg 1985. 119 Seiten. ISBN 3-455-07742-0.

Das Buch vom guten Essen siehe Das → große Buch vom Essen.

Burgen in Deutschland. 96 Farbfotos. Text von Thaddäus Troll. [Vorwort von Wilhelm Avenarius. Aufnahmen von verschiedenen Fotografen. Übersetzung ins Französische: Nicole und Professor Wolfgang Fischer. Übersetzung ins Englische: Desmond Clayton.] Sigloch Edition, Künzelsau/Thalwil/Salzburg 1979. 206 Seiten. – *2. Auflage:* 1987. – *Lizenzausgabe: Romantische Burgen in Deutschland.* 96 großformatige Farbbilder. Text von Thaddäus Troll. Stürtz Verlag, Würzburg 1991. 206 Seiten. ISBN 3-8003-0118-0. – *Lizenzausgabe:* Verträumte Burgen.

Faunus Verlag, Basel 1979. 206 Seiten. [Auch in einer nummerierten Sonderausgabe.]

Da lob ich mir den heitern Mann. Rezepte gegen Tücken des Lebens und Ärgernisse des Alltags. Verordnet und herausgegeben von Dr. Hans Bayer. [Auf dem Schutzumschlag: »Da lob ich mir den heitern Mann«. Rezepte gegen Tücken des Lebens. Auf dem Buchrücken: Heiterer Mann.] Sanssouci Verlag, Zürich 1965 (Sanssouci Edition). 174 Seiten.

Das ist ja heiter. Feuilletons und Glossen, Satiren und Grotesken. Herausgegeben und mit einem Nachwort versehen von Heinz Hartwig. Hyperion-Verlag, Freiburg i. Br. 1969 (Hyperion-Bücherei). 192 Seiten.

Deutschland deine Schwaben im neuen Anzügle siehe → Deutschland deine Schwaben.

Deutschland deine Schwaben. Vordergründig und hinterrücks betrachtet. Mit Illustrationen von Günter Schöllkopf. Hoffmann und Campe Verlag, Hamburg 1967 (1.–12. Tausend). 187 Seiten. – *2. Auflage:* 13.–20. Tausend, 1967. – *3. Auflage:* 21.–25. Tausend, 1967. – *4. Auflage:* 26.–36. Tausend, 1967. – *5. Auflage:* 37.–44. Tausend, 1967. – *6. Auflage:* 45.–54. Tausend, 1968. – *7. Auflage:* 55.–62. Tausend, 1968. – *8. Auflage:* 63.–80. Tausend, 1968. – *9. Auflage:* 81.–100. Tausend, 1968. – *10. Auflage:* 101.–120. Tausend, 1968. – *11. Auflage:* 121.–150. Tausend, 1968. 191 Seiten. – *12. Auflage:* 151.–170. Tausend, 1969. 191 Seiten. – *13. Auflage:*

171.–180. Tausend, 1969. 191 Seiten. – *14. Auflage:* 181.–200. Tausend, 1969. 191 Seiten. – *15. Auflage:* 201.–210. Tausend, 1971. 191 Seiten. ISBN 3-455-07740-4. – *16. Auflage:* 211.–220. Tausend, 1972. 191 Seiten. – *17. Auflage:* 221.–230. Tausend, 1972. 191 Seiten. – *18. Auflage:* 231.–275. Tausend, 1973. 191 Seiten. – *19., neu erarbeitete Auflage:* Deutschland deine Schwaben im neuen Anzügle. Vordergründig und hinterrücks betrachtet. Mit Randbemerkungen versehen von Dr. Hans Bayer. Illustrationen von Günter Schöllkopf. 276.–300. Tausend, 1978. 247 Seiten. ISBN 3-455-07745-5. – *20. Auflage:* Deutschland deine Schwaben im neuen Anzügle [wie oben]. 301.–310. Tausend, 1983. – *21. Auflage:* Deutschland deine Schwaben im neuen Anzügle [wie oben]. 311.–315. Tausend, 1987. – *22. Auflage:* Deutschland deine Schwaben im neuen Anzügle [wie oben]. 316.–320. Tausend, 1989. – *23. Auflage:* Deutschland deine Schwaben im neuen Anzügle [wie oben]. 1993. – *24. Auflage:* Deutschland deine Schwaben im neuen Anzügle [wie oben]. 1996. – *Neuausgabe:* Deutschland deine Schwaben im neuen Anzügle [wie oben]. Silberburg-Verlag, Tübingen 2007. 247 Seiten. ISBN 978-3-87407-772-9. – *2. Auflage dieser Ausgabe:* 2009. – *Lizenzausgabe:* Deutsche Buch-Gemeinschaft, Berlin/Darmstadt/Wien 1969. 191 Seiten. – *Lizenzausgabe:* Europäischer Buch- und Phonoklub, Gütersloh/Buchgemeinschaft Donauland, Wien 1969. 191 Seiten. - *Lizenzausgabe:* Sigloch Service Edition, Künzelsau ohne Jahr. 191 Seiten. - *Lizenzausgabe der überarbeiteten Neuausgabe:* Deutschland deine Schwaben im neuen Anzüge. Vordergründig und hinterrücks betrachtet. Mit Randbemerkungen versehen von Hans Bayer. Illustrationen von Günter Schöllkopf. Europäische Bildungsgemeinschaft, Stuttgart 1983. 247 Seiten. - *Lizenzausgabe der überarbeiteten Neuausgabe:* Deutschland deine Schwaben im neuen Anzügle [wie oben]. Bertelsmann-Club, Gütersloh 1983. 247 Seiten. - *Lizenzausgabe der überarbeiteten Neuausgabe:* Deutschland deine Schwaben im neuen Anzügle [wie oben]. Buchgemeinschaft Donauland, Wien 1983. 247 Seiten. - *Lizenzausgabe der überarbeiteten Neuausgabe:* Deutschland deine Schwaben im neuen Anzüge [wie oben]. Buch- und Schallplattenfreunde, Zug/Schweiz 1983. 247 Seiten. - *Lizenzausgabe der überarbeiteten Neuausgabe:* Deutschland deine Schwaben im neuen Anzüge [wie oben]. Deutsche Buch-Gemeinschaft, Berlin/Darmstadt/Wien 1983. 247 Seiten. - *Taschenbuchausgabe:* Deutschland deine Schwaben. Vordergründig und hinterrücks betrachtet. Mit 31 Illustrationen von Günter Schöllkopf. Rowohlt Taschenbuch Verlag, Reinbek 1970 (1.-30. Tausend) (rororo 1226). 151 Seiten. ISBN 3-499-11226-4. - *2. Auflage dieser Ausgabe:* 31.-50. Tausend, 1970. - *3. Auflage dieser Ausgabe:* 51.-70. Tausend, 1971. - *4. Auflage dieser Ausgabe:* 71.-95. Tausend, 1972. - *5., vom Autor durchgesehene Auflage dieser Ausgabe:* 96.-108. Tausend, 1974. - *6., vom Autor durchgesehene Auflage dieser Ausgabe:* 109.-118. Tausend,

1975. - *7., vom Autor durchgesehene Auflage dieser Ausgabe:* 119.-125. Tausend, 1976. - *8., vom Autor durchgesehene Auflage dieser Ausgabe:* 126.-135. Tausend, 1977. - *9. Auflage dieser Ausgabe:* 136.-143. Tausend, 1978. - *10. Auflage dieser Ausgabe:* 144.-150. Tausend, 1979. - *11. Auflage dieser Ausgabe:* 151.-155. Tausend, 1981. - *Neuausgabe:* Deutschland deine Schwaben im neuen Anzügle. Vordergründig und hinterrücks betrachtet. Mit Randbemerkungen versehen von Dr. Hans Bayer. Illustrationen von Günter Schöllkopf. Rowohlt Taschenbuch Verlag, Reinbek 1982 (1.-18. Tausend) (rororo 4888). 249 Seiten. ISBN 3-499-14888-9. - *2. Auflage der Neuausgabe:* 19.-23. Tausend, 1984. - *3. Auflage der Neuausgabe:* 24.-27. Tausend, 1986. - *4. Auflage der Neuausgabe:* 28.-31. Tausend, 1987. - *5. Auflage der Neuausgabe:* 32.-35. Tausend, 1989. - *6. Auflage der Neuausgabe:* 36.-39. Tausend, 1990.

Elefant entlaufen siehe Das → Neueste von Thaddäus Troll.

Der **Entaklemmer.** Luststück in fünf Aufzügen, das ist auf schwäbisch L'Avare oder Der Geizige von Molière. Hoffmann und Campe Verlag, Hamburg 1976 (1.-20. Tausend). 123 Seiten. ISBN 3-455-07743-9. - *Neuausgabe:* Silberburg-Verlag, Stuttgart 1991. 123 Seiten. ISBN 3-87407-111-1. - *Erneute Neuausgabe:* Silberburg-Verlag, Tübingen 2002. 123 Seiten. ISBN 3-87407-542-7.

Europäisches Mosaik. Mit 93 Farbfotos. Texte von Thaddäus Troll. [Aufnahmen von verschiedenen Fotografen. Übersetzung ins Englische: Gilbert Langley. Übersetzung ins Französische: Nicole und Prof. Wolfgang Fischer.] Sigloch Service Edition, Künzelsau/Thalwil 1976.

203 Seiten. [Mit verschiedenen Einbänden.] - *Lizenzausgabe:* Romantik in Europa. 93 großformatige Farbbilder. Stürtz Verlag, Würzburg 1976. 203 Seiten. ISBN 3-8003-0094-X. - *Lizenzausgabe:* Verträumte Winkel Europas. Mit 93 Farbfotos und Texten von Thaddäus Troll. Faunus Verlag, Basel 1976. 203 Seiten. [Auch in einer nummerierten Ausgabe.] - *Lizenzausgabe:* A mosaic of Europe. Ferndale Publications, London 1977. 203 Seiten. ISBN 0-905746-00-7.

Fahren Sie auch so gern Auto? Illustrationen von Fredy Sigg. Sanssouci-Verlag, Zürich 1959 (Sanssouci Edition). 67 Seiten. - *2. Auflage:* 1962.

Fallobst. Geschichten von Töchtern und Frauen, vom Skilaufen und Skatspiel, aus Zypern und Spanien, von Wein und Zigarren, von Bären und Ärzten, von gestern und heute. Hoffmann und Campe Verlag, Hamburg 1975 (1.-20. Tausend). 150 Seiten. ISBN 3-455-07741-2. - *2. Auflage:* 21.-30. Tausend, ca. 1977. - *3. Auflage:* 31.-40. Tausend, 1979 (Das kleine Geschenkbuch). - *Taschenbuchausgabe:* Deutscher Taschenbuch-Verlag, München 1983 (dtv 10148). 135 Seiten. ISBN 3-423-10148-2.

Fliegen am Florett. Satiren und Grotesken zur Zeit. Illustrationen von Rudolf Kriesch. Verlag Braun & Schneider, München 1954 (Die Bunte Reihe, herausgegeben von Dr. H. A. Thies). 87 Seiten.

Füttern verboten. Mit Zeichnungen von W[ilhelm] Maier-Solg. Südverlag E. Greiner, Stuttgart 1960. 52 Seiten.

Genesungsgruß. Ein Trostbüchlein für Gesunde, Kranke und solche, die es nicht werden wollen. Zeichnungen von Carlos Duss. Sanssouci Verlag, Zürich 1966 (Sanssouci Edition). 64 Seiten. - *2. Auflage:* [Auf dem Einband: Genesungsgruß. »Von der Kunst, sich heiter zu erholen«. Wie man sich bettet. Vom Umgang mit Ärzten. Die Kunst des Hustens. Liebesbrief eines Medizinstudenten u. a.] 1974. ISBN 3-7254-0280-9. – *3. Auflage:* Herausgegeben von Peter Schifferli. 1981. Thaddäus Troll und Annegert Fuchshuber [Illustrationen]: D **Gschicht von dr Schepfong.** Wia dr Herrgott d Welt gmacht hôt ond wia s de Menscha em Paradies ganga isch. Hoffmann und Campe Verlag, Hamburg 1980. 41 Seiten, ISBN 3-455-07747-1. [Hochdeutsche Ausgabe siehe Die → Geschichte von der Schöpfung.]

Die **Geschichte vom Erdgas.** Mit Farbillustrationen von Philippe Fix. Information Erdgas, Essen 1978. 26 Seiten. – *2. Auflage (?):* 1981. – *3. Auflage (?):* 1989. – *4. Auflage (?):* 1993.

Thaddäus Troll und Annegert Fuchshuber [Illustrationen]: Die **Geschichte von der Schöpfung.** Wie Gott die Welt erschuf und wie es den Menschen im Paradies erging. Hoffmann und Campe Verlag, Hamburg 1980. 40 Seiten, ISBN 3-455-07748-X. [Schwäbische Ausgabe siehe D → Gschicht von dr Schepfong.]

Das große Buch vom Essen. Geschrieben von Thaddäus Troll und Roland Gööck. Weitere Beiträge von Susanne Ulrici, Jan Herchenröder, K. R. von Roques, Joachim Toepffer und Kurt A. Wolff. Textzeichnungen: Hans Georg Lenzen. Farbige Schaukarten: Willi Probst. Praesentverlag Heinz Peter, Gütersloh 1961. 359 Seiten. – *Parallelausgabe:* ... und dazu guten Appetit! Das Buch vom guten Essen. Praesentverlag Heinz Peter, Gütersloh 1961. – *2. Auflage dieser Ausgabe:* 1966.

Das große Thaddäus Troll-Lesebuch. Mit einem Nach-Wort von Walter Jens. Hoffmann und Campe Verlag, Hamburg 1981. 398 Seiten. ISBN 3-455-07751-X.

– *Lizenzausgabe:* NSB Buch + Phono-Club Zürich 1981. – *Lizenzausgabe:* Thaddäus Troll erzählt Geschichten. Mit einem Nachwort von Walter Jens. Deutscher Bücherbund, Stuttgart/Hamburg/München 1984.

Heiterkeit als Lebenselixier. Herausgegeben und mit einem Nachwort versehen von Heinz Hartwig. Hyperion-Verlag, Freiburg i. Br. 1975 (Hyperion-Bücherei). 144 Seiten. ISBN 3-7786-0187-3.

Herrliche Aussichten. Geschildert von Thaddäus Troll. Bebildert von Herbert Scheurich. Eduard Wancura Verlag, Wien/Stuttgart 1959. 95 Seiten. – *Taschenbuchausgabe:* Herrliche Aussichten. Satirische Feststellungen. Mit Zeichnungen von Herbert Scheurich. Wilhelm Goldmann Verlag, München 1979 (1.–12. Tausend) (Ein Goldmann-Taschenbuch 3734). 95 Seiten. ISBN 3-442-03734-4. – *2. Auflage dieser Ausgabe:* 13.–27. Tausend, 1979.

Hilfe, die Eltern kommen! siehe → Sehnsucht nach Nebudistan.

Der **himmlische Computer.** Dargestellt von Thaddäus Troll in Holz geschnitten von Gerhard Grimm und verlegt bei der Eremiten-Presse. Eremiten-Presse, Düsseldorf 1974/75. 24 Seiten. ISBN 3-87365-072-X. Auflagenhöhe: 500 nummerierte, von Troll und Grimm signierte Exemplare.

Der **himmlische Computer** und andere Geschichten von droben und drunten, von draußen und drinnen, von hüben und drüben, von daheim und unterwegs. Hoffmann und Campe Verlag, Hamburg 1978 (1.–15. Tausend). 132 Seiten. ISBN 3-455-07738-2. – *2. Auflage:* 16.–25. Tausend, 1978. 129 Seiten. – *Taschenbuchausgabe:* Deutscher Taschenbuch-Verlag, München 1983 (dtv 10079). 125 Seiten. ISBN 3-423-10079-6. – *2. Auflage*

dieser Ausgabe: 16.–21. Tausend, 1985. – *Taschenbuchausgabe in großer Schrift:* Deutscher Taschenbuch-Verlag, München 1985 (dtv 2574. dtv-Großdruck). 150 Seiten. ISBN 3-423-02574-3.

Hobbys, die nichts kosten. Hyperion Verlag, Freiburg i. Br. 1980 (Hyperion-Bücherei). 160 Seiten. ISBN 3-7786-0211-X.

Der **jüngste Streich.** [Auf dem Einband: Der jüngste Streich. »Kleine Philosophie des Lächelns« oder Von der Kunst, die Abenteuer des Alltags zuhause oder auch auf Reisen heiter zu bestehen und mit Eleganz zu beschreiben.] Illustrationen von Hilde Schlotterbeck. Sanssouci Verlag, Zürich 1969. 64 Seiten.

Kapuzinerpredigten. [Auf dem Schutzumschlag und Einband: Kapuziner-Predigten.] Für Sie und Ihn. Mit Illustrationen von Günter Schöllkopf. Hoffmann und Campe Verlag, Hamburg 1971 (1.–20. Tausend). 157 Seiten. ISBN 3-455-07739-0. – *2. Auflage:* 21.–30. Tausend, 1973. – *3. Auflage:* 31.–40. Tausend, 1979 (Das kleine Geschenkbuch). ISBN 3-455-07737-4.

Kirchen und Klöster in Deutschland. 98 Farbfotos von Edmond van Hoorick. Text von Thaddäus Troll. [Übersetzung ins Französische: Marlène Kehayoff-Michel. Übersetzung ins Englische: Desmond Clayton.] Sigloch Edition, Künzelsau/Thalwil/Straßburg/Salzburg/Brüssel 1980. 215 Seiten. – *Lizenzausgabe:* Stürtz Verlag, Würzburg 1980.

Kleine Lesereise. [Auf dem Einband: Kleine Lesereise. Vom Umgang mit Buchhändlern, Messebesuchern und »geneigten Lesern« und von einigen Abenteuern am Schreibtisch und auf Vortragsreisen.] Illustrationen von Hilde Schlotterbeck. Sanssouci-Verlag, Zürich 1971. 68 Seiten. – *2. Auflage:* Kleine Lesereise oder Die Kunst,

Schrift zu stellen. 78 Seiten.
ISBN 3-7254-0204-3.
Kleiner Auto-Knigge. Mit Zeichnungen von Ferdi Afflerbach. [Auf dem Einband: Kleiner Auto-Knigge. Vom ersten Kratzer bis zur Meisterschaft.] Sanssouci Verlag, Zürich 1954. 61 Seiten. – *10. Auflage:* 1963. – *Neuausgabe (12. Auflage):* 1970. [Auf dem Einband: Kleiner Autoknigge oder »Vom ersten Kratzer bis zur Meisterschaft, Kleine Liebesschule für Autofahrer, Bewachte Parkplätze, Der Beifahrer u. a.]. 58 Seiten. – *»Jubiläumsausgabe«* mit Nachwort von Peter Schifferli und Gedenkwort von Uz Oettinger, 1981. 63 Seiten. ISBN 3-7254-0347-3. – *Ausgabe in niederländischer Sprache:* De naakte waarheid over het autorijden. Van eerste kras tot coureur. Tekeningen door Ferdi Afflerbach. Bewerkt door Harriet Freezer. Hollandia Uitgeverij, Baarn 1956 (Kleine Hollandia-Serie). 66 Seiten. [4 Auflagen.]
Kochen mit Thaddäus Troll. Mit Illustrationen von Hilde Schlotterbeck. Goverts Verlag, Stuttgart 1969 (Steingrüben-Reihe). 120 Seiten. – *Überarbeitete Taschenbuchausgabe:* Fischer Taschenbuch Verlag, Frankfurt a. M. 1975 (Fischer Taschenbücher 1584). ISBN 3-436-02087-7. – *Neuausgabe:* Spätzle, Knödel, Cassoulet. [Mit Federzeichnungen von Beatrice Hintermaier, Rezeptfotos des TLC-Fotostudios, Bocholt, und Aufnahmen von verschiedenen Fotografen.] Winterhagen Verlag, Schwäbisch Hall 1988. 142 Seiten.
Lehrbuch für Snobs. Herausgegeben, kommentiert und mit Fußnoten versehen von Dr. Hans und Isabell Bayer. Mit Zeichnungen von Fredy Sigg. Sanssouci Verlag, Zürich 1962 (Sanssouci Edition). 71 Seiten. – *Neue, vom Autor revidierte Ausgabe:* 1975. ISBN 3-7254-0206-X. – *3. Auflage:* Sanssouci Verlag,

München 1995. 70 Seiten.
ISBN 978-3-7254-0206-9
Lehrbuch für Väter. Unsystematische Lektionen im Umgang mit Töchtern. Illustrationen von Robert Wyss. Sanssouci Verlag, Zürich 1963 (Sanssouci Edition). 71 Seiten. – *»Neue, revidierte Auflage«:* 1971. 63 Seiten. – *»Neue, vom Autor im Sommer 1980 revidierte Auflage«:* 1981. 71 Seiten. ISBN 3-7254-0394-X.
Lesebuch für Verliebte. Zeichnungen von Asta Ruth[-Soffner]. Sanssouci-Verlag, Zürich 1958. 67 Seiten.
Liebste Emilie! siehe → Auf ewig dein!
Mangelhaft 5. Idee, Kombinationen, Hinweise und System. Klaus Burkhardt: Betrachtungen über eine 5. Hans Bayer: Phänomen 5. Thaddäus Troll: 5er Assoziationen. Edition Domberger, Stuttgart 1966. 25 nicht nummerierte Blätter mit 30 teils ein- bzw. zweifarbigen Graphiken. Auflagenhöhe: 275 nummerierte Exemplare.
Murrhardt die Stadt im Schwäbischen Wald. Durchstreift und beschrieben von Thaddäus Troll und Susanne Ulrici, gesehen und fotografiert von Hans Quayzin. Bleicher Verlag, Gerlingen 1978. 72 Seiten und 13 in Mappe lose beigelegte Blätter.
ISBN 3-921097-23-1.
Musen und Museen in Stuttgart. Hrsg. vom Verkehrsamt d. Stadt Stuttgart. Verkehrsamt der Stadt Stuttgart, Stuttgart 1961. 30 Seiten. – *2. Auflage:* 1972 (?). 38 Seiten.
Das Neueste von Thaddäus Troll. Mit Zeichnungen von Fredy Sigg. Sanssouci Verlag, Zürich 1961. 63 Seiten. – *2. Auflage:* ohne Jahr. – *Neue, vom Autor revidierte Auflage:* 1970. – *Neuausgabe, vom Autor im Sommer 1980 revidiert:* Was machen wir mit dem Mond? Und andere Geschichten aus »Das Neueste von Thaddäus Troll«. Mit Zeichnungen von Fredy Sigg und

einem Gedenkwort von Johannes Poethen. Herausgegeben von Peter Schifferli. Sanssouci-Verlag, Zürich 1981. 80 Seiten.
ISBN 3-7254-0348-1. – *Erneute Neuausgabe:* Elefant entlaufen. [Nachwort von Johannes Poethen.] Sanssouci Verlag, Zürich 1993. 93 Seiten.
ISBN 3-7254-1014-3.
O Heimatland. Verse in schwäbischer Mund-Art. Hoffmann und Campe Verlag, Hamburg 1976 (1.–25. Tausend). 154 Seiten.
ISBN 3-455-07744-7. – *Neuausgabe:* Silberburg-Verlag, Tübingen/Stuttgart 1993. 154 Seiten.
ISBN 3-87407-167-7. – *2. Auflage dieser Ausgabe:* 1995. – *Erneute Neuausgabe:* Silberburg-Verlag, Tübingen 2000. 154 Seiten.
ISBN 3-87407-348-3. – *2. Auflage dieser Ausgabe:* 2006.
ISBN 978-3-87407-348-6.
Oft habe ich Ihnen schon in Gedanken geschrieben. Briefe von und an Thaddäus Troll. Ausgewählt von Susanne Ulrici. Silberburg-Verlag, Tübingen/Stuttgart 1992. 259 Seiten.
ISBN 3-87407-150-2.
Paradiese auf Erden. Mit 97 Farbfotos. Texte von Thaddäus Troll. [Aufnahmen von verschiedenen Fotografen. Übersetzung ins Englische: Desmond Clayton. Übersetzung ins Französische: Nicole und Prof. Wolfgang Fischer.] Sigloch Service Edition, Künzelsau/Thalwil/Salzburg 1977. 199 Seiten. – *Lizenzausgabe:* Romantische Welt. 97 großformatige Farbbilder. Texte Thaddäus Troll. Stürtz Verlag, Würzburg 1977. 199 Seiten.
ISBN 3-8003-0103-2. –
2. Auflage dieser Ausgabe: 1980. – *3. Auflage dieser Ausgabe:* 1992. – *Lizenzausgabe:* Verträumte Winkel der Welt. Mit 97 Farbfotos und Texten von Thaddäus Troll. Faunus Verlag, Basel 1977. 199 Seiten. [Auch in einer nummerierten »Geschenkausgabe«.]

Preisend mit viel schönen Reden. Deutschland deine Schwaben für Fortgeschrittene. Mit Illustrationen von Günter Schöllkopf. Hoffmann und Campe Verlag, Hamburg 1972 (1.–50. Tausend). 248 Seiten. ISBN 3-455-07739-0. – *2. Auflage:* 51.–80. Tausend, 1972. – *3. Auflage:* 81.–110. Tausend, 1972. – *Neuausgabe:* Silberburg-Verlag, Tübingen 2009. 247 Seiten. ISBN 978-3-87407-857-3. – *Taschenbuchausgabe:* Preisend mit viel schönen Reden. Deutschland deine Schwaben für Fortgeschrittene. Mit 28 Illustrationen von Günter Schöllkopf. Rowohlt Taschenbuch-Verlag, Reinbek 1975 (rororo 1864) (1.–25. Tausend). 235 Seiten. ISBN 3-499-11864-5. – *2. Auflage dieser Ausgabe:* 26.–33. Tausend, 1976. – *3. Auflage dieser Ausgabe:* 34.–38. Tausend, 1979. – *4. Auflage dieser Ausgabe:* 39.–43. Tausend, 1981. – *5. Auflage dieser Ausgabe:* 44.–47. Tausend, 1984.

Hans Bayer: **Presse- und Nachrichtenwesen der im Weltkrieg kriegsgefangenen Deutschen.** [Dissertation, Universität Leipzig.] Dr. Ebeling und Dr. Hiehold Verlag, Berlin 1939. 161 Seiten.

Reinhold Nägele zum 85. Geburtstag. Laudatio. Ansprache zur Eröffnung der Ausstellung in der Staatsgalerie Stuttgart am 6. März 1969. [Staatsgalerie Stuttgart 1969.] 20 Seiten.

Reise ins Abenteuer. Eine Erzählung. Illustrationen von Fritz Butz. Sanssouci Verlag, Zürich 1960 (Sanssouci Edition). 63 Seiten.

Reisen Sie auch so gerne? Zeichnungen von Fredy Sigg. Sanssouci Verlag, Zürich 1960 (Sanssouci Edition). 68 Seiten. – *2. Auflage:* 1978. ISBN 3-7254-0318-X.

Romantik in Deutschland siehe → Vom Reiz der Landschaft.

Romantik in Europa siehe → Europäisches Mosaik.

Romantische Burgen in Deutschland siehe → Burgen in Deutschland.

Romantische Welt siehe → Paradiese auf Erden.

Die **Sache mit dem Apfel.** [Zum 75jährigen Jubiläum der Firma E. Schreiber, Graphische Kunstanstalten, Stuttgart, im Mai 1958. Idee und graphische Gestaltung: Gottlieb Ruth. E. Schreiber, Stuttgart 1958. 69 Seiten plus farbige Bildtafeln. Auflagenhöhe: 2000 nummerierte Exemplare.

Schöner Essen. Allerlei aus dem Besteckkasten hervorgekramt von Thaddäus Troll. Illustrationen: Hilde Schlotterbeck. [Mit beigebundenen Werbeseiten für die Silberwarenfabrik Peter Bruckmann & Söhne.] [Auf dem Umschlag: Schöner essen mit Thaddäus Troll.] Ohne Verlagsangabe, 1972. 59 Seiten.

Das **schwäbische Hutzelmännlein.** Eine Geschichte von Thaddäus Troll mit Bildern von Annegert Fuchshuber. Verlag Die Brigg, Augsburg 1977. 40 Seiten. ISBN 3-87101-097-9. – *Sonderausgabe:* Das schwäbische Hutzelmännlein. Eine Geschichte von Thaddäus Troll mit Bildern von Annegert Fuchshuber. Ein Geschenk für Kinder von der Landesgirokasse. Verlag Die Brigg, Augsburg ohne Jahr. 32 Seiten. – *Lizenzausgabe:* Das schwäbische Hutzelmännlein. Eine Geschichte von Thaddäus Troll. [Illustriert von Schülern der 2. Grundschulklasse.] August-Lämmle-Schule, Leonberg 1978. 59 Seiten. Auflagenhöhe: 500 nummerierte Exemplare, hergestellt im manuellen Siebdruck von den Schülern der Hauptschulklassen 8 und 9 der August-Lämmle-Schule in Leonberg. – *Neuausgabe:* Das schwäbische Hutzelmännlein. Eine Geschichte von Thaddäus Troll. Mit Bildern von Annegert Fuchs-

huber. Thienemann-Verlag, Stuttgart 1986. 38 Seiten. ISBN 3-522-42250-3.

Schulden machen Leute. Hyperion Verlag, Freiburg i. Br. 1978 (Hyperion-Bücherei). 143 Seiten. ISBN 3-7786-0201-2.

Sehnsucht nach Nebudistan. Ein heiterer Roman. Kindler Verlag, München 1956. 436 Seiten. – *Vom Autor revidierte Neuausgabe:* Hilfe – die Eltern kommen! Sanssouci Verlag, Zürich 1963. 385 Seiten. – *2. Auflage dieser Ausgabe:* 1968. – *Lizenzausgabe:* Hilfe – die Eltern kommen! Europäischer Buchklub, Stuttgart/Zürich/Salzburg 1964. – *Taschenbuchausgabe:* Hilfe – die Eltern kommen! Roman. Deutscher Taschenbuch-Verlag, München 1969 (dtv 559). 276 Seiten. – *2. Auflage dieser Ausgabe:* [Jahr?] – *3. Auflage dieser Ausgabe:* 36.–45. Tausend, 1971. – *4. Auflage dieser Ausgabe:* 46.–55. Tausend, 1972. ISBN 3-423-00559-9 – *5. Auflage dieser Ausgabe:* 56.–65. Tausend, 1973. – *6. Auflage dieser Ausgabe:* 66.–75. Tausend, 1975. – *7. Auflage dieser Ausgabe:* 76.–85. Tausend, 1976. – *8. Auflage dieser Ausgabe:* 86.–95. Tausend, 1979. – *9. Auflage dieser Ausgabe:* 96.–101. Tausend, 1980 – *10. Auflage dieser Ausgabe:* 102.–107. Tausend, 1983.

Sitzen und sitzen lassen. Hyperion Verlag, Freiburg i. Br. 1980 (Hyperion-Bücherei). 155 Seiten. ISBN 3-7786-0213-6.

Spätzle, Knödel, Cassoulet siehe → Kochen mit Thaddäus Troll.

Start frei! Deutscher Sparkassenverlag, Stuttgart 1975. 37 Seiten.

Stuttgart. 42 Seiten Text. 102 Seiten Schwarzweißfotos. 16 Seiten Farbfotos. 42 pages text. 102 pages black-and-white photos. 16 pages colour photos. 42 pages de texte. 102 pages de photos noir et blanc. 16 pages de photos en coleur. [Aufnahmen von verschiedenen Fotografen. Bildlegenden: Wolfgang Hartmann. Übersetzung ins Englische und Französische: Brigitte Weitbrecht.] Belser Verlag, Stuttgart 1969. 160 Seiten. – *Neuausgabe:* Stuttgart. Text Thaddäus Troll. Fotos Siegfried Himmer. [Text deutsch, englisch, französisch.] Belser Verlag, Stuttgart 1976 (1.–12. Tausend). 160 Seiten. ISBN 3-7630-1173-0. – *2. Auflage dieser Ausgabe:* 15.–20. Tausend, 1979. – *3. Auflage dieser Ausgabe:* 1980. – *5., erweiterte Auflage [in Gesamtzählung]:* Stuttgart. Text von Thaddäus Troll. Fotos von Siegfried Himmer. [Übersetzung ins Englische und Französische: Brigitte Weitbrecht. Übersetzung ins Italienische: Bianca Pisani.] Chr. Belser AG für Verlagsgeschäfte, Stuttgart/Zürich 1987. 192 Seiten. ISBN 3-7630-1288-5.

Stuttgarter Zeiten. ... von dazumal bis heute – 100 Jahre Stadtgeschichte. Mit einem Vorwort versehen von Manfred Rommel. [Mit Fotos von verschiedenen Fotografen und aus verschiedenen Archiven sowie einer Zeittafel, zusammengestellt von Gerhard Raff.] Horst Poller Verlag, Stuttgart 1977. 128 Seiten. ISBN 3-87959-075-3.

Der **Tafelspitz.** Mit Offsetlithos von Günter Schöllkopf. Eremiten-Presse, Düsseldorf 1979. 73 Seiten. ISBN 3-87365-137-8. Auflagenhöhe: 500 nummerierte, von Troll und Schöllkopf signierte Exemplare; die ersten 120 Exemplare als Vorzugsausgabe mit lose beigelegter, signierter Offsetlithographie von Günter Schöllkopf. – *Populäre Ausgabe:* Der Tafelspitz. Eine wunderbare Geschichte. Mit Illustrationen von Dieter Schöllkopf. Hoffmann und Campe Verlag, Hamburg 1979 (1.–10. Tausend). 101 Seiten. ISBN 3-455-07746-3. – *2. Auflage:* 11.–15. Tausend, 1979. – *Taschenbuchausgabe:* Deutscher Taschenbuch-Verlag, München 1983 (dtv großdruck 2558). 109 Seiten. ISBN 3-423-02558-1.

Jean Effel: Der **Teufel auf Reisen.** Mit wertvollen Dokumenten (Briefen, Tagebuchnotizen, Telefongesprächen und einem Wörterbuch des Teufels) gesammelt von Thaddäus Troll. Sanssouci Verlag, Zürich 1956. 71 Seiten. – *2. Auflage:* 1956. – *3. Auflage:* 1961. – *Nachauflage:* Herausgegeben von Peter Schifferli. Ohne Jahr.

Thaddäus Trolls schwäbische Schimpfwörterei. Mit 27 Linolschnitten von Axel Hertenstein. Herausgegeben von Eleonore Lindenberg. [Vorwort von Helmut Pfisterer.] Silberburg-Verlag, Stuttgart 1987. 192 Seiten. ISBN 3-925344-07-1. – *2. Auflage:* 1988. – *3. Auflage:* 1990. – *4. Auflage:* Silberburg-Verlag, Stuttgart/Tübingen 1993. – *Neuausgabe:* Mit Zeichnungen von Uli Gleis. Silberburg-Verlag, Tübingen 1999. 135 Seiten. ISBN 3-87407-308-4. – *2. Auflage dieser Ausgabe:* 2004. – *3. Auflage dieser Ausgabe:* 2009.

Thaddäus Trolls Schwäbischer Schimpfkalender 1971. Verlag Langewiesche-Brandt, Ebenhausen 1970. 1 Blatt.
Thaddäus Trolls Schwäbischer Schimpfkalender 1972. Verlag Langewiesche-Brandt, Ebenhausen 1971. 1 Blatt.
Thaddäus Trolls Schwäbischer Schimpfkalender 1973. Verlag Langewiesche-Brandt, Ebenhausen 1972. 1 Blatt.
Thaddäus Trolls Schwäbischer Schimpfkalender 1974. Verlag Langewiesche-Brandt, Ebenhausen 1973. 1 Blatt.
Thaddäus Trolls Schwäbischer Schimpfkalender 1975. Verlag Langewiesche-Brandt, Ebenhausen 1974. 1 Blatt.
Thaddäus Trolls Schwäbischer Schimpfkalender 1976. Verlag Langewiesche-Brandt, Ebenhausen 1975. 1 Blatt.
Thaddäus Trolls Schwäbischer Schimpfkalender 1977. Verlag Langewiesche-Brandt, Ebenhausen 1976. 1 Blatt.
Thaddäus Trolls Schwäbischer Schimpfkalender 1978. Verlag Langewiesche-Brandt, Ebenhausen 1977. 1 Blatt.
Thaddäus Trolls Schwäbischer Schimpfkalender 1979. Verlag Langewiesche-Brandt, Ebenhausen 1978. 1 Blatt.
Thaddäus Trolls Schwäbischer Schimpfkalender 1980. Verlag Langewiesche-Brandt, Ebenhausen 1979. 1 Blatt.
Thaddäus Trolls Schwäbischer Schimpfkalender 1981. Verlag Langewiesche-Brandt, Ebenhausen 1980. 1 Blatt.
Thaddäus Trolls Schwäbischer Schimpfkalender 1982. Verlag Langewiesche-Brandt, Ebenhausen 1981. 1 Blatt.
Thaddäus Trolls Schwäbischer Schimpfkalender 1983. Verlag Langewiesche-Brandt, Ebenhausen 1982. 1 Blatt.
Thaddäus Trolls Schwäbischer Schimpfkalender 1984. Verlag Langewiesche-Brandt, Ebenhausen 1983. 1 Blatt.
Thaddäus Trolls Schwäbischer Schimpfkalender 1985. Verlag Langewiesche-Brandt, Ebenhausen 1984. 1 Blatt.
Thaddäus Trolls Schwäbischer Schimpfkalender 1986. Verlag Langewiesche-Brandt, Ebenhausen 1985. 1 Blatt.
Thaddäus Trolls Schwäbischer Schimpfkalender 1987. Verlag Langewiesche-Brandt, Ebenhausen 1986. 1 Blatt.
Thaddäus Trolls Schwäbischer Schimpfkalender 1988. Silberburg-Verlag, Stuttgart 1987. ISBN 3-925344-16-0.
Thaddäus Trolls Schwäbischer Schimpfkalender 1989. Silberburg-Verlag, Stuttgart 1988. ISBN 3-925344-26-8.

Thaddäus Trolls Schwäbischer Schimpfkalender 1990. Silberburg-Verlag, Stuttgart 1989. ISBN 3-925344-47-0.

Thaddäus Trolls Schwäbischer Schimpfkalender 1991. Silberburg-Verlag, Stuttgart 1990. ISBN 3-925344-81-0.

Thaddäus Trolls Schwäbischer Schimpfkalender 1992. Silberburg-Verlag, Stuttgart 1991. ISBN 3-87407-107-3.

Thaddäus Trolls Schwäbischer Schimpfkalender 1993. Silberburg-Verlag, Stuttgart/Tübingen 1992. ISBN 3-87407-140-5.

Thaddäus Trolls Schwäbischer Schimpfkalender 1994. Silberburg-Verlag, Stuttgart/Tübingen 1993. ISBN 3-87407-165-0.

Thaddäus Trolls Schwäbischer Schimpfkalender 1995. Silberburg-Verlag, Stuttgart/Tübingen 1994. ISBN 3-87407-186-3.

Thaddäus Trolls Schwäbischer Schimpfkalender 1996. Silberburg-Verlag, Tübingen 1995. ISBN 3-87407-211-8.

Thaddäus Trolls Schwäbischer Schimpfkalender 1997. Silberburg-Verlag, Tübingen 1996. ISBN 3-87407-231-2.

Thaddäus Trolls Schwäbischer Schimpfkalender 1998. Silberburg-Verlag, Tübingen 1997. ISBN 3-87407-252-5.

Thaddäus Trolls Schwäbischer Schimpfkalender 1999. Silberburg-Verlag, Tübingen 1998. ISBN 3-87407-278-9.

Thaddäus Trolls Schwäbischer Schimpfkalender 2000. Silberburg-Verlag, Tübingen 1999. ISBN 3-87407-326-2.

Theater von hinten. Zeichnungen von Wilfried Zeller-Zellenberg. Sanssouci Verlag, Zürich 1955 (Sanssouci Edition). 72 Seiten.
- *2. und 3. Auflage:* ohne Jahr.
- *Nachauflagen* 1959 und 1964.
- *Ausgabe in niederländischer Sprache:* De naakte waarheid over toneel en toneelspelen. Tekeningen door Wilfried Zeller-Zellenberg. Bewerkt door Harriet Freezer. Hollandia Uitgeverij, Baarn 1956 (Kleine Hollandia-Serie). 57 Seiten. [2 Auflagen.]

Trollereien. Verkündet von Thaddäus Troll. Mit Zeichnungen von W[ilhelm] Maier-Solg. Südverlag E. Greiner, Stuttgart 1960. 85 Seiten.

Trostbüchlein für Männer. In Ehe, Krankheit, Liebe, Untermiete, Kindbett, Küche und in Unterhosen. Illustrationen von Jacques Schedler. Sanssouci Verlag, Zürich 1956. 77 Seiten.
- *2. Auflage:* 1956. – *3. Auflage:* 1959. – *Neue, erweiterte Ausgabe:* Trostbüchlein für Männer. In Ehe, Krankheit, Liebe, Untermiete, Kindbett, Küche, Spiel und bei Besuch. Illustrationen von Robert Wyss. 1973. 80 Seiten. – *»Neuauflage«:* 1982.

... und dazu guten Appetit! siehe → Das große Buch vom Essen.

Urach und seine Alb. Ein Bildband mit 56 Schwarzweiß-Abbildungen und 25 Farbbildern für die Freunde Urachs und seiner Alb. Fotos: Robert Holder, Text: Thaddäus Troll. Robert Holder-Verlag, Urach 1974. 94 Seiten.

Verträumte Burgen siehe → Burgen in Deutschland.

Verträumte Winkel siehe → Vom Reiz der Landschaft.

Verträumte Winkel der Welt siehe → Paradiese auf Erden.

Verträumte Winkel Europas siehe → Europäisches Mosaik.

Vom Reiz der Landschaft. 117 Farbfotos aus Deutschland mit Texten von Thaddäus Troll. [Aufnahmen von verschiedenen Fotografen. Übersetzung ins Englische: Mike Maegraith. Übersetzung ins Französische: Nicole und Wolfgang Fischer.] Sigloch Service Edition, Künzelsau/Aarburg/Salzburg 1975. 181 Seiten. [Mit verschiedenen Einbänden.] – *Lizenzausgabe:* Romantik in Deutschland. 117 großformatige Farbbilder. Texte Thaddäus Troll. Stürtz Verlag, Würzburg 1975. 181 Seiten. ISBN 3-8003-0087-7. [Mit verschiedenen Einbänden.] – *Lizenzausgabe:* Verträumte Winkel. 117 Farbfotos aus Deutschland mit Texten von Thaddäus Troll. Faunus Verlag, Basel 1975. 181 Seiten. [Auch in einer nummerierten »Geschenkausgabe« in Auflagenhöhe vermutlich 10 000 Exemplare.]

Vom Schlafen. Drei Erzählungen. Illustrationen von Svato Zapletal. Svato-Verlag, Hamburg 1991. 43 Seiten. ISBN 3-924283-21-4. Auflagenhöhe: 350 nummerierte und von Svato Zapletal signierte Exemplare.

Wangen im Allgäu. Fotos: Rupert Leser. Texte: Thaddäus Troll und Walter Münch. J. Walchner, Wangen im Allgäu 1972. 120 Seiten.

Warum sind die Schwaben anders, Thaddäus Troll? Ein Autor wird ausgefragt von Hermann Sand. [Untertitel auf dem Einband: Eine Autorenbefragung von Hermann Sand.] Franz Ehrenwirth Verlag, München 1975 (Ehrenwirth Bibliothek). 204 Seiten. ISBN 3-431-01679-0.

Warum Theater? Eine Fibel für Theaterfreunde und solche, die es werden wollen. Rosgarten-Verlag, Konstanz 1967. 49 Seiten.

Dr. Thaddäus Troll: Was isch eigentlich los mit mir? A Bilderbuach fir alle, wo sich selber net leida kennt, weil se koine Kender meh send ond no net zu de Grosse gheeret, noch dem amerikanische Buach vom Peter Mayle. [Illustriert von Arthur Robins.] Hoffmann und Campe Verlag, Hamburg 1978 (1.–20. Tausend). 48 Seiten. ISBN 3-455-05006-9. [Originaltitel: What's happening to me?] [Hochdeutsche Ausgabe siehe → Was ist bloß mit mir los?]

Dr. Thaddäus Troll: **Was ist bloß mit mir los?** Ein aufklärendes Bilderbuch für alle, die nicht mehr Kinder und noch nicht Erwachsene sind, nach dem amerikanischen Buch von Peter Mayle. [Illustriert von Arthur Robins.] Hoffmann und Campe Verlag, Hamburg 1978 (1.-10. Tausend). 48 Seiten. ISBN 3-455-05005-0. [Originaltitel: What's Happening To Me?] – *Lizenzausgabe:* Deutscher Bücherbund, Stuttgart/Hamburg/München 1981. – *Lizenzausgabe:* NSB Buch + Phono-Club Zürich 1982. [Schwäbische Ausgabe siehe → Was isch eigentlich los mit mir?]

Was machen wir mit dem Mond? siehe Das → Neueste von Thaddäus Troll.

Wie benehme ich mich am Steuer? Hyperion Verlag, Freiburg i. Br. 1977 (Hyperion-Bücherei). 141 Seiten. ISBN 3-7786-0198-9.

Wie drei Herren angelsächsischer Herkunft anno 1854 durch Europa reisten. Die Auslandsreise der Herren Brown, Jones und Robinson. Bericht über ihre Eindrücke und Erlebnisse in Belgien, Deutschland, der Schweiz und Italien von Richard Doyle. Vorwort und deutsche Texte von Thaddäus Troll. [Mit Zeichnungen von Richard Doyle.] Greven Verlag, Köln 1970. 91 Seiten. ISBN 3-7743-0050-X. [Originaltitel: The Foreign Tour of Messrs Brown, Jones, and Robinson.]

Wie Gotthelf Grieshaber die Brezel erfand. Mit acht Holzschnitten von HAP Grieshaber. Hoffmann und Campe Verlag, Hamburg 1985. 93 Seiten. ISBN 3-455-07749-8.

Wie man ein böß alt Weib wird, ohne seine Tugend zu verlieren. Linolschnitte von Axel Hertenstein. Eremiten-Presse, Düsseldorf 1973. 21 Seiten. ISBN 3-87365-047-9. Auflagenhöhe: 500 nummerierte, von Troll und Hertenstein signierte Exemplare.

Wie man sich bettet und andere nützliche Betrachtungen in fünf Geschichten dargeboten von Thaddäus Troll. Mit Zeichnungen von W[ilhelm] Maier-Solg. Südverlag E. Greiner, Stuttgart 1960. 46 Seiten. – *Neuausgabe:* Thaddäus Troll und Susanne Ulrici: »Wie man sich bettet ...« Eine heitere Gute-Nacht-Lektüre. Illustrationen von Hilde Schlotterbeck. Sanssouci Verlag, Zürich 1968 (Sanssouci Edition). 71 Seiten.

Wir Söhne des Zeus und andere Erzählungen. Deutsch-griechisch. Emeis tu Dia oi gioi kai alla diēgēmata. Übersetzt und mit einem Vorwort herausgegeben von Zacharias G. Mathioudakis. Alkyon-Verlag, Weissach im Tal 2004. 100 Seiten, ISBN 978-3-933292-84-1. – *2. Auflage:* Möhwald Verlag, Sindelfingen 2006. 120 Seiten, ISBN 978-3-938936-05-4.

Dr. Thaddäus Troll: **Wo komm' ich eigentlich her?** Ein aufklärendes Bilderbuch ohne Schmus für Kinder und junggebliebene Erwachsene nach dem erfolgreichen Buch von Peter Mayle. [Illustrationen von Arthur Robins.] Hoffmann und Campe Verlag, Hamburg 1974 (1.-30. Tausend). 48 Seiten. ISBN 3-455-05000-X. [Originaltitel: »Where Did I Come From?«] – *2. Auflage:* 31.-40. Tausend, 1980. – *3. Auflage:* 41.-50. Tausend, 1982. – *4. Auflage:* 51.-55. Tausend, 1984. – *5. Auflage:* 56.-60. Tausend, 1986. – *6. Auflage:* 61.-65. Tausend, 1987. – *7. Auflage:* 66.-70. Tausend, 1988. – *8. Auflage:* 71.-75. Tausend, 1989. – *9. Auflage:* 76.-80. Tausend, 1990. – *10. Auflage:* 81.-90. Tausend, 1991. – *11. Auflage:* 1998. – *Neuausgabe:* Wo kommen die kleinen Kinder her? Ein Aufklärungsbuch für junge Menschen. [Illustriert von Arthur Robins.] Hoffmann und Campe Verlag, Hamburg 2007 (Cadeau). 45 Seiten. ISBN 978-3-455-38021-7. – *Lizenzausgabe:* Weltbild Verlag, Augsburg 1974. Neuausgabe dieser Ausgabe: 1995. – *Lizenzausgabe:* NSB, Zürich 1974. – *Lizenzausgabe:* Deutscher Bücherbund, Stuttgart/München 1977. – *2. Auflage dieser Ausgabe:* 1980. – *3. Auflage dieser Ausgabe:* 1989. [Schwäbische Ausgabe siehe → Wo kommet denn dia kloine Kender her?]

Wo kommen die kleinen Kinder her? siehe → Wo komm' ich eigentlich her?

Dr. Thaddäus Troll: **Wo kommet denn dia kloine Kender her?** A Bilderbuach ieber a hoikels Thema ohne Dromromgschwätz fir Kender ond fir Alte, wo jong blieba sent, noch dem englischa Buach vom Peter Mayle. [Illustriert von Arthur Robins.] Hoffmann und Campe Verlag, Hamburg 1974 (1.-30. Tausend). 48 Seiten. ISBN 3-455-05001-8. [Originaltitel: Where did I come from?] – *2. Auflage:* 31.-50. Tausend, 1975. – *3. Auflage:* 51.-75. Tausend, 1976. – *4. Auflage:* 76.-85. Tausend, 1979. – *5. Auflage:* 86.-95. Tausend, 1982. – *6. Auflage:* 101.(!)-105. Tausend, 1984. – *7. Auflage:* 106.-110. Tausend, 1985. – *8. Auflage:* 111.-115. Tausend, 1987. – *9. Auflage:* 116.-120. Tausend, 1989. – *10. Auflage:* 121.-125. Tausend, 1990. – *11. Auflage:* 126.-130. Tausend, 1990. – *12. Auflage:* 131.-135. Tausend, 1992. – *13. Auflage:* 1994. – *Neuausgabe:* Silberburg-Verlag, Tübingen 2006. ISBN 978-3-87407-702-6. – *2. Auflage dieser Ausgabe:* 2009. [Schriftdeutsche Ausgabe siehe → Wo komm' ich eigentlich her?]

Wohl bekomm's! Das Buch der Getränke. Geschrieben von Thaddäus Troll und Gertrud Oheim. Mit Beiträgen von Bernd Boehle, Peter Schmoeckel und Georg Reimann. Gezeichnet von Helmut Göring und Gerhart Kraaz. Farbige Schaukarten von Heinrich Pauser und Friedrich Sommer. [Mit Fotos von verschiedenen Fotografen.] C. Bertelsmann Verlag, Gütersloh 1957. 320 Seiten und 24 nicht paginierte Seiten mit Farbabbildungen. – *Lizenzausgabe:* Praesentverlag Heinz Peter, Gütersloh 1959. – *2. Auflage:* Bertelsmann Verlag, Gütersloh 1963.

Theaterstück

Der **Entaklemmer**. Luststück in fünf Aufzügen. Nach Der Geizige von Molière. Hoffmann und Campe Verlag, Hamburg; später Hunzinger Bühnenverlag, Bad Homburg. Derzeitiger Bühnenverlag: Silberburg-Verlag, Tübingen. Uraufführung: 19. November 1976, Württembergische Staatstheater Stuttgart, Kleines Haus. Inszenierung: Alfred Kirchner, Bühnenbild und Kostüme: Jan Peter Tripp, Dramaturgie: Horst Brandstätter, mit Martin Schwab als Karl Knaup, Christoph Hofrichter als Heiner, Annetraut Lutz als Elise, Oscar Heiler als Friedrich Übelmesser, Dietz-Werner Steck als Kommissar Emil Epple u. a. – Am erfolgreichsten war die Inszenierung von Siegfried Bühr, die 1994 im Theater Lindenhof, Burladingen-Melchingen, mit Bernhard Hurm als Karl Knaup Premiere hatte. Sie stand bis 2009 auf dem Spielplan und erlebte 365 Aufführungen im ganzen schwäbischen Sprachgebiet und darüber hinaus. – Weitere Vorstellungen und Inszenierungen unter anderem 1978 in Leinfelden-Echterdingen (Theater unter den Kuppeln), 1982, 1985 und 1989 in Leutenbach mit drei Gastvorstellungen in Ungarn (»rems-murr-bühne«, Inszenierung: Bruno Wallisch), 1987 und 2007 in Pfullendorf, Kreis Sigmaringen, (Aach-Linzer Bühne), 1990 in Asperg (Bühne »Das Glasperlenspiel«), 1994 in Heidenheim an der Brenz (Naturtheater), 1996/97 in Altusried (»Theaterkästler«), 1999 bis 2001 in Stuttgart (Altes Schauspielhaus), 2001 in Illertissen (Schwabenbühne Roth- und Illertal), 2002 in Oberkirch, Ortenaukreis, (Theater-AG des Hans-Furler-Gymnasiums), 2002 in Rottweil (Zimmertheater), 2002, 2007 und 2008 in Ulm (Theater in der Westentasche), 2006 in Giengen an der Brenz (Theatergruppe des Turnvereins Hürben), 2007 in Hausen ob Verena, Kreis Tuttlingen, (»Laienspielgruppe«), 2008 in Königsbronn, Kreis Heidenheim, (Freilichtbühne am Brenzursprung), 2009 und 2010 in Biberach an der Riß (Dramatischer Verein – Bürgerliche Komödiantengesellschaft von 1686), 2010 in Schwäbisch Gmünd (Gmünder Bühne), ebenfalls 2010 in Holzgerlingen (Theater-AG der Otto-Rommel-Realschule), 2011 in Durlangen, Ostalbkreis, (Theater-Team des FC Durlangen), 2011 in Ulm (Akkordeonclub Gögglingen), 2013 in Großbottwar (Theatergruppe des Miteinanderlebens Attraktives Großbottwar) sowie in der Spielzeit 2013/14 in Stuttgart (Theater der Altstadt). Viele der Inszenierungen waren für Freilichtbühnen konzipiert.

Bühnenbearbeitungen

Die **Abenteuer des braven Soldaten Schwejk**. Nach dem Roman von Jaroslav Hašek von Max Brod und Hans Reimann. Für die Bühne eingerichtet von Thaddäus Troll. Gesangstexte von Karl Farkas. Musik nach alten Weisen, arrangiert von Gustav Zelibor. Drei-Masken-Verlag, München/ Thomas Sessler Verlag, München. – Uraufführung: 21. März 1955, Kammerspiele, Wien (das ist die Boulevardbühne des Theaters in der Josefstadt). Inszenierung: Hans Jaray, musikalische Leitung: Gustav Zelibor, Bühnenbild: Karl Heinz Franke, mit Heinz Conrads als Hundehändler Schwejk, Walter Varndal als Wirt Palivec, Karl Fochler als Geheimpolizist Bretschneider, Hans Unterkircher als Oberst von Botzenheim, Martin Berliner als Dr. Grünstein, Otto Schenk als Bäckermeister Woditschka und vielen anderen. – Auf dem Spielplan bis 19. Juni 1955. Weitere Vorstellungen und Inszenierungen in Ulm (11 Aufführungen im April/Mai 1955), Lübeck (18 Aufführungen von April bis Juni 1955), Freiburg i. Br. (13 Aufführungen von Oktober bis Dezember 1955 und im Mai 1956), im Thalia-Theater in Hamburg (26 Aufführungen im September/Oktober 1955), in der »Komödie im Marquardt« in Stuttgart (71 Aufführungen von Oktober bis Dezember 1955), Salzburg (ca. 20 Aufführungen im Januar/Februar 1956), im Apollotheater in München (61 Aufführungen im September/ Oktober 1956), im »Kleinen Theater am Zoo« in Frankfurt a. M. (42 Aufführungen von September bis Dezember 1957) und durch die Werkbühne Bayer in Leverkusen (3 Aufführungen 1958). – Überarbeitete Fassung im Auftrag der Freien Volksbühne Berlin (Erwin Piscator), 1965 fertiggestellt, jedoch wegen Piscators Tod nicht aufgeführt. Das Manuskript ist einsehbar im Deutschen Literaturarchiv, Marbach a. N., unter der Signatur 87.65.461.

Alexandre Charles Lecoq: **Giroflé-Girofla oder Der geraubte Zwilling**. Umarbeitung der französischen Operette »Giroflé-Girofla« aus dem Jahr 1874 (Libretto: Albert Vanloo und Eugène Leterrier, deutschsprachige Erstaufführung: 2. Januar 1875 im Carl-Theater, Wien) zur musikalisch-kabarettistischen Komödie. Bearbeitung: Thaddäus Troll (Dialoge), Rolf Reinhardt (Musik für zwei Flügel), Janne Furth (Gesangstexte). Uraufführung: 31. Dezember 1950, Schauspielhaus der Württembergischen Staatstheater Stuttgart. Inszenierung: Peter Hamel, musikalische Leitung: Rolf Reinhardt und Kurt Cremer, Choreographie: Mascha Lidolt, Bühnenbild und Kostüme: Leni Bauer-Ecsy, mit Elsbeth von Lüdinghausen in der Doppelrolle der Zwillinge und mit Max Mairich und Heinz Reincke.

André Birabeau: Das **heimliche Nest**. (Originaltitel: »Le nid – comédie en 3 actes«, Erstaufführung am 14. Dezember 1938 im théâtre Daunou, Paris). Übersetzung aus dem Französischen von Egon Waldmann. Deutsche Bühnenfassung von Thaddäus Troll. Als Manuskript gedruckt, M. Strassegg-Verlag Agentur für Aufführungsrechte, Bayerisch-Gmain [später Bad Reichenhall] 1954. 96 Seiten. Derzeitiger Bühnenverlag: Ahn & Simrock Bühnen- und Musikverlag, Hamburg. – Deutsche Uraufführung: 13. Februar 1954, Komödie im Marquardt, Stuttgart. Inszenierung: Berthold Sakmann, mit Willy Reichert als Fortuné Verrières und Anne-Marie Blanc als Clarisse Leontet. – Übernahme zumindest ans Stadttheater Saarbrücken (Saarländisches Staatstheater), Spielzeit 1954/55, Regie: Knut Roenneke.

Jacques Offenbach: **Pariser Leben**. Umarbeitung der französischen Operette aus dem Jahr 1866 (Originaltitel: »La Vie Parisienne«, Libretto: Henri Meilhac und Ludovic Halévy, deutschsprachige Erstaufführung: 31. Januar 1867 im Carl-Theater, Wien) zum musikalischen Lustspiel. Bearbeitung: Thaddäus Troll (Texte), Hans-Joachim Kauffmann (Musik). – Uraufführung: 9. Mai 1953, Württembergische Staatstheater Stuttgart. Inszenierung: Erich-Fritz Brücklmeier, musikalische Leitung: Hans-Joachim Kauffmann, Tänze: Mascha Lidolt, Bühnenbild und Kostüme: Leni Bauer-Ecsy, mit Max Mairich, Ingeborg Engelmann, Elsbeth von Lüdinghausen, Karin Schlemmer, Kurt Norgall, Willy Reichmann, Heinz Reinke, Franz Steinmüller. »Dieses ›Pariser Leben‹ spielt nicht mehr um 1867, in seinem Entstehungsjahr, sondern um 1889, neun Jahre nach Offenbachs Tode – und das bedeutet: aus der gesellschaftskritischen Satire ist nun eine kunterbunte Parodie der Gründerzeit überhaupt geworden. ... Thaddäus Troll treibt sozusagen synoptische Weltgeschichte am Fließband der Zeit. ... Auf dieser kabarettistischen Geisterbühne geben sich Richard Strauß und Karl Marx, Darwin und Eiffel, Daguerre und Daimler-Benz ein Stelldichein. ... Die Pointen prasseln nur so. Die Bühne wird zum Schaufenster der Paradoxie. ... Der Beifall war groß. Die Vorhänge rauschten. ... Ein neuer Kassenschlager ist da! Das ›Pariser Leben‹ – in Stuttgart hoppgenommen!« (Stuttgarter Zeitung) – Wiederaufnahme 1959.

Fernsehreihen

Chansonetten und Pailletten (Arbeitstitel: »Das Chanson und sein Bild«), Drehbuch: Eckehardt Munck und Thaddäus Troll. Chansons von Yvette Guilbert und Pamela Wedekind zu Bildern von Toulouse-Lautrec, Otto Dix, Karl Arnold, Olaf Gulbransson und vielen anderen, Moderation: Thaddäus Troll. Leonaris Film, Böblingen 1963. Fernsehausstrahlung 1964, Wiederholung 1966. Schwarzweiß.

Deutschland deine Schwaben / Alles über Schwaben. Mit Willy Reichert, Oscar Heiler, Werner Veidt, Erich Hermann alias »Rundfunk-Fritzle«, Eva Lang, Otto Braig, Carola Rauth, Erika Wackernagel, Ilse Künkele, Ernst Romminger, Willi Stockinger, Erna Fassbinder, Carola Erdin, Perkams-Weser, Emma Mayer, Theodor Dentler, Joachim Mock, Robert Naegele, Wiebke Paritz, Christiane Timmerding, Beate Kopp, Peter Schwerdt, Alexander Störk, Günther Lüders, Ruth Mönch, Martin Schleker, Jankowski Singers, Doris Denzel, Trude Hees, Fred C. Siebeck, Trudel Wulle, Max Strecker, Gottlob Frick, HAP Grieshaber, Martin Walser, Thaddäus Troll, Graf Adelmann u. v. m. – Autor: Thaddäus Troll, Regie/Bearbeitung: Kurt Wilhelm, Regieassistenz: Janusz Peier, Moderation: Willy Reichert, Berichterstatter: Karl Ebert, Uta Pranger, Kamera: Fritz Moser, Kurt Gewissen, Schnitt: Jürgen Lenz, Isolde Rinker, Ausstattung: Fritz Wägele, Sprecher: Waldemar Dannenhaus, Musik: Rolf A. Wilhelm u. a., Produktionsleitung: Edwin Friesch, Produktion: Süddeutscher Rundfunk, Stuttgart 1972, Wiederholungen u. a. 1973, 1977, 1984. Fünf Folgen, Farbe, Länge: Folge 1: 51 Minuten, Folgen 2 bis 4: je 43 Minuten, Folge 5: 58 Minuten.

Er und Sie. 1957. Schwarzweiß.

Fernsehspiele und Fernsehaufzeichnungen

Die **Abenteuer des braven Soldaten Schwejk.** Bayerischer Rundfunk, Fernsehen, 1. Mai 1957, Wiederholung am 27. März 1958. Schwarzweiß.

Der **Entaklemmer.** Aufzeichnung einer öffentlichen Vorstellung im kleinen Haus des Württembergischen Staatstheaters Stuttgart. Mit Martin Schwab, Christoph Hofrichter, Annetraut Lutz, Hansjürgen Gerth, Marianne Kroll, Oscar Heiler, Rosemarie Gerstenberg, Erika Wackernagel u. v. a. Süddeutscher Rundfunk, Fernsehen, 1977. Farbe, Länge 125'05". Erstsendung 11. Dezember 1977.

Der **Entaklemmer.** Aufzeichnung der Inszenierung von Siegfried Bühr mit Bernhard Hurm, Stefan Hallmayer u. v. a. im Theater Lindenhof, Burladingen-Melchingen, ZDF/3sat 1994. Fernsehregie: Andreas Missler-Morell. Mehrfach wiederholt im ZDFtheaterkanal.

D'**Gschicht von dr Schepfong.** »Der Wiener Burgschauspieler Walter Starz, selbst ein gebürtiger Schwabe, spricht die Erzählung, zu der die Augsburger Malerin Annegert Fuchsberger zahlreiche Aquarelle geschaffen hat. Abgerundet wird diese Bildergeschichte durch die Musik des Komponisten Rolf Alexander Wilhelm.« (Presseinfo SDR) Süddeutscher Rundfunk, Fernsehen, 1986. Länge: 44 Minuten, Farbe. Erstsendung 23. Februar 1986.

Kenner trinken Württemberger. Schwäbische Geschichten und Szenen. [Ausschnitte aus dem] Thaddäus-Troll-Programm mit Bernhard Hurm und Uwe Zellmer. Südwestfunk Fensehen, 1994. Länge: 43'56", Farbe. Erstsendung 18. März 1994. Mehrfach komplett oder in Ausschnitten wiederholt. – Zwei Folgen (42'33" und 43'33") am 1. und 8. Mai 1997.

O Heimatland. Schwäbisches von Thaddäus Troll. Süddeutscher Rundfunk, Fernsehen, 1980. Länge: 42'01". Erstsendung 10. August 1980.

Hörspiele

Jaroslav Hašek: Die **Abenteuer des braven Soldaten Schwejk.** Bayerischer Rundfunk, 2. Februar 1957, Wiederholung am 3. März 1957, Übernahme durch den Sender Freies Berlin (SFB), 15. Mai 1957.

Der **Entaklemmer.** Ein Lustspiel nach Molière in schwäbischer Mundart. Musik: Hannsgeorg Koch. Regie: Alfred Kirchner. Mitwirkende: Martin Schwab als Karl Knaup, Christoph Hofrichter als Heiner, Annetraut Lutz als Elise, Dieter Eppler als Otto Schlichthärle alias Hugo Hurlebaus, Oscar Heiler als Friedrich Übelmesser u. v. a. Süddeutscher Rundfunk, 25. September 1976, SDR 2. Wiederholungen 1980, 1983 und am 5. Juli 1990. Dauer: 80'45". Auch in slowenischer Übersetzung.

Mein Haus ist meine Burg. Mit Peter Hamel. Süddeutscher Rundfunk, 1955. Länge 66'30". Erstsendung 9. August 1955. Wiederholung am 8. September 1957, Länge 65'03".

Das närrische Manifest. Eine Hörfolge von Karl Langenbacher und Thaddäus Troll. Mit Arthur Georg Richter. Süddeutscher Rundfunk, 1961. Länge 54'20". Erstsendung 14. Februar 1961.

Der **Tafelspitz.** Mit Otto Düben. Süddeutscher Rundfunk, 1979. Erstsendung: 25. Februar 1979. Wiederholung 1980.

Zu treuen Händen. [Umarbeitung des gleichnamigen Theaterstücks von Melchior Kurtz, das ist Erich Kästner.] Mit Oskar Nitschke. Süddeutscher Rundfunk, 1959. Länge 62'00". Erstsendung 27. September 1959.

Bild- und Tonträger

Deutschland deine Schwaben. Schallplatte, 1968.

Deutschland deine Schwaben / Alles über Schwaben. Fernseh-Fünfteiler des SDR von 1972. Bonusmaterial: Abendschau Baden-Württemberg vom 28. 8. 1971: Interview Karl Ebert mit Willy Reichert zum 75. Geburtstag; aktuelle Interviews mit Troll-Sekretärin Eleonore Lindenberg und Bildmischerin Isolde Rinker. Doppel-DVD, Schwabenland Film, Dettingen an der Erms 2013; Mitvertrieb: Silberburg-Verlag, Tübingen und Baden-Baden. ISBN 978-3-8425-1907-7.

Kenner trinken Württemberger. Schwäbische Geschichten und Szenen. Das Thaddäus-Troll-Programm mit Bernhard Hurm und Uwe Zellmer – live. Aufgenommen im Spätherbst 2000 im Theater Lindenhof in [Burladingen-]Melchingen und in der Stadthalle Balingen. Regie und Redaktion: Thomas Vogel. 1 CD in Jewelbox. Silberburg-Verlag, Tübingen 2001. ISBN 3-87407-639-3. – *Neuausgabe:* 2004. ISBN 3-87407-639-3. – *2. Auflage der Neuausgabe:* 2007.

Scho gschwätzt. Heitere und zornige schwäbische Gedichte, gesprochen von den Autoren (Manfred Mai, Peter Schlack, Fritz Schray, Thaddäus Troll, Helmut Pfisterer), 1 CD in Jewelbox. Silberburg-Verlag, Tübingen 1994, ISBN 978-3-87407-180-2.

Trolldreiste Geschichten. 1 30-cm-Schallplatte. Intercord, Stuttgart 1977. Bestellnummer 130.009.

Wo komm' ich eigentlich her? Aufklärungsfilm für Kinder von 5 bis 9 Jahren nach dem Buch von Thaddäus Troll. Buch und Regie: Peter Mayle. Animation: Ian Mackenzie. Deutsche Bearbeitung: Manfred Mohl. 1 VHS-Videokassette. PolyGram, Hamburg (Bestellnummer 086654-3)/Atlas-Film, Duisburg 1992 (Wieso? Weshalb? Warum?). Spieldauer: 30 Minuten.

Unselbständige Veröffentlichungen

Beiträge zu Büchern
(ohne Anspruch auf Vollständigkeit)

18 – 20 – passe. Ein Skatbuch mit Contra und Re gemischt und ausgespielt vom Verlag Bärmeier und Nikel in Frankfurt. Mit Beiträgen von Peter Paul Althaus und anderen. Eingeleitet von Thaddäus Troll. Zeichnungen von Achim Ballnus und anderen. Verlag Bärmeier und Nikel, Frankfurt a. M. 1957 (Ein Schmunzelbuch).
Arbeit und Büro. Geschichten, Anekdoten, Erlebnisse und Witze. Ausgewählt von Heinz Sponsel. Mit Beiträgen von Josef Ebner, Helmut Grömmer, Jo Hanns Rösler, Eugen Roth, Günter Stein, Thaddäus Troll. Tomus Verlag, München ohne Jahr.
Arznei des Lächelns für Kranke und Genesende. Texte von Thaddäus Troll und anderen. Illustrationen von Robert Wyss. Herausgegeben von Walter Schär. Sanssouci-Verlag, Zürich 1975.
Auch im Krankenbett gibt's was zum Schmunzeln. Herausgegeben von Barbara Salzer. Erzählungen von Erich Kästner, Heilwig von der Mehden, Thaddäus Troll, Mark Twain und anderen. Salzer-Verlag, Heilbronn 1989. ISBN 3-7936-0944-8.
Auf dem Rastplatz zu lesen. Texte übers Autofahren von Henry Ford, Otto Julius Bierbaum, Eugen Diesel, Thaddäus Troll, Fridolin Tschudi und anderen. Herausgegeben von Henriette Kern. Sanssouci Verlag, Zürich 1969.
Aus Liebe zu Deutschland. Satiren zu Franz Josef Strauß. Mit Graphiken, Tuschen, Fotos, Fotomontagen von D. Albrecht, Ulrich Baehr, Joseph Beuys, Rainer Hachfeld, Alfred Hrdlicka, Carlo Schellemann, Klaus Staeck, F. K. Wächter und anderen und Textbeiträgen von Wolf Biermann, Peter O. Chotjewitz, Franz Josef Degenhardt, Rudi Dutschke, Erich Fried, Peter Härtling, Helmut Heißenbüttel, Dieter Hildebrandt, Rolf Hochhuth, Hanns Dieter Hüsch, Peter Rühmkorf, Werner Schneyder, Uwe Timm, Thaddäus Troll, Klaus Wagenbach, Peter Paul Zahl, Gerhard Zwerenz und anderen. Herausgegeben von Heinar Kipphardt. Verlag Autoren-Edition, München 1980.
Briefe zur Verteidigung der bürgerlichen Freiheit. Nachträge 1978. Mit Beiträgen von Heinrich Böll, Margarethe von Trotta, Fritz J. Raddatz, Bernt Engelmann, Oskar Negt, Jürgen Habermas, Marion Gräfin Dönhoff, Robert Jungk, Dorothee Sölle, Klaus Staeck, Rolf Hochhuth, Thaddäus Troll, Joachim Steffen und anderen. Herausgegeben von Freimut Duve, Heinrich Böll und Klaus Staeck. Rowohlt Taschenbuch Verlag, Reinbek 1978 (rororo aktuell 4353).
Briefe zur Verteidigung der Republik. Mit Beiträgen von Carl Amery, Heinrich Böll, Nicolas Born, Marion Gräfin Dönhoff, Freimut Duve, Axel Eggebrecht, Iring Fetscher, Helmut Gollwitzer, Jürgen Habermas, Dorothee Sölle, Carola Stern, Dieter Hildebrandt, Walter Jens, Siegfried Lenz, Jürgen Manthey, Oskar Negt, Hans Erich Nossack, Martin Walser, Thaddäus Troll, Richard Schmid, Dieter Kühn, Alexander und Margarethe Mitscherlich, Günter Grass, Alfred Grosser, Fritz J. Raddatz. Herausgegeben von Freimut Duve, Heinrich Böll und Klaus Staeck. Rowohlt Taschenbuch Verlag, Reinbek 1977 (rororo aktuell 4191).
Das Buch der guten Wünsche. Ein Glückwunschsammelsurium für passende und unpassende Gelegenheiten. Einleitung von Thaddäus Troll. Verlag Bärmeier & Nikel, Frankfurt am Main 1962 (Ein Schmunzelbuch).
Cannstatter Zeiten. (... unsere Stadt zu ehren). Herausgegeben von Hans Otto Stroheker. Horst Poller Verlag, Stuttgart 1979. ISBN 3-87959-116-4. Darin: Thaddäus Troll: Jugendtage in Cannstatt (Seite 8–15).
Der Deutsche in seiner Karikatur. Hundert Jahre Selbstkritik. Ausgewählt von Friedrich Bohne. Kommentiert von Thaddäus Troll. Mit einem Essay von Theodor Heuss. Bassermannsche Verlagsbuchhandlung, Stuttgart 1963. 193 Seiten. – Lizenzausgabe: Eduard Kaiser Verlag, Klagenfurt ohne Jahr [um 1965].
Deutschland dreifach. 14 Städte und Landschaften in Text, Photo und Film. Das erste audiovisuelle Buch. Textbeiträge von Günter Kunert, Hans Werner Richter, Martin Walser, Jürgen Becker, Lore Lorentz, Horst Krüger, Siegfried Lenz, Heinrich Böll, Hans Scholz, Anneliese Friedmann, Herbert Achternbusch, Max von der Grün, Thaddäus Troll, Rolf Schneider. Herausgeben von Werner Höfer. Belser Verlag, Stuttgart 1973.
Dr. Percy Eichbaums Krankenvisite. Ein heiteres Lesebuch für kranke Freunde. Rezepte von Thaddäus Troll, Ernst Heimeran, Fridolin Tschudi, Karel Capek, Mark Twain und anderen. Zeichnungen von Ronald Searle. Sanssouci-Verlag, Zürich 1956.
Ernst beiseite. Das große Buch zum Schmunzeln und Lachen. Mit einem Geleitwort

von Thaddäus Troll. Herausgegeben von Peter Bleuel. C. Bertelsmann Verlag, Gütersloh 1970. [Einige Lizenzausgaben unter dem Titel: Ein Hausbuch der Heiterkeit, andere Ausgaben unter dem Titel: Herzlich gelacht. Ein Hausbuch der Heiterkeit.]
Hans Kramer und Otto Matschoss: **Farben in Kultur und Leben.** Herausgegeben zum Hundertjährigen Jubiläum der Farbenfabriken Bayer AG Leverkusen 1. August 1963. Mit Textbeiträgen von Hans Bayer und Susanne Ulrici (»Natur und Farbe«), Richard Biedrzynski, Heinrich Frieling und Rudolf Sachtleben. Ernst Battenberg Verlag, Stuttgart 1963.
Fröhlich & vergnügt. Ein heiteres Lesebuch. Kurzgeschichten von Kurt Tucholsky, Carlo Manzoni, Lawrence Durrell, Erich Kästner, Wolfgang Ebert, Gregor von Rezzori, Roda Roda, Eric Malpass, Erma Bombeck, Kurt Kusenberg, Thaddäus Troll und anderen. Heyne Verlag, München 1991. ISBN 3-453-04559-9.
Frohe Fahrt auf alten Rädern. Eine Liebeserklärung an Automobile von Gestern. Von Henry Ford, Eugen Diesel, Sir C. S. Rolls, Thaddäus Troll, W. Saroyan, Fridolin Tschudi. Herausgegeben von Walter Schär. Sanssouci Verlag, Zürich 1972.
15 x Sonntag. Texte von Stefan Andres, Christine Brückner, Ingeborg Drewitz, Albrecht Goes, Walter Jens, Thilo Koch, Jella Lepmann, Willi Marxsen, Eugen Skasa-Weiß, Vilma Sturm, Brigitte von Tessin, Thaddäus Troll, Ingeborg Wendt, Wolfgang Weyrauch, Karl Würzburger. Herausgegeben von Hannelore Frank. Kreuz Verlag, Stuttgart/ Berlin 1970 (Alltägliches, Band 13). ISBN 3-7831-0328-2.
Geliebte Städte. Mit Beiträgen von Heinrich Böll, Rudolf Hagelstange, Alfred Andersch, Stefan Andres, Maria Dessauer, Werner Schumann, Marianne Eichholz, Richard Gerlach, Karl Krolow, Thaddäus Troll und anderen. Herausgegeben von W. Tschechne. Fackelträger-Verlag, Hannover 1967.
Peter Roos: **Genius loci.** Gespräche über Literatur und Tübingen. Neske Verlag, Pfullingen 1978 (2. Auflage: Gunter Narr Verlag, Tübingen 1986. ISBN 3-87808-324-6. [Die Gesprächspartner sind: Klaus Birkenhauer, F. C. Delius, Draginja Dorpat, Ralph Roger Glöckler, Fritz Hackert, Peter Härtling, Margarete Hannsmann, Georg Holzwarth, Walter Jens, Stephan Kaiser, Hellmuth Karasek, Willy Leygraf, Johannes Poethen, Oliver Storz, Thaddäus Troll, Siegfried Unseld, Martin Walser und Peter Weiss.]
Franz Georg Brustgi: **Geruhsam wars im Lande nie.** Schwäbisch-alemannische Geschichten aus hundert Jahren. Mit Beiträgen von Wilhelm Schussen, Emanuel von Bodman, Ludwig Finckh, August Lämmle, Alfred Schmid-Noerr, Hermann Hesse, Theodor Heuss, Thaddäus Troll und anderen. Mit einem Nachwort von Emil Wezel. J. F. Steinkopf Verlag, Stuttgart 1980. ISBN 3-7984-0513-1.
Das **Gewesene ordnet sich zum Sinn.** Aus Leben und Werk von Werner Illing. Erinnerungen von Albrecht Baehr, Ingeborg Drewitz, HAP Grieshaber, Margarete Hannsmann, Kurt Heynicke, Hermann Lenz, Otto Rombach, Karl Schwedhelm, Thaddäus Troll und anderen. Auswahl und Zusammenstellung von Joachim Ruf. Verlag des Antiquariats Frank Pflaum, Sandhausen 1986.
Ein Hausbuch der Heiterkeit siehe → Ernst beiseite.
Herzlich gelacht siehe → Ernst beiseite.
Die **Humor-Box.** Mit Beiträgen von Renate Axt, Hans Bender, Werner Finck, Fritz Grasshoff, Hanns Dieter Hüsch, Ernst Kreuder, Thaddäus Troll und anderen. Herausgegeben von Jan Herchenröder und Wilhelm Kumm. Liselotte Kumm Verlag, Offenbach, 1959.
Das **Jahr der Dame.** Ein Kalenderbrevier. Mit Beiträgen von Elizabeth Schuler, Helmut Alscher, Hellmut Holthaus, Werner Illing, Gilbert von Monbart, Thaddäus Troll. Zeichnungen von Lilo Rasch-Naegele. Herausgegeben von Ulrich Gass. Schuler Verlagsgesellschaft, Stuttgart 1959.
Je ferner die Zeiten ... Weltgestalten in Streitgesprächen. Mit Beiträgen von Wibke Bruhns, Johannes Gross, Sebastian Haffner, Walter Jens, Thaddäus Troll (Streitgespräch Aristoteles/ Emanuel Striese) und vielen anderen. Herausgegeben von Werner Höfer. C. Bertelsmann Verlag, Gütersloh/Wien 1974.
Kämpfen für die sanfte Republik. Ausblicke auf die achtziger Jahre. Mit Beiträgen von Walter Jens, Iring Fetscher, Carl Amery, Siegfried Lenz, Thaddäus Troll, Günter Kunert, Horst-Eberhard Richter. Herausgegeben von Freimut Duve, Heinrich Böll, Klaus Staeck. Rowohlt Taschenbuch Verlag, Reinbek 1980 (rororo aktuell 4630).
Kleine Bettlektüre für den vielseitigen Zwilling. Geschichten und Geschicke unter seinem Zeichen. Texte von Linda Goodman, Vasco Pratolini, E. T. A. Hoffmann, Thaddäus Troll und anderen. Ausgewählt von Katharina Steiner. Scherz Verlag, München 1972.
Kleine Bettlektüre für gscheite Stuttgarter. Texte von Cäsar Flaischlen, Sebastian Blau, Siegfried Melchinger, Gerhard Raff, Helmut Heissenbüttel, Thaddäus Troll und anderen. Ausgewählt von Katharina Steiner. Scherz Verlag, München 1977.

Kleine Bettlektüre für weltoffene Ulmer. Lesefreuden für alle Bürger der stolzen Reichsstadt, die wissen, was ein Schwörbrief ist, und von Herzen daran glauben, daß der Schneider fliegen kann. Mit Beiträgen von Thaddäus Troll, Felix Fabri, Max Eyth, Ingeborg Drewitz, Robert Neumann, Alfred Kerr, Max Bill, Bertolt Brecht, Friedrich Nicolai. Ausgewählt von Hk. von Neubeck. Scherz Verlag, Bern/München/Wien 1987.

Kleine Bettlektüre mit herzlichen Wünschen zur guten Besserung. Ausgewählt von Katharina Steiner. Scherz Verlag, München 1972.

Die **kleine Reise.** Mit Beiträgen von Heinz Dramsch, Ernst van Husen, Irmgard Keun, Georg Krieger, Eugen Skasa-Weiss, Thaddäus Troll. Verlag Walter Franz, Köln 1953.

Kochen wie die Schwaben. Original schwäbische Familienrezepte. Mosaik-Verlag, München 1977. ISBN 3-570-01031-7. [Rezepte aus 4000 Einsendungen auf eine Aktion von Tageszeitungen in Württemberg. Einleitung von Thaddäus Troll. Erläuterungen von Hermann Freudenberger (»Knitz«). Lizenzausgabe 1987 als Heyne-Taschenbuch: Heyne Koch- und Getränkebücher Nr. 4464 mit Nachauflagen 1988, 1990, 1993, ISBN 3-453-40448-3. Sonderausgabe: Orbis-Verlag, München 1990, ISBN 3-572-06438-4, mit Nachauflage 1999, ISBN 3-572-01069-1.]

Das **Lachen ist uns geblieben.** Humor von und mit Heinz Erhard, Erich Kästner, Jürgen von Manger, Helmut Qualtinger, Eugen Roth, Emil Steinberger, Thaddäus Troll. Herausgegeben von Heinrich Lützeler. Herder Verlag, Freiburg i. Br./Basel/Wien 1982 (Herderbücherei).

Die **Leihleiche** und andere heitere bis bissige Geschichten. Mit Beiträgen von Hugo Hartung, Erich Kästner, Adalbert Seipolt, Jo Hanns Rösler, Sigi Sommer, Thaddäus Troll, Eugen Skasa-Weiss und Horst Biernath. Herausgegeben von Dieter Heuler. Bargezzi-Verlag, Bern 1966.

Michael Moll: **Liebe und anderer Unfug.** Prosaische Lieder und Liederliche Prosa. Nachwort von Thaddäus Troll. Mit Illustrationen von Wolfgang Bohm. Falken Verlag, Wiesbaden 1966.

Lob der Faulheit. Ein Almanach für Manager und solche die es nicht werden wollen. Eingelobt von Kurt Kusenberg. Texte von Erich Kästner, Wolfdietrich Schnurre, Thaddäus Troll, Anton Schnack und anderen, Karikaturen Trix, Loriot, Wigg Siegl und anderen. Verlag Bärmeier & Nikel, Frankfurt a. M. 1955 (Ein Schmunzelbuch).

Theophil Schnurz: **Luft ablassen.** Der (Stief-)Muttersprache auf's Maul geschaut. Mit einem troll'igen Geleit von Thaddäus Troll. Bonz Verlag, Oeffingen 1973.

Männer sind auch nur Menschen. Ein Almanach zum Presse- und Funkball 1959. Textbeiträge von Beate Bach, Peter Bamm, Karl-Heinz Bole, Fifi Brix, Jürgen Dobberke, Wolfgang Ebert, Horst Eliseit, Dora Fehling, Helmuth Haenchen, Peter Hartberg, Rainer Höynck, Erich Kästner, Walther Kiaulehn, Joachim Leithäuser, Rudolf Lorenzen, Edith Lundberg, Russell Lynes, Renate Marbach, Günther Matthes, Gabriele Müller, Barbara Noack, Walther Oschiwelski, Rita Pesserl, Elvira Reitze, Heinz Ritter, Otto Schmidt, Wolfdietrich Schnurre, Hans Scholz, W. Emil Schröder, Eva Schwimmer, Thaddäus Troll, Kurt Tucholsky, Annemarie Weber-Lorenzen. Überreicht vom Presse-Verband Berlin. 1959.

Der **mittlere Neckarraum.** Mit Beiträgen von Hans Filbinger, Hans-Otto Schwarz, Friedrich Roemer, Otto Rombach, Wolfgang Meckelein, Gerhard Isenberg, Günther Steuer, Arnulf Klett, Thaddäus Troll und anderen. Gerhard Stalling Wirtschaftsverlag, Oldenburg 1969 (Monographien deutscher Wirtschaftsgebiete Band 10).

mund art '80. Eine Dokumentation zum Mundartfestival vom 6.–8. Juni 1980 in Ladenburg. Beiträge von Michael Bauer, Jürgen Albers, Anni Becker, Wolfgang Diehl, Ludwig Harig, Kurt Sigel, Thaddäus Troll, André Weckmann, Günther Wölfle, Werner Worschech, Gerd Birsner, Norbert Dittmar, Bodo O. Franz und Joachim Hemmerle. Pfälzische Verlagsanstalt, Landau 1980.

Muss Schule »dumm« machen? Plädoyer für eine fortschrittliche Bildungspolitik. Reden anläßlich des gleichnamigen Kongresses vom 19. 2. 1972 in Mannheim. Thaddäus Troll: Einige Voraussetzungen der Dummheit / Jürgen Girgensohn: Schulbuchschwemme – Schulbuchschleusen / Gisela Freudenberg: Bildungsinhalte in Baden-Württemberg / Günter Grass: Bürger und Politik. Sozialdemokratische Wählerinitiative, Bad Godesberg 1972.

nachrichten einmal ganz ohne technik dargestellt von Widl. den Freunden unseres Hauses. Herausgegeben von der Zentralen Werbeleitung der Standard Elektrik Lorenz AG, Stuttgart. Gezeichnet von Dr. Ing. G. Widl. Texte: Zentrale Werbung unter Mitarbeit von Thaddäus Troll. Standard Elektrik Lorenz AG, Stuttgart um 1960.

Nur Dummköpfe haben keine Angst. Schriftsteller schreiben für unsere Schule. Beiträge von Thaddäus Troll. Mit Beiträgen u. signiert von Uwe Friesel, Renate Schostack, Herbert Heckmann und Werner Dürrson. Gedruckt und verlegt von Schülern der

August-Lämmle-Schule in Leonberg, 1980.

Herbert Heyne: **Politik am Spiess.** Das Bilderbuch der Zeit. 236 Karikaturen rund um die Bundespolitik. Zusammenstellung und verbindende Texte von Rolf H. Grossarth. Mit einem Vorwort von Thaddäus Troll. Verlag Bintz und Dohany, Frankfurt a. M./Offenbach 1957.

R. Stahl 1876–1976. Herausgegeben von der Geschäftsführung der Firma R. Stahl aus Anlaß des 100jährigen Bestehens. Beiträge von Werner Stahl, Thaddäus Troll, Heinz Dieterle, Peter Hirscher, Klaus Mähliss. Belser Verlag, Stuttgart/Zürich 1976.

Radius Almanach 1980/81. Texte von Kurt Tucholsky, Walter Jens, Thaddäus Troll, Martin Walser und anderen. Herausgegeben von Wolfgang Erk. Radius-Verlag, Stuttgart 1980. ISBN 3-87173-567-1.

Reader's Digest Reise um die Welt. Mit einem Vorwort von Thaddäus Troll. Verlag Das Beste, Stuttgart 1969.

Schaden spenden. Anleitungen, mißvergnügt und das Leben verdrießlich zu machen. Eine Anthologie, zusammengestellt von Dieter Hülsmanns und Friedolin Reske. Mit Original-Graphiken von Margarethe Keith und Manfred Garstka soviel die Not erfordert. Menniglich zu Nutzen und gut in Druck verordnet durch die Eremiten-Presse zu Stierstadt und Düsseldorf Anno 1792 cum gratia & privilegio. Beiträge von Elisabeth Alexander, Alfred Andersch, Beat Brechbühl, Thaddäus Troll und anderen. Eremiten-Presse, Stierstadt/Düsseldorf 1972.

Die schönsten Liebesdesaster. 77 heitere Geschichten, erzählt von Honoré de Balzac, Heimito von Doderer, Ernst Heimeran, Heinrich Heine, Alfred Kerr, Egon Erwin Kisch, Kurt Kusenberg, Siegfried Lenz, Thomas Mann, Guy de Maupassant, George Mikes, Alfred Polgar, Sigismund von Radecki, Roda Roda, Jo Hanns Rösler, Heinrich Spoerl, Ludwig Thoma, Thaddäus Troll, Anton P. Tschechow, Kurt Tucholsky, Frank Wedekind, Hugo Wiener und vielen anderen. Herausgegeben von Johannes Thiele. Hoffmann und Campe Verlag, Hamburg 1994.

Die Schwaben und ihre Liebe. Ein Strauß aus Geschichten, Gedichten und Bildern für alle, die sich mögen. Mit Texten von Eduard Mörike, Willy Reichert, Thaddäus Troll und anderen. Herausgegeben von Ulrich Gohl. Silberburg-Verlag, Stuttgart 1990. ISBN 3-925344-92-6.

Schwäbische Juwelen. gfasst von Sebastian Blau, Martin Lang, Gerhard Raff, Friedrich E. Vogt ond gmalt von Dieter Groß, Bernd Stolz. Landhege-Verlag, Schwaigern 2012 (Buch und Audio-CD). ISBN 978-3-943066-05-0.

Schwäbischer Bilderbogen. In Verse gefäßt und gezeichnet von Oscar Stammler. Mit einem Vorwort von Thaddäus Troll. Erschienen im Verlag Fleischhauer & Spohn, Stuttgart 1976.

Schwarzwaldreisen. Berichte, Geschichten und Bilder aus fünf Jahrhunderten. Texte von Thaddäus Troll, Jürgen Lodemann, Johann Peter Hebel, Wilhelm Hauff, Friedrich Schnack, Johannes Künzig, Wolfgang Koeppen, Werner Bergengruen, Bertolt Brecht, Hermann Hesse, Justinus Kerner, Eduard Mörike, Mark Twain und anderen. Zusammengestellt von Georg Richter. G. Braun Buchverlag, Karlsruhe 1986.

Sepp Mahler, Sonnenlichttönentag. Mit Texten von Manfred Bosch, Thomas Knubben, Gerhard Schaugg und Thaddäus Troll. Herausgegeben von Thomas Knubben. Städtische Galerie, Ravensburg 2001. ISBN 3-980733-12-2.

Sepp Mahler. Vagabund, Maler und Poet. 12 Farbreproduktionen und 60 Schwarzweißaufnahmen, Texte von Gisela Linder und Thaddäus Troll. Herausgegeben vom Verein der Freunde und Förderer des Leprosenhauses Bad Wurzach e. V. Oberschwäbische Verlagsanstalt, Ravensburg 1991.

So lebten wir ... Ein Querschnitt durch 1947. Beiträge von Bruno E. Werner, Egon Vietta, Ingrid Gamer, Herbert Groll, Thaddäus Troll, Günter Weber und anderen. Herausgegeben von Hans A. Rümelin. Scherer-Verlag, Willsbach (Württ.) 1948. (Reprint: Steiner Verlag, Stuttgart 1997.)

Der Sprung ins Leben. Von Thaddäus Troll & anderen [nämlich Klaus Partzsch, Hanna Bonneß, Susanne Ulrici, Ursula Leber, Hans Reimann; Zeichnungen von Lutz Niemeyer; Fotos von Peter Grobe, Klaus Partzsch, Gisela Badura, Digne Meller Marcovicz. Autorschaft der einzelnen Beiträge nicht erkenntlich.]. Steinbock-Verlag, Hannover 1965. [Teilausgabe unter dem Titel: mal sehen. Der Sprung ins Leben. Teilweise als Exklusivausgabe für den deutschen Raiffeisenverband.]

Städte 1945. Berichte und Bekenntnisse. Mit Texten von Ilse Aichinger, Emil Belzner, Heinrich Böll, Rolf Bongs, Christine Brückner, Heinz Czechowski, Günter Eich, Max Frisch, Gertrud Fussenegger, Martin Gregor-Dellin, Max von der Grün, Peter Härtling, Stephan Hermlin, Peter Huchel, Erich Kästner, Marie Luise Kaschnitz, Hermann Kesten, Horst Krüger, Günter Kunert, Dieter Lattmann, Hans Erich Nossack, Josef Reding, Paul Schallück, Robert Wolfgang Schnell, Hilde Spiel, Thaddäus Troll, Carl Zuckmayer. Herausgegeben von Ingeborg Drewitz. Eugen Diederichs Verlag, Düsseldorf/Köln 1970.

Übrigens viel Spaß! Satiren aus aller Welt. Texte von Wolfgang Hildesheimer, George Mikes, Wolfdietrich Schnurre, Hans Weigel, Reinhard Mey, Iring Fetscher, Thaddäus Troll, Herbert Rosendorfer, Gabriel Laub und anderen. Herausgegeben und eingeleitet von Werner Finck. Fackelträger Verlag, Hannover 1973. ISBN 3-7716-1353-1.

Thaddäus Troll, A. F. Bogenschütz und H. Lippott: **Ulm.** Konrad Theiss Verlag, Stuttgart/Aalen 1975. ISBN 3-80620-137-4. [Einführungsbeitrag von Troll.]

Ulmanach. Lesebuch einer Stadt. Texte von Hermann Hesse, Bertolt Brecht, Eduard Mörike, Martin Walser, Thaddäus Troll und anderen. Herausgegeben von Manfred Eichhorn, Hartmut Lange, Eduard Ohm, Paul Schmid. Verlag Manfred Eichhorn, Ulm 1974.

Urlaub und Kurlaub. Geschichten, Anekdoten, Erlebnisse und Witze. Texte von Hans Christian Andersen, Wilhelm Busch, Josef Ebner, Michael Funcke, Helmut Grömmer, Jo Hanns Rösler, Eugen Roth, Günter Stein, Thaddäus Troll. Herausgegeben von Heinz Sponsel. Tomus Verlag GmbH, München ohne Jahr. ISBN 3-8231-9007-5.

Das **Urlaubslesebuch.** Mit Texten von Ambrose Bierce, Heinrich Böll, Alois Brandstetter, Heimito von Doderer, Alfred Döblin, Friedrich Dürrenmatt, Gabriel Garcia Marquez, Lars Gustafsson, Rudolf Hagelstange, Ursula Haucke, André Heller, Mascha Kaleko, Ephraim Kishon, Horst Krüger, Günter Kunert, Selma Lagerlöf, Siegfried Lenz, Jack London, Carlo Manzoni, Isabella Nadolny, Joyce Carol Oates, Edna O'Brien, Ruth Rehmann, Eugen Roth, Hans Scheibner, Isaac B. Singer, Günter Stein, Udo Steinke, Ludwig Thoma, Friedrich Torberg, Thaddäus Troll, P. G. Wodehouse, Gabriele Wohmann und Wolf Wondratschek. Herausgegeben von Lutz-W.Wolff. Deutscher Taschenbuch Verlag, München 1985. ISBN 3-423-10411-2.

Venus 68. Mit einem einleitenden Text von Thaddäus Troll. Redaktion: Hugo Schöttle. Ehapa Verlag, Stuttgart 1968.

Vergnüglicher Aufenthalt. Anekdoten und lustige Geschichten aus MERIAN eingeleitet von Thaddäus Troll. Mit Illustrationen von Volker Detlef Heydorn. Hoffmann und Campe Verlag, Hamburg 1969.

Die Verteidigung der Rundfunkfreiheit. Mit Beiträgen von Bernt Engelmann, Martin Walser, Thaddäus Troll und anderen. Herausgegeben von Michael Wolf Thomas. Rowohlt Taschenbuch Verlag, Reinbek 1979 (rororo aktuell 4428). ISBN 3-499-14428-X.

Villa bei Nacht. Geschichten & Gedanken für die Zeit zwischen Tag und Traum von Kurt Kusenberg, Günter Weisenborn, Guy de Maupassant, James Thurber, Winfried Wolf, Thaddäus Troll, Armin T. Wegner. Mit Illustrationen von Hannes Binder. Sanssouci Verlag, Zürich 1986 (Die kleinen Blauen im Sanssouci Verlag). ISBN 3-7254-5003-X.

Richard Ottenbacher: **Vom Adlerwirt.** Mit Porträt des Verfassers und Vorwort von Thaddäus Troll. [Selbstverlag], Ludwigsburg 1970.

»... vom Finderglück ...« Der Antiquar Fritz Eggert 1926–1981. Mit Beiträgen von Eberhard Jäckel, Susanne Koppel und Wulf D. von Lucius sowie einem »Kleinen Nachtrag: Fritz Eggert im Wirtschaftsleben« mit Erinnerungen von Thaddäus Troll, Hermann Lenz und Fred Luz. Herausgegeben von Friedrich Pfäfflin. Verband Deutscher Antiquare e. V., Stuttgart 2007.

Vorletzte Worte. Schriftsteller schreiben ihren eigenen Nachruf. Herausgegeben von Karl Heinz Kramberg. Verlag Bärmeier und Nikel, Frankfurt a. M. 1970. (1974 als Ullstein-Taschenbuch, 1985 als Goldmann-Taschenbuch.)

Warum bleibe ich in der Kirche? Zeitgenössische Antworten von: Ansgar Albrecht, Hans Urs von Balthasar, Albrecht Beckel, Klaus von Bismarck, Helmut Cron, Marianne Dirks, Walter Dirks, Erhard Eppler, August Everding, Ida Friederike Görres, Wolf Häfele, Hubertus Halbfas, Friedrich Heer, Ingo Hermann, Werner Höfer, Barbara Just-Dahlmann, Ernst Käsemann, Thilo Koch, Hans Küng, Horst Mönnich, Clemens Münster, Ludwig Raiser, Josef Rast, Luise Rinser, Thomas Sartory, Dorothee Sölle, Elisabeth Schwarzhaupt, Thaddäus Troll, Heinz Oskar Vetter. Herausgegeben von Walter Dirks und Eberhard Stammler. Manz Verlag, München 1971. ISBN 3-7863-0132-8.

Der **Weg zu zweit.** Ratschläge und Hilfen für den Alltag der Ehe. Redaktion: Ehrtfried Böhm, Kapitel-Einleitungen von Thaddäus Troll, Zeichnungen von Evelyne und Michael Prasuhn. Steinbock Verlag, Hannover, 1971. [Teilweise als Lizenzausgabe für den Raiffeisenverband.]

Willi und Putz. Eine lustige Tierfibel für große und kleine Leute. Mit Beiträgen von Thaddäus Troll und anderen. Zeichnungen: R. Fletcher und andere. [Stuttgart]: C[hristlich-]D[emokratische] U[nion] in Baden-Württemberg 1956.

zeitgemäße form. industrial design international. 133 Beiträge von 77 Autoren [nämlich Max Bense, Peter M. Bode, Gerhard Bott, Hans Eckstein, Philip Rosenthal, Thaddäus Troll und anderen]. Herausgegeben von Johann Klöckner mit 267 Abbildungen. Süddeutscher Verlag, München 1967.

Bildnachweis

Archiv Dr. Manuela Bayer, Berlin: Seite 1, 9, 10, 11, 17, 30 oben, 31, 32, 33, 34 alle, 35, 37, 38/39, 40, 44, 45, 46, 47, 51, 53, 61, 65, 69, 75, 77, 78, 85, 87, 88, 89, 92, 95, 96, 97, 116 unten, 117 alle, 120 unten, 121, 122, 123, 124, 125, 130, 135, 139, 141, 143, 172, 173, 177, 181, 188, 191, 207, 211, 221, 231, 235, 237 beide oben, 238, 239, 240, 241, 242, 243, 246, 248, 255, 262, 263, 265, 268, 301.
Archiv Margit Beilharz-Homann: Seite 269.
Archiv Silberburg-Verlag: Seite 22, 36, 42, 43 unten, 56, 62, 79, 80/81 alle, 83, 84, 90 alle, 98/99 alle, 101, 102, 103 alle, 104, 106 alle, 108/109 alle, 110/111 alle, 112 alle, 129 alle, 136 drei oben, 152 links, 155, 176, 204, 228, 233 oben, 252, 267.
Chr. Barth, Tübingen/Archiv Dr. Manuela Bayer, Berlin: Seite 49.
Günter Beysiegel/Archiv Dr. Manuela Bayer, Berlin: Seite 270.
Bibliothek Dr. Manuela Bayer, Berlin: Seite 48.
Bundesarchiv, B 145 Bild-F054633-0026 / Engelbert Reineke / CC-BY-SA: Seite 165.
Bundesarchiv, B 145 Bild-F067146-0013 / Wienke, Ulrich / CC-BY-SA: Seite 146.
Bundesarchiv, Bild 146-2007-0037 / Bauer, Georg / CC-BY-SA: Seite 215.
Dr. Claus-Peter Clostermeyer, Berlin: Seite 12.
Jupp Darchinger/SPD: Seite 214.
Deutsches Historisches Museum/Wikipedia: Seite 43 oben.
Holger Ellgaard/Wikimedia: Seite 199
Wolfgang Etzold/Archiv Dr. Manuela Bayer, Berlin; Abdruck mit freundlicher Genehmigung von Lydia Etzold: Seite 116 oben, 118/119, 120 oben, 249, 250.

Foto Marburg, Aufnahme-Nr. 930.974: Seite 59.
GEAK/Wikipedia: Seite 271.
Manfred Grohe: Seite 164, 274.
Titus Häussermann: Vordere Umschlagklappe unten, Seite 19, 25, 134, 144/145 alle, 232, 247, 253.
Robert Holder/Haus der Geschichte Baden-Württemberg, Stuttgart, Vorlage: Archiv Dr. Manuela Bayer, Berlin: Seite 174, Umschlagrückseite.
Robert Holder/Haus der Geschichte Baden-Württemberg, Stuttgart, Vorlage: Archiv Eleonore Lindenberg, Stuttgart: Seite 227.
H. Jäggle/Archiv Dr. Manuela Bayer, Berlin: Seite 30 unten.
Hugo Jehle/Archiv Dr. Manuela Bayer, Berlin: Umschlagvorderseite oben rechts, Seite 148/149, 150, 158, 233 unten, 273.
Hugo Jehle/Süddeutscher Rundfunk/Archiv Dr. Manuela Bayer, Berlin: Seite 127, 200, 234.
Rolf Karrer/Archiv Dr. Manuela Bayer, Berlin: Seite 257.
Christopher Koch/Silberburg-Verlag: Seite 18, 230.
Michael Koessler/Kammerspiele Wien/Archiv Silberburg-Verlag: Seite 105.
Kraufmann & Kraufmann/Stadtarchiv Stuttgart; Vorlage: Archiv Stuttgarter Zeitung/Stuttgarter Nachrichten, Stuttgart: Seite 26.
Oliver Kurmis/Wikimedia: Seite 198
Pressefoto Kraufmann und Scheerer/ Stadtarchiv Stuttgart, Vorlage: Archiv Dr. Manuela Bayer, Berlin: Seite 251.
Fritz Mielert/Die AnStifter: Seite 21.
Christa Planck/Archiv Dr. Manuela Bayer, Berlin: Seite 8.
Privat: Vordere Umschlagklappe, oben.
Ivelin Radkov - Fotolia.com: Umschlagvorderseite unten.

Beate Scheerer/Kraufmann & Kraufmann, Stuttgart/Stadtarchiv Stuttgart, Vorlage: Archiv Dr. Manuela Bayer: Seite 217.
Silberburg-Verlag, Tübingen: Seite 136 ganz unten, 147, 151, 152 rechts, 153, 157, 166, 169.
Egon Steiner/picture-alliance/dpa: Seite 219.
Stern/Wikipedia: Seite 237 unten.
B. Umbrecht/Archiv Dr. Manuela Bayer, Berlin: Seite 137, 236.
Madeline Winkler-Betzendahl/Archiv Dr. Manuela Bayer, Berlin: Seite 210.

Register

Personen

Abich, Hans Seite 203
Adenauer, Konrad 8, 11, 81, 200, 215
Adorno, Eduard 147
Aicher-Scholl, Inge 96
Alkibiades 50
Amery, Carl 180
Améry, Jean 12
Anders, Günther 128
Andersch, Alfred 89, 185
Arden, John 104
Arndt, Adolf 216
Auerbach, Berthold 165
Augstein, Rudolf 93
Baader, Andreas 187, 206
Bach, Liesl 45
Bachmann, Josef 216
Bächer, Max 263
Balzac, Honoré de 29
Bamm, Peter siehe → Emmrich, Curt
Bärmeier, Erich 124
Barth, Christian Gottlob 142
Barth, Hermann Josef 22, 249
Barzel, Rainer 75
Bäuchle, Hans-Joachim 75, 76
Baudissin, Wolf Graf von 216
Bauer, Walter 30, 57, 66, 128, 129, 131
Bauer-Fromme, Cläre 30
Baumgart, Reinhard 177, 180, 181
Bausch, Hans 200-203, 207
Bayer (Familie) 27, 141
Bayer, Elfriede (geb. Berger, erste Ehefrau von Hans Bayer) 47, 60, 61, 76, 86
Bayer, Elsa (geb. Buck, Mutter von Hans Bayer) 31-35, 37, 120, 241, 249, 254
Bayer, Erich (Bruder von Hans Bayer) 31, 34, 40, 41, 108, 249
Bayer, Eva-Suzanne (Tochter von Hans Bayer aus erster Ehe) 8, 13, 18, 20, 34, 86, 92, 96, 117, 234, 236, 237, 240, 250, 253
Bayer, Isabel(l) (Tochter von Hans Bayer aus zweiter Ehe) 8, 11, 35, 70, 86, 88, 91, 115, 118, 120, 122, 124, 127, 185, 236, 238, 239, 241, 242, 247, 249-251, 254

Bayer, Manuela (Tochter von Hans Bayer aus zweiter Ehe) 8, 13, 18, 35, 70, 74, 86, 91, 96, 118, 120, 122, 124, 234, 235, 236-239, 241, 242, 247, 249-251, 253, 254, 256
Bayer, Marie (geb. Grau, Großmutter von Hans Bayer) 41
Bayer, Otto 109
Bayer, Paul (Vater von Hans Bayer) 30, 34, 37, 41, 45, 120
Bayer, Susanne (geb. Ulrici, zweite Ehefrau von Hans Bayer) 8, 13, 26, 31, 35, 74, 83, 84, 86, 92, 94-96, 104, 108, 109, 117, 118, 121, 134, 139, 147, 153, 181, 207, 234, 235, 236, 238-241, 248, 249, 251, 252, 256, 267
Bayer, Wilhelm Heinrich (Großvater von Hans Bayer) 31, 41
Bechtle, Otto Wolfgang 82
Bengel, Johann Albrecht 37
Berger, Elfriede siehe → Bayer, Elfriede
Bernhard, Henry 89
Black, Roy (d. i. Gerhard Höllerich) 271
Blau, Sebastian (d. i. Josef Eberle) 146, 152, 164, 271
Bloch, Ernst 185, 189
Blomberg, Barbara 239, 240
Blümcke, Martin 195
Blumhardt, Christoph Friedrich 40
Bocuse, Paul 246, 256
Böll, Heinrich 89, 124, 176, 180, 184, 185, 187, 219, 222
Böse, Georg 262
Braem, Helmut M. 176, 180, 181, 263, 266
Brandt, Willy 8, 75, 127, 177, 179, 205, 212-214, 216, 219, 228, 249
Bräuning, Herbert 181
Bräuning, Ursula 181
Brecht, Bertolt 43, 79, 142, 165, 189
Brender, Irmela 175, 196, 248
Brod, Max 106
Bronnen, Arnolt 95
Brückner, Peter 185
Brüning, Heinrich 42
Buchheim, Lothar-Günther 59
Buck, Pauline (Großmutter mütterlicherseits von Hans Bayer) 36, 37
Bueble, Benno 206
Bühr, Siegfried 154

Bühringer, Heinz 221, 222
Burte, Hermann 189
Carl Herzog von Württemberg siehe → Herzog von Württemberg, Carl
Cäsar 114
Catilina, Lucius Sergius 43
Chaloner, John 93
Chotjewitz, Peter O. 23, 190, 201
Churchill, Winston 91
Conradi, Peter 15, 213, 217, 218
Conrads, Heinz 105
Cusian, Albert 62
Daimler, Gottlieb 29, 156, 271
Decker-Hauff, Hansmartin 157
Döblin, Alfred 66
Dohnany, Klaus von 172, 173
Donndorf, Wolf 207, 263
Drewitz, Ingeborg 175, 176, 180, 223
Dürer, Albrecht 47
Dutschke, Rudi 216
Eberhard V. Graf von Württemberg (später Herzog Eberhard I., genannt »im Bart«) 156, 157
Eberhard, Fritz 89
Edschmid, Kasimir 128
Ehmke, Horst 178, 216
Einstein, Albert 156
Elisabeth I. Königin von England 258
Elwenspoek, Curt 263
Emmrich, Curt (Peter Bamm) 66, 131
Engelmann, Bernt 184, 186, 222
Engels, Friedrich 11, 115
Ensslin, Gudrun 187, 188, 206
Eppler, Erhard 15, 147, 151, 157, 215, 216, 222, 268
Erhardt, Hermann 105
Erhardt, Ludwig 220
Eschenburg, Theodor 268
Escoffier, Auguste 247
Esser, Manfred 197
Essig, Hermann 154
Farny, Oskar 147
Fernau, Joachim 59
Filbinger, Hans 100, 127, 154, 165, 184, 188, 192, 194, 195, 202, 204-206, 213, 221, 222
Finck, Werner 23, 79, 81, 93, 210, 211
Fink, Carl 89
Fontane, Theodor 262
Frankenfeld, Peter 10

Frank-Planitz, Ulrich 263
Freudenberger, Hermann (»Knitz«) 255
Friedell, Egon 113
Friedrich I. (deutscher Kaiser, genannt »Barbarossa«) 166
Friesch, Edwin 151
Frischlin, Nicodemus 165, 189
Fritsch, Willy 46
Fromme, Cläre (geb. Dautel) 128
Fundel, Tiberius 174
Ganghofer, Ludwig 142
Gass, Franz Ulrich 210, 211
Gayer, Kurt 147
Genscher, Hans Dietrich 185
Gerstenmaier, Eugen 147
Gestrich, Johannes 20
Giesen, Hubert (»Hubsie«) 263–266
Giotto di Bondone 47
Glaeser, Ernst 262
Glaßbrenner, Adolf 100
Goebbels, Joseph 58
Goes, Albrecht 24
Goethe, Johann Wolfgang von 47
Grass, Günter 11, 20, 31, 89, 128, 177, 179, 180, 187, 212, 216, 217, 219, 228, 249, 250
Gregor-Dellin, Martin 177
Grisehaber, Helmut Andreas Paul (HAP) 172
Grimm, Jacob 113
Grimm, Wilhelm 113
Grimm, Gerd 81
Groll, Gunter 94
Gröper, Reinhard siehe → Müller, Egbert-Hans
Groß, Friederike 153
Grunt, Doris 187
Guillaume, Günter 219
Günther, Alfred 262, 263
Haar, Ernst 217
Haering, Theodor 145
Hagelstange, Rudolf 59
Hahn, Michael 36
Hahn, Wilhelm 188, 201
Hähnle, Walter 269
Hajek, Otto Herbert 15, 217
Hallmayer, Stefan 154
Hamm-Brücher, Hildegard 100
Hannibal 241
Hannsmann, Margarete 15, 174
Härtling, Peter 24
Hartmann, Elfriede 45, 48, 55–57, 60, 74

Harvey, Lilian 46
Hašek, Jaroslav 105, 107
Hauff, Wilhelm 156, 230
Hauptmann, Gerhart 172
Heck, Bruno 147
Hegel, Georg Wilhelm Friedrich 21, 47, 156, 189, 227
Heidorn, Gisela 82
Heiler, Oscar 139, 153
Heine, Heinrich 189
Heinemann, Gustav 8, 115, 177, 213–216, 248
Held, Hans Joachim von 262
Henkels, Walter 59
Herdan, Alice 94
Herwegh, Georg 189
Herzog von Württemberg, Carl 272
Herzog von Württemberg, Marie Antoinette 273
Herzog von Württemberg, Philipp Albrecht 159, 272, 273
Hesse, Hermann 42, 165, 189
Hetzer, Theodor 47
Heuschele, Otto 157
Heuss, Theodor 94, 172
Heydecker, Joe 70
Heynicke, Kurt 180, 204
Hildebrandt, Dieter 216, 223
Hindemith, Paul 93
Hirsch, Kurt 222, 223
Hitler, Adolf 43, 47, 50, 52, 53, 58, 70, 71, 79, 230
Hochhuth, Rolf 184
Hoffmann, Wilhelm 264
Hölderlin, Friedrich 17, 21, 156, 165, 189
Holzamer, Karl 59
Holzwarth, Georg 269
Horst, Eberhard 176
Horváth, Ödön von 73
Huelsenbeck, Richard 74
Huffzky, Hans 60, 249
Hundhammer, Alois (bayerischer Kultusminister) 94
Hurm, Bernhard 154, 169
Ignée, Wolfgang 269
Illing, Werner 171, 172, 174, 183, 184
Inger, Manfred 107
Jäckel, Eberhard 11, 12, 21, 22, 175, 212, 213, 216, 253, 261, 262
Jaedicke, Heinke 218
Jaray, Hans 105. 106
Jeggle, Utz 140

Jens, Walter 15, 16, 20, 22, 75, 76, 78, 89, 164, 172, 184, 185, 187–189, 191, 223, 248, 269, 274, 275
Johnson, Uwe 24, 185
Juan de Austria 239
Jünger, Ernst 66
Kabel, Heidi 204
Kafka, Franz 194
Kalow, Gert 194
Karasek, Hellmuth 235, 264
Karl V. (deutscher Kaiser) 239
Kasack, Hermann 171
Kaschnitz, Marie Luise 128
Kästner, Erich 81
Katharina Königin von Württemberg 140
Kehm, Peter 201
Keller, Otto 145
Kepler, Johannes 165, 189
Kepler, Katharina 165
Kerner, Justinus 156
Kersten, Hanns-Hermann 269
Kesten, Hermann 161
Kiesinger, Kurt Georg 100, 146, 147, 177, 216
Kilian, Rosemarie 100
Kindler, Helmut 126
Kirchner, Alfred 153
Kirsch, Sarah 186
Klein-Schonnefeld, Kurt 60
Kleist, Heinrich von 20
Klenk, Helmut 139
Klumbies, Heinrich 263
Knabe, Hubertus 223
Knaus, Albrecht 133, 138
Knellesen, Wolfgang 263
Knobloch, Ludwig 62
Koeppen, Wolfgang 185
König, Wilhelm 145, 146
Konrad III. (deutscher Kaiser) 166
Korff, Hermann August 47
Krämer, Elke 26, 27
Kramberg, Karl Heinz 23
Krause, Walter 213
Kulenkampff, Hans-Joachim 10
Kunert, Günter 24
Kunze, Reiner 186
Kutscher, Artur 47
Lämmle, August 134, 145, 161
Lattmann, Dieter 15, 175–177, 179, 223
Leber, Georg 216
Lecocq, Alexandre Charles 108
Leitner, Ferdinand 96

Lemke, Helmut 212
Lenz, Hermann 171
Lenz, Siegfried 212, 217, 248, 249
Letsche (Zeitungsverleger) 46
Lindenberg, Eleonore 12, 17–20, 22, 23, 34, 35, 102, 114, 156, 186, 206, 213, 225, 227, 233, 245, 249, 253
Lippelt, Christoph 197
Lorenser, Hans 55, 228
Lorentz, Kay 93
Ludwig (Ober) 265
Mahle, Hermann 269
Mai, Manfred (d. i. Manfred Maier) 166
Maier, Reinhold 82, 100, 270
Mair, Rudolf (Onkel) 66
Mann, Heinrich 79
Mann, Thomas 66, 79
Marc, Franz 66
Marie Antoinette Herzogin von Württemberg siehe → Herzogin von Württemberg, Marie Antoinette
Martin, Ludwig 186
Marx, Karl 11, 115
Maupassant, Guy de 82
Mayle, Peter 152, 153
Medinger, Hermann 47
Meichsner, Dieter 200
Meinhard, Friedrich 81
Meinhof, Ulrike 184, 185, 187
Melchinger, Siegfried 104, 249, 264
Memminger, Johann Daniel Georg von 142
Mendelssohn Bartholdy, Felix 79
Mergenthaler, Christian 43
Meysel, Inge 216
Molière 153
Möller, Alex 216
Mörike, Eduard 165, 189, 264, 271
Mostar, [Gerhart] Herrmann (Gerhart Herrmann) 248, 262–264
Mostar, Katinka 248
Müller, Beda 226
Müller, Egbert-Hans (Reinhard Gröper) 194
Müller-Meiningen jr., Ernst (»Wamse«) 253, 266
Murr, Wilhelm 43
Musil, Robert 271
Nägele, Alice (geb. Nördlinger) 267
Nägele, Reinhold 248, 267

Nannen, Henri 59
Napoleon Bonaparte 114
Neipperg (Graf) 262
Neumann, Robert 128
Nordemann, Wilhelm 177
Oheim, Gertrud 245
Ollenhauer, Erich 216
Pabel, Hilmar 70
Paul, Hans (genannt »Jean Paul«) 15, 16, 139
Pechel, Rudolf 171, 210, 211
Peymann, Claus 153, 188, 189, 206
Pfäfflin, Friedrich 264
Pfisterer, Helmut 144–146, 166
Philipp Albrecht Herzog von Württemberg siehe → Herzog von Württemberg, Philipp Albrecht
Pinder, Wilhelm 47
Piscator, Erwin 196, 108
Poethen, Johannes 175, 192
Pohl, Gerhart 172, 175
Pontius Pilatus 271
Prinzing, Theodor 188
Puck, Peter (Pseudonym) 100, 102
Puck, Peter 103
Purucker, Willy 107
Raff, Gerhard 107, 146, 157, 197, 271
Raspe, Jan-Carl 187, 206
Ratgeb, Jörg 165, 189
Reichert, Willy 106, 107, 147, 151, 271
Reihlen, Charlotte 36, 37
Reimann, Hans 106
Rettich, Hannes 15, 207, 263
Reutter, Hermann 92, 248
Reutter, Lieselotte (geb. Lauk, genannt »Lilo«) 92, 248
Reyhing, Hans 134, 175
Riche, Abbé M. le 204
Richter, Hans-Werner 89
Riegger, Siegfried 265
Ringelnatz, Joachim 112
Rinser, Luise 11, 189
Ritz, Hans 113
Röder, Otto 129
Rombach, Otto 171, 173, 174
Rommel, Manfred 15, 157 188, 206, 107
Roschmann, Kurt 269
Rosenberg, Alfred 7, 43
Rössing, Karl 263
Rudolph, Ekkehart 197
Russel, Bertrand 23
Sailer, Sebastian 161

Sand, Hermann 144
Schädlich, Hans-Joachim 186
Schäfer, Walter Erich 262
Scharfenberg, Horst 245, 246
Scheel, Walter 213, 214
Schied, Hans-Werner 20
Schiller, Friedrich 145, 156, 165, 198, 256, 264
Schiller, Karl 216
Schlack, Peter 144–146, 166
Schlegel, August Wilhelm von 103
Schlegel, Hans K. 230
Schmale, Jochen 202, 203
Schmidt, Arno 89
Schmidt, Helmut 192, 216, 219
Schmückle, Gerd 147
Schnabel, Dieter 183
Schneider, Fritz Ludwig 262
Schneider, Hans 207
Schneider, Herbert 147
Schnez, Albert 147
Schnurre, Wolfdietrich 24
Schoettle, Erwin 218
Schray, Fritz 166
Schröder, Gerhard (CDU) 213
Schröder, Joachim (genannt »Jo«) 12, 17–19, 23, 187, 217, 221, 222
Schubart, Christian Friedrich Daniel 165, 189
Schuhholz, Anneliese 76, 182
Schwab, Martin 153
Schwamberger, Wolf 263
Schwarz, Herbert 258
Schwedhelm, Karl 174
Schweier, Jürgen 232
Seifriz, Adalbert 147
Sethe, Paul 59
Shakespeare, William 100, 102
Shrewsbury (Graf) 256
Sieburg, Friedrich 264
Sieger, Ferdinand 207
Sigg, Fredy 115
Simmel, Johannes Mario 24
Skrentny, Werner 269
Smetana, Eduard 146
Solschenizyn, Alexander 165
Sontheimer, Kurt 180
Späth, Lothar 146, 192, 204
Speidel, Hans 147
Spohn, Michael 146
Spoo, Eckart 185
Stalin, Josef 240, 255
Steck, Dietz-Werner 153
Steffen, Jochen 212
Steinbeis, Ferdinand von 140

Personenregister   295

Steiner, Julius 74, 76
Stephan, Günther E. (»Steff«) 81
Steur, Claudia 63
Storz, Gerhard 100
Storz, Wolfgang 264
Strauß, Franz Josef 177, 184, 223
Strawinsky, Igor 96, 97
Stuart, Maria 258
Sylvanus, Erwin 188
Tamms, Werner 246
Teufel, Fritz 246
Tietz, Rosemarie 197
Tizian 47
Toll, Hans J. 93, 94
Torberg, Friedrich 106
Trepte, Toni 81
Tripp, Jan Peter 154
Tschaikowsky, Pjotr Iljitsch 79
Tucholsky, Kurt 43, 79, 101, 236–238
Überzwerch, Wendelin 145
Ulrici, Hellmuth 31, 84
Ulrici, Susanne siehe → Bayer, Susanne
Vescovi, Gerhard 23
Vesper, Guntram 180
Villon, François 23
Vogel, Friedrich 185
Vogt, Friedrich E. 269, 270
Voltaire 204
Wackernagel, Erika 153, 255
Wagner, Christian 231, 232
Wallraff, Günter 284, 285
Walser, Alissa 181
Walser, Franziska 181
Walser, Johanna 181
Walser, Martin 15, 89, 128, 150, 154, 179–181, 207, 222, 248
Walser, Theresia 181
Wanner, Paul 145, 161
Wedekind, Frank 154
Wedel, Hasso von 58
Wehner, Herbert 219
Weigend-Abendroth, Friedrich 269
Weitnauer, Alfred 161
Wendling, Emilie, genannt Emmi (Tante) 66
Wenger, Paul Wilhelm 82
Wiechert, Ernst 128
Wienand, Karl 75
Wiesen, Fred siehe → Willmann, Hans-Frieder
Wildt, Dieter 133, 166

Wilhelm II. König von Württemberg 157, 272
Willmann, Hans-Frieder (Fred Wiesen) 82
Wilpert, Gero von 269
Witzigmann, Eckart 246
Wolf (Deutschlehrer) 43
Wolf, Friedrich 32, 84, 186
Wolf, Konrad 33
Wolf, Markus 33
Württemberg, Carl Herzog von siehe → Herzog von Württemberg, Carl
Württemberg, Marie Antoinette Herzog von siehe → Herzog von Württemberg, Marie Antoinette
Württemberg, Philipp Albrecht Herzog von siehe → Herzog von Württemberg, Philipp Albrecht
Zahn, Peter von 59
Zellmer, Uwe 169
Zoege von Manteuffel, Claus 264
Zuckmayer, Carl 79, 94, 239
Zügel, Walther 207
Zweig, Arnold 79
Zweig, Stefan 79

Institutionen

Albertsche Buchhandlung (Freiburg i Br.) 131
Alldeutscher Verband 42
Allianz AG 166
Alte Post (Restaurant) 265
Amnesty International 16
Amtsgruppe für Wehrmachtspropaganda (WPr) 58
Apollo-Theater (München) 107
Arbeitsgemeinschaft der öffentlich-rechtlichen Rundfunkanstalten der Bundesrepublik Deutschland (ARD) 151, 203, 233
Archiv der sozialen Demokratie der Friedrich-Ebert-Stiftung (AdsD) 13
Archiv für Soziale Demokratie (AfS) 174
ARD siehe → Arbeitsgemeinschaft der öffentlich-rechtlichen Rundfunkanstalten der Bundesrepublik Deutschland
Augsburger Allgemeine (Zeitung) 104, 105

Ausschuss »Unpolitisches Wort« des Rundfunkrats des Süddeutschen Rundfunks 200
Außerparlamentarische Opposition (APO) 179
Baden-Württemberg (Zeitschrift) 26
Bärmeier & Nikel siehe → Verlag Bärmeier & Nikel
Bayer AG 108, 109
Bayer, Paul, KG 41, 108
Bayerischer Senat 267
Bayernkurier (Zeitung) 227
Bekennende Kirche 215
Berliner Illustrirte 62
Bild (Zeitung) 145, 216
Blauer Reiter 66
Bosch, Robert, GmbH 166, 263
Bravo (Zeitschrift) 126
Bremer Nachrichten (Zeitung) 88
Brigitte (Zeitschrift) 60
Bundespresseamt 200
Bundesnachrichtendienst (BND) 126
Bundesvereinigung der deutschen Schriftstellerverbände 172, 175
Bürgerhospital Stuttgart 17, 221, 222
Cannstatter Volksfest 33
Cannstatter Zeitung 35, 45, 73
CDU siehe → Christlich Demokratische Union Deutschlands
CDU/CSU (genannt »Union«) 200
Christlich Demokratische Union Deutschlands (CDU) 55, 74–76, 100, 127, 146, 147, 177, 185, 189, 192, 201–203, 205–207, 212–216, 220, 222, 226, 228, 264
Christlich-Soziale Union in Bayern (CSU) 184, 223, 227
Coburger Convent (CC) 51
Constanze (Zeitschrift) 60, 249
CSU siehe → Christlich-Soziale Union in Bayern
Das Medaillon (Zeitschrift) 82
Das Wespennest (Zeitschrift) 79–84, 86, 93, 99, 101, 102, 110
DDR-Schriftstellerverband siehe → Deutscher Schriftstellerverband
Demokratische Volkspartei (DVP) 82
Der Deutsche Michel (Zeitschrift) 90
Der Sieg (Zeitung) 67, 76
Der Spiegel (Zeitschrift) 20, 92–97, 99, 126, 184, 235

Deutsche Gegenbewegung (Partei) 210
Deutsche Kommunistische Partei (DKP) 204, 205
Deutsche Soldatenzeitung 100
Deutscher Journalistenverband 153
Deutscher Kulturrat 182
Deutscher Schriftstellerverband (DSV, Schriftstellerverband der DDR) 186
Deutscher Taschenbuch Verlag (dtv) 111, 113, 129
Deutsches Literaturarchiv 13
Deutscher Gewerkschaftsbund (DGB) 181
DGB siehe → Deutscher Gewerkschaftsbund
Die Behörde des Bundesbeauftragten für die Stasi-Unterlagen (Stasi-Behörde, BStU) 223
Die Welt (Zeitung) 88
Die Zeit (Zeitung) 107, 175, 176, 211, 212
DKP siehe → Deutsche Kommunistische Partei
Donaufreunde Ulm e. V. 228
Dorn'sche Buchhandlung (Ravensburg) 134
dtv siehe → Deutscher Taschenbuch Verlag
DVP siehe → Demokratische Volkspartei
Eisfink (Unternehmen) 189
epd siehe → Evangelischer Pressedienst
Eremiten-Presse 113
Eßlinger Zeitung 13, 82
Evangelische Gesellschaft 38
Evangelischer Pressedienst (epd) 203
Expertenkommission Neue Medien in Baden-Württemberg 207
Fachhochschule für Druck Stuttgart 230
FAZ siehe → Frankfurter Allgemeine
FDP siehe → Freie Demokratische Partei
Fernsehausschuß des Rundfunkrats des Süddeutschen Rundfunks 200
Förderkreis deutscher Schriftsteller in Baden-Württemberg 193–195
Franken-Post (Zeitung) 105

Frankfurter Allgemeine (FAZ, Zeitung) 59
Frankfurter Zeitung 67
Freie Demokratische Partei (FDP) 185, 213, 270
Freie Volksbühne (Berlin) 106
Freier Deutscher Autorenverband 182
Geheime Staatspolizei (Gestapo) 126
Gesellschaft für musikalische Aufführungs- und mechanische Vervielfältigungsrechte (GEMA) 193
GEMA siehe → Gesellschaft für musikalische Aufführungs- und mechanische Vervielfältigungsrechte
Gesamtdeutsche Volkspartei (GVP) 215
Gewerkschaft Druck und Papier siehe → Industriegewerkschaft Druck und Papier
Gewerkschaft Kunst 179, 182
Göttinger Tageblatt (Zeitung) 104
Goverts Verlag 133
»Gruppe 47« 89
Gymnasium Cannstatt (heute Gottlieb-Daimler-Gymnasium) 42
Häberle und Pfleiderer 107
Hahn'sche Gemeinschaft 36
Hamburger Kammerspiele 107
Harzburger Front 42
Hellmuth-Ulrici-Klinik 186
Hoffmann und Campe Verlag 113, 133, 249
Hypo-Bank 10
IG Druck und Papier siehe → Industriegewerkschaft Druck und Papier
IG Kultur siehe → Industriegewerkschaft Medien
IG Medien siehe → Industriegewerkschaft Medien
Industriegewerkschaft Druck und Papier (IG Druck und Papier) 179–183, 195, 217
Industriegewerkschaft Kultur 179, 180
Industriegewerkschaft Medien – Druck und Papier, Publizistik und Kunst (IG Medien) 173, 179, 180
Kammerspiele Hamburg siehe → Hamburger Kammerspiele

Kindler-Verlag 126
Kiste (Weinstube) 258, 266
Kom(m)ödchen (Kabarettbühne, Düsseldorf) 93, 127, 251
Komödie im Marquardt 106, 271
Kommunistische Partei Deutschlands (KPD) 90
KPD siehe → Kommunistische Partei Deutschlands
Kultusministerium Baden-Württemberg 194, 207
Künstlerhilfe-Ausschuss des Rundfunkrats des Süddeutschen Rundfunks 200
Landesbibliothek siehe → Württembergische Landesbibliothek
Landesgirokasse Stuttgart (Kreditinstitut) 166, 207
Landeswohlfahrtsverband 195
Langewiesche-Brandt siehe → Verlag Langewiesche-Brandt
Leuchtkugel (Zeitschrift) 86, 90
Lift (Zeitschrift) 103
Mailänder, Karl (Tabakwarenfabrik) 233
Medaillon siehe → Das Medaillon (Zeitschrift)
Mercedes (Automarke) 166
Mineralbad Berg 147
Ministerium für Wissenschaft und Kunst Baden-Württemberg 194
Mitteilungsblätter der »Palatia« 51
Nationaldemokratische Partei Deutschlands (NPD) 222, 261
Nationalsozialistische Deutsche Arbeiterpartei (NSDAP) 42, 43, 90
Naturtheater Hayingen 227
NPD siehe → Nationaldemokratische Partei Deutschlands
NSDAP siehe → Nationalsozialistische Deutsche Arbeiterpartei
NS-Kurier (Zeitung) 59
Oberkommando der Wehrmacht (OKW) 66
Ohnsorg-Theater (Hamburg) 204
Österreichischer Rundfunk 23
Pardon (Zeitschrift) 124
Paul Bayer KG siehe → Bayer, Paul, KG
PDI siehe → Presseausschuss demokratische Initiative
PEN (International) 188, 190, 191
PEN-Zentrum Deutschland 75, 161, 189–192, 274

Pfälzerhaus 48
Pinguin (Zeitschrift) 86
Presseausschuß Demokratische Aktion 222
Presseausschuß Demokratische Initiative (PDI) 222, 223
Propyläen Verlag 133
Puck (Zeitschrift) 100
Radikale Mitte (Partei) 210, 211
Radius (Zeitschrift) 269
RAF siehe → Rote Armee Fraktion
Reichsschrifttumskammer 74
Reichsverband der deutschen Presse 73
Reichsverband deutscher Schriftsteller 73, 74
Rheinischer Merkur (Zeitung) 81
Rotary-Club 79
Rotary-Club Ludwigsburg-Backnang 22, 91, 139
Rote Armee Fraktion (RAF) 8, 52, 124, 184–189, 206
Rowohlt Taschenbuch Verlag 136
Rudi (Comic) 103
Rundfunkrat des Süddeutschen Rundfunks (SDR) 173, 192, 199–202, 204, 209
Saarländischer Rundfunk (SR) 24, 193
Salamander (Unternehmen) 166
Sanssouci-Verlag 103, 107, 109, 111, 115
Scherz & Goverts Verlag 133
Scherz Verlag 133
Schriftstellerverband Baden-Württemberg 89, 173, 176, 192, 195, 199, 204, 205, 209, 217, 271
Schutzstaffel der NSDAP (SS) 68
Schutzverband Deutscher Autoren (SDA) 171
Schutzverband deutscher Schriftsteller, Berlin 175
Schwäbische Tagwacht (Zeitung) 35
Schwäbischer Merkur (Zeitung) 35
SDR siehe → Süddeutscher Rundfunk
SDR-Rundfunkrat siehe → Rundfunkrat
Seifen-Bayer siehe → Bayer, Paul, KG
Sicherheitsdienst des Reichsführers-SS (SD) 126
Sieg siehe → Der Sieg (Zeitung)

Signal (Zeitschrift) 70
Silberburg-Verlag 147
Sozialdemokratische Partei Deutschlands (SPD) 8, 17, 35, 40, 75, 76, 151, 177, 179, 195, 202, 205, 212–223, 227, 268, 270
SPD-Bundestagsfraktion 219
SPD-Landtagsfraktion Baden-Württemberg 212
SPD-Wählerinitiative 11, 31, 89, 115, 127, 216, 218
Spiegel siehe → Der Spiegel (Zeitschrift)
SR siehe → Saarländischer Rundfunk
SS siehe → Schutzstaffel der NSDAP
Staatliche Hochschule für Musik und Darstellende Kunst Stuttgart 105, 248
Staatsministerium Baden-Württemberg 202, 203, 206
Staatssicherheitsdienst der DDR (Stasi) 186, 187, 223
Staatstheater Stuttgart siehe → Württembergische Staatstheater
Stadtbücherei Stuttgart 196
Standpunkt (Zeitschrift) 86
Stasi siehe → Staatssicherheitsdienst der DDR
Stasi-Behörde siehe → Die Behörde des Bundesbeauftragten für die Stasi-Unterlagen
Stern (Zeitschrift) 59, 70
Studio Bozen (Rundfunksender) 151
Stürmer (Zeitung) 67
stuttgart live (Zeitschrift) 103
Stuttgarter Nachrichten (Zeitung) 13, 86, 89, 147
Stuttgarter Neues Tagblatt (Zeitung) 35, 59, 76
Stuttgarter NS-Kurier (Zeitung) 76
Stuttgarter Rundschau (Zeitung) 86, 89, 100, 102
Stuttgarter Schauspiel/Staatstheater siehe → Württembergische Staatstheater
Stuttgarter Schloßkeller 86, 87
Stuttgarter Sezession 267
Stuttgarter Wochenblatt (Zeitung) 82
Stuttgarter Zeitung 13, 81, 105, 153, 269
Süddeutsche Zeitung 114, 266

Süddeutscher Rundfunk (Südfunk, SDR) 89, 83, 127, 131, 151, 175, 192, 193, 199–201, 203, 207, 210, 211, 225, 234, 262, 263, 272
Süddeutscher Schriftstellerverband 171, 173, 174, 195, 199
Südfunk siehe → Süddeutscher Rundfunk
Südwest Presse (Zeitung) 229
Südwestfunk (SWF) 193, 206
Thaddäus-Troll-Archiv 12
Thaddäus-Troll-Preis 196, 197
Theater am Zoo (Frankfurt am Main) 107
Theater in der Josefstadt (Wien) 106
Theater Lindenhof (Burladingen-Melchingen) 154, 169
Theodor-Wolff-Preis 88, 89
Tintenfisch (Schülerzeitung) 112
Tisch der Dreizehn 13, 22, 133, 174, 213, 258, 261–266
Topographie des Terrors (Stiftung) 63
Troll (Motorroller) 186
Troll (Zeitschrift) 186
Troll-Archiv siehe → Thaddäus-Troll-Archiv
Turnerschaft Eberhardina 50
Turnerschaft Palatia 48, 50–52
Universität Halle/Saale 57
Universität Leipzig 46
Universität Stuttgart 212, 262
VDS siehe → Verband Deutscher Studentenschaften
Ver.di siehe → Vereinte Dienstleistungsgewerkschaft
Verband der Zeitungsverleger 73
Verband deutscher Kritiker 175
Verband Deutscher Schriftsteller (VS) 89, 126, 176, 177, 182, 184–186, 190, 192, 193, 196, 223, 266
Verband Deutscher Schriftsteller (VS) Baden-Württemberg 173, 175, 192
Verband Deutscher Studentenschaften (VDS) 176
Verband deutscher Übersetzer 175
Verein für Bewegungsspiele Stuttgart 1893 e. V. (VfB Stuttgart) 233
Vereinte Dienstleistungsgewerkschaft (Ver.di) 174, 217
Verlag Bärmeier & Nikel 23, 124
Verlag Langewiesche-Brandt 147

Verwertungsgesellschaft Bild-Kunst
(VG Bild-Kunst) 193
Verwertungsgesellschaft Wissenschaft (VG Wissenschaft) 193
Verwertungsgesellschaft Wort
(VG Wort) 193
VfB Stuttgart siehe → Verein für Bewegungsspiele ...
VG siehe → Verwertungsgesellschaft
VS siehe → Verband Deutscher Schriftsteller
Weserland (Dampfer) 68
Wespennest siehe → Das Wespennest (Zeitschrift)
Westdeutschen Rundfunk (WDR) 201
Württembergische Staatstheater 32, 95, 153, 206, 235, 262
Württembergischen Landesbibliothek 225, 264
ZDF siehe → Zweites Deutsches Fernsehen
Zeitschrift für Strafvollzug 114
Zippel (Weinhaus) 261
Zur Pfalz (Gaststätte) 48
Zweites Deutsches Fernsehen (ZDF) 59, 151

Orte und andere geographische Begriffe

Aalen 31
Ägypten 189
Allmersbach im Tal 258
Altshausen 159, 272
Amerika 211
Andorra 238
Antarktis 18, 240
Apulien 241
Aspach 26
Aspach-Rietenau 26
Asperg 189, 179
Athen 236
Auenwald 27
Augsburg 142
Auschwitz 128
Australien 189
Backnang 26, 167
Bad Boll 40
Bad Cannstatt siehe → Stuttgart-Bad Cannstatt
Bad Mergentheim 142
Bad Tölz 212
Baden 140
Baden-Baden 193
Baden-Württemberg 100, 140, 151, 165, 171, 173, 175, 195, 204, 205, 212, 213, 215, 217
Bamberg 66
Barbados 189
Barletta 241
Bayern 156, 229
Berlin 13, 31, 58, 63, 65, 84, 100, 115, 243
Bern 133
Beutelsbach siehe → Weinstadt-Beutelsbach
Białystok 62, 63
Biberach an der Riß 76
Bittenfeld siehe → Waiblingen-Bittenfeld
Bodensee 163, 250
Böblingen 45
Bombay 189
Bonn 75, 76, 147
Bonn-Bad Godesberg 13
Brackenheim 142, 258
Brandenburg 134
Bremen 114, 230, 243
Brest-Litowsk 60, 61
Bromberg 62
Budapest 188
Bulgarien 187
Bundesrepublik Deutschland 186, 187, 217
Burgund 259
Burladingen-Melchingen 154, 169
Bydgoszcz siehe → Bromberg
Cannae siehe → Canne della battaglia
Canne della battaglia (Cannae) 241
Cannstatt siehe → Stuttgart-Bad Cannstatt
Champagne 65
Crailsheim 142
Cremona 256
Danzig 67
DDR 30, 47, 74, 115, 126, 186, 187, 222, 223
Degerloch siehe → Stuttgart-Degerloch
Delphi 11
Deutschland 178, 190
Donau 229, 240, 255
Dresden 144
Dubno 62, 63
Düsseldorf 93, 251
Ellwangen 18
Elsass 56, 57
England 190, 256
Fellbach 56
Flensburg 90
Florenz 129
Frankfurt am Main 107, 144, 172
Frankfurt an der Oder 144
Frankreich 56
Freiburg im Breisgau 107, 131, 204
Freudenstadt 58
Gärtringen 27
Gaisburg siehe → Stuttgart-Gaisburg
Gerlingen 189
Gerstetten 27
Griechenland 238
Gripsholm siehe → Mariefred
Halle/Saale 47, 57, 66, 128
Hamburg 107, 133, 164, 172, 204, 243
Hannover 93, 94, 243
Haifa 242
Hechingen 33
Heidelberg 193, 194, 201
Heiligenbeil 67
Hela 68
Hessen 172, 205
Hindås 237
Hinterrohrbach siehe → Oppenweiler-Hinterrohrbach
Hochrhein 142
Hohenlohe 142
Holland 140
Horrheim 258
Israel 242
Kanada 30, 129
Kap Sunion 11
Kaufbeuren 142
Kempten 142
Kirchheim unter Teck 231
Klagenfurt 90
Kleve 212
Köln 144, 176
Königsberg 67
Konstanz 39
Kopenhagen 243
Kremmen-Sommerfeld 31, 84, 186
Leipzig 47, 48, 60, 187
Lemberg 62, 63
Leningrad siehe → Sankt Petersburg
Leonberg 144, 232
Leonberg-Warmbronn 232
Lepanto 239
Leverkusen 108
Loire 259

Ortsregister 299

Lübeck 107
Lublin 70
Ludwigsburg 22, 139
Lüneburger Heide 78, 242, 243
Lwiw siehe → Lemberg
Lwów siehe → Lemberg
Mainz 242
Marbach am Neckar 13, 232, 264
Marokko 239
Mariefred 236, 237
Melchingen siehe → Burladingen-Melchingen
Minsk 64, 67
Mittelmeer 240–242
Moskau 33, 60
München 47, 94, 107, 242
Murrhardt 267
Narew 64
Neckar 146, 163
Neresheim 226
Neukieritzch 187
Neustadt in Holstein 68
New York 100, 251, 267
Nordkap 189, 240
Nördlingen 142
Nordrhein-Westfalen 205
Norwegen 205
Oberkochen 31
Oberrhein 65, 142
Oberschwaben 142
Öpfingen 27
Oldenburg in Holstein 79
Oppenweiler 15, 37, 139, 258
Oppenweiler-Hinterrohrbach 8, 27, 37, 89, 117, 118, 120–122, 124, 134, 141, 211, 214, 230, 231, 235, 245–250, 253–255, 258, 267, 268
Orscha 64
Osthavelland 84
Ostpreußen 64, 67
Ostseeküste 65
Paris 65
Patras 238
Pauillac 258
Pfalz 56
Pfälzerwald 65
Pforzheim 57
Polen 55, 63, 65, 68, 102
Pommard 259
Potsdam 55, 56, 58, 59–61, 241
Provence 152
Putlos siehe → Wangels-Weißenhäuser Strand
Ravensburg 134

Regensburg 229, 239
Rems-Murr-Kreis 37
Rhein 156
Rheinebene 57
Rheinland-Pfalz 140
Rietenau siehe → Aspach-Rietenau
Rio de Janeiro 189
Rohrbach siehe → Oppenweiler-Hinterrohrbach
Roslawl 64
Rottach-Egern 190
Rottweil 242
Russland 64, siehe auch → UdSSR
Saarbrücken 193
Saarland 140
Sachsen 140, 156
Salzburg 107
Salzburger Land 31
San Ferdinando di Puglia 241
San Sebastián de Anó 239
Sankt Petersburg (Leningrad) 64
Santander 239
Schleswig-Holstein 68, 212
Schurwald 82
Schussenried 249, 262, 263
Schwaben (bayerischer Regierungsbezirk) 142
Schwäbisch Hall 43
Schwäbische Alb 55
Schwäbischer Wald (Schwäbisch-Fränkischer Wald) 246
Schwarzes Meer 240, 255
Schwarzwald 56, 65, 142
Schweden 142, 237
Schweiz 55
Senden 27
Shrewsbury 256
Sidney 190
Sindelfingen 196
Singapur 189
Skandinavien 178
Smolensk 64
Soltau 76, 78, 206, 242, 243
Sommerfeld siehe → Kremmen-Sommerfeld
Sowjetunion siehe → UdSSR
Spaichingen 272
Spanien 238, 239
Sparta 236
Stammheim 206
Straßburg (Strasbourg) 57
Strümpfelbach 166
Stuttgart 15, 17, 18, 21, 29, 30, 32, 33, 47, 66, 76, 79, 81, 83, 94,

100, 103, 104, 133, 138, 143, 150, 153, 162, 171, 176, 177, 179, 188, 189, 192, 193, 200, 201, 206, 207, 217, 226, 230, 234, 245, 248, 249, 262, 263, 267–270
Stuttgart-Bad Cannstatt 15, 16, 26, 27, 29–32, 35, 39–43, 45, 55, 56, 112, 134, 167, 197, 233, 241, 269, 270, 272
Stuttgart-Botnang 222
Stuttgart-Degerloch 271, 272
Stuttgart-Gaisburg 144
Stuttgart-Ost 19
Stuttgart-Stammheim 17, 87, 206, 221
Stuttgart-Untertürkheim 29
Südtirol 44, 151
Szentendre 191
Trossingen 27
Tübingen 48, 49, 73, 140, 146, 164, 242, 268, 274
Tübingen-Waldhausen 50
UdSSR 62–64
Ulm 96, 107, 165, 228, 229
Ungarn 191
Untertürkheim siehe → Stuttgart-Untertürkheim
USA 94, 212, 232
Venedig 46, 96
Vereinigte Staaten von Amerika siehe → USA
Villingen-Schwenningen 10
Volubilis 239
Waiblingen-Bittenfeld 221
Waldhausen siehe → Tübingen-Waldhausen
Wangels-Weißenhäuser Strand (Putlos) 79
Wangen im Allgäu 27
Warmbronn siehe → Leonberg-Warmbronn
Warschau 61–63, 68, 126
Warszawa siehe → Warschau
Weinstadt-Beutelsbach 165, 166
Wien 56, 94, 104–106, 228
Winnenden 216
Wjasma 64
Worms 156
Worpswede 33
Württemberg 32, 140–142, 156
Württemberg-Baden 82, 171
Würzburg 13
Zollernalb 169
Zürich 96

Im Text erwähnte Veröffentlichungen von Thaddäus Troll

Alles über Schwaben 151
Altersschub 166
Altersweisheit 166
D Gschicht von dr Schepfong 161
Das bißfreudige Rotkäppchen 112
Das große Buch vom Essen 109
Das Neueste von Thaddäus Troll 108
De profundis 168
Der brave Soldat Schwejk 104–106, 172
Der Entaklemmer 105, 153–156, 161, 270, 271
Der gebildete Magen 256
Der himmlische Computer 113
Der Tafelspitz 84
Der Teufel auf Reisen 109
Deutschland deine Schwaben 8, 16, 31, 92, 101, 133, 134, 138, 146, 150, 156, 187, 206, 209, 210, 222, 225, 227, 230, 236, 246, 253, 272
Deutschland deine Schwaben (Fernsehmehrteiler) 147, 150, 151, 159, 273
Deutschland deine Schwaben im neuen Anzügle 136, 206, 225, 258, 268
Die Geschichte von der Schöpfung 161
Die Hüte von Shrewsbury 156
Elefant entlaufen 109
Es herbstelet 161
Fallobst 129
Fliegen am Florett 103
Genesungsgruß 106, 107
Giroflé-Girofla 108
Herrliche Aussichten 74, 111
Hilfe, die Eltern kommen! 111
»Jahrgang 1914« 90
Kapuzinerpredigten für sie und ihn 222
Kenner trinken Württemberger 169
Kirchen und Klöster in Deutschland 147
Kleiner Autoknigge 109
Kochen mit Thaddäus Troll 150, 246, 253
Kochen wie die Schwaben 255
Lehrbuch für Snobs 109, 115
Lehrbuch für Väter 109
Lesebuch für Verliebte 109
O Heimatland (Buch) 161, 162, 169
O Heimatland (Gedicht) 162
Offener Brief an den Staat 82
Preisend mit viel schönen Reden 23, 156
Presse- und Nachrichtenwesen der im Weltkrieg kriegsgefangenen Deutschen 48
Revolution im Kinderzimmer 122
Romantik in Deutschland 147
Romantik in Europa 147
Rotkäppchen, in amtlichem Sprachgut beinhaltet 112, 114
Schimpfkalender siehe → Thaddäus Trolls Schwäbischer Schimpfkalender
Schöner essen mit Thaddäus Troll 252
Schwäbischer Schimpfkalender siehe → Thaddäus Trolls Schwäbischer Schimpfkalender
Schwejk siehe → Der brave Soldat Schwejk
Sehnsucht nach Nebudistan 74, 109, 110, 126
Spätzle, Knödel, Cassoulet 150
Stammeseigenschaften 164
Steigacker-Idylle 167
Thaddäus Trolls Schwäbische Schimpfwörterei 147
Thaddäus Trolls Schwäbischer Schimpfkalender 147, 181
Theater von hinten 109
Trostbüchlein für Männer 109
... und dazu guten Appetit! 245
Volkslied 163
Warum sind die Schwaben anders, Thaddäus Troll? 144
Was isch eigentlich los mit mir? 11, 161, 226
Was ist bloß mit mir los? 161
Was machen wir mit dem Mond? 109
Wein ist ein königliches Getränk 259
Weisheiten 105
Wie man ein böß alt Weib wird, ohne seine Tugend zu verlieren 22
Wie man sich bettet 103
Wieviel ist der Mensch wert? 114
Wir Cannstatter 31, 112
Wo komm' ich eigentlich her? 152, 153, 161
Wo kommet denn dia kloine Kender her? 11, 152, 161, 270
Wohl bekomm's! Das Buch der Getränke 245

Troll liest, Dülmen, Januar 1977

Veröffentlichungsregister

Ein bewegtes Leben

In Ihrer Buchhandlung

Renate Völker · Karl-Otto Völker

Gottlieb Daimler
Ein bewegtes Leben

Gottlieb Daimler, der Bäckersohn aus Schorndorf, hat mit der Erfindung des leichten, schnell laufenden Benzinmotors die Welt verändert. In einer spannenden Zeitreise schildern die Autoren den Weg des gelernten Büchsenmachers: die Kindheit in ärmlichen Verhältnissen, seinen beruflichen Werdegang in Frankreich, England und Russland sowie seine Reise zur Weltausstellung nach Chicago. Anschaulich wird davon berichtet, wie Daimler und der Konstrukteur Wilhelm Maybach in Cannstatt unter größter Geheimhaltung an der Idee der »selbsttätigen Fahrerei« feilten.

Neben dem Visionär Daimler wird in diesem Buch auch der Mensch sichtbar, der mit Rückschlägen und Enttäuschungen zu kämpfen hatte, der Familienvater, der sieben Kinder aus zwei Ehen hatte, der Mann aus der Provinz, der eine weltgewandte Hotelierswitwe aus Florenz ehelichte, und schließlich der schwäbische Dickkopf aus dem Remstal, der es sich und den Seinen nie leicht gemacht hat.

160 Seiten, 118 meist farbige Abbildungen, Klappenbroschur. ISBN 978-3-8425-1230-6

www.silberburg.de

... deine Schwaben heutzutag

In Ihrer Buchhandlung

Christoph Sonntag

Deutschland deine SchwaBadener

Baden-Württemberg von innen. Der Meisterkabarettist: »Wir können alles. Außer nix!«

Den Baden-Württemberger gibt es nicht: Er ist Badener oder Schwabe, Franke oder gar Reing'schmeckter. Er fühlt sich als Mannemer, Älbler, Schwarzwälder oder Weltbürger. »SchwaBadener« nennt der Verfasser diese Sorte Mensch. Er muss es wissen, denn er gehört selbst dazu: Christoph Sonntag ist der beliebteste Kabarettist im Ländle – bekannt auch durch Radioglossen wie »SWR3 Wissen Spezial«. Sonntag hat dem SchwaBadener zuerst tief in die Augen geschaut und dann seine Seele ausgelotet. Ebenso frech wie messerscharf erklärt er, wie die Bewohner des Ländles heutzutage ticken – mit einem halben Jahrhundert Abstand zu Thaddäus Trolls »Deutschland deine Schwaben«.

*288 Seiten, fester Einband.
ISBN 978-3-87407-997-6*

www.silberburg.de

Ein Wiedersehen mit Troll

In Ihrer Buchhandlung

Thaddäus Troll

DVD Deutschland deine Schwaben

Alles über Schwaben

Im Jahr 1971 verfilmte der Süddeutsche Rundfunk (heute SWR) das Buch »Deutschland deine Schwaben« von Thaddäus Troll in fünf Teilen. Die Serie seziert den Charakter der Schwaben und beschäftigt sich unter anderem mit ihrem Glauben, Geld, Sex, ihrer Küche, Herkunft, Technik, ihren Dichtern und dem Ländle selbst. Mitwirkende sind neben Thaddäus Troll selbst so beliebte Schauspieler wie Willy Reichert, Oscar Heiler, Werner Veidt, Ilse Künkele, Otto Braig, Erika Wackernagel oder Trudel Wulle. In Interviews kommen Graf Adelmann oder HAP Grieshaber zu Wort. Erstmals erscheint die Serie nun komplett auf DVD. Sie wird durch neu produziertes Bonusmaterial ergänzt.

Enthält alle 5 Folgen und exklusives Bonusmaterial – über 4 Stunden Laufzeit! 2 DVDs in Box, 4-seitiges farbiges Booklet. ISBN 978-3-8425-1907-7

www.silberburg.de